POLÍCIA E DEMOCRACIA
30 ANOS DE ESTRANHAMENTOS E ESPERANÇAS

FICHA INSTITUCIONAL

Fórum Brasileiro de Segurança Pública

Presidente do Conselho de Administração: Humberto de Azevedo Viana Filho

Conselho de Administração: Elizabeth Leeds – Presidente de Honra / Renato Sérgio de Lima – Vice Presidente / Cristiane do Socorro Loureiro Lima / Danillo Ferreira do Nascimento / Luis Flavio Sapori / Luiz Antônio Brenner Guimarães / Marcos Aurelio Veloso e Silva / Rodrigo Ghiringhelli de Azevedo / Sérgio Roberto de Abreu / Silvia Ramos de Souza

Conselho Fiscal: Cássio Thyone Almeida de Rosa / Jésus Trindade Barreto Júnior / José Luiz de Amorim Ratton

Diretora Executiva: Samira Bueno

Preparação de textos: Cauê Martins / Roberta Astolfi

Copidesque: Cláudia Malinverni

Escola de Direito de São Paulo da Fundação Getúlio Vargas

Diretor: Oscar Vilhena Vieira

Vice-Diretor Administrativo: Paulo Clarindo Goldschmidt

Escola de Administração de Empresas de São Paulo da Fundação Getulio Vargas (FGV/EAESP)

Diretor: Prof. Luiz Artur Ledur Brito

Vice-Diretor: Prof. Tales Andreassi

POLÍCIA E DEMOCRACIA
30 ANOS DE ESTRANHAMENTOS E ESPERANÇAS

Renato Sérgio de Lima

Samira Bueno

(orgs.)

Copyright © 2015 Renato Sérgio de Lima e Samira Bueno

Grafia atualizada segundo o Acordo Ortográfico da Língua Portuguesa de 1990, que entrou em vigor no Brasil em 2009.

EDIÇÃO: Joana Monteleone/Haroldo Ceravolo Sereza
EDITOR ASSISTENTE: Gabriel Patez Silva
PROJETO GRÁFICO E DIAGRAMAÇÃO: Maiara Heleodoro dos Passos
ASSISTENTE ACADÊMICA: Bruna Marques
ASSISTENTE DE PRODUÇÃO: Maiara Heleodoro dos Passos
REVISÃO: Zélia Heringer de Moraes
CAPA: Camila Hama

Esta edição contou com o apoio do Fórum Brasileiro de Segurança Pública e da Fundação Getúlio Vargas.

CIP-BRASIL. CATALOGAÇÃO NA PUBLICAÇÃO
SINDICATO NACIONAL DOS EDITORES DE LIVROS, RJ

P824

POLÍCIA E DEMOCRACIA : 30 ANOS DE ESTRANHAMENTOS E ESPERANÇAS / organização Renato Sérgio de Lima, Samira Bueno. – 1. ed.
São Paulo : Alameda, 2015
242p . ; 23 cm

Inclui bibliografia
ISBN 978-85-7939-325-9

1. Segurança pública – Brasil. 2. Brasil – Política e governo. 3. Brasil – Política social. I. Lima, Renato Sérgio de. II. Bueno, Samira.

15-24355   CDD: 327.81
            CDU: 327(81)

ALAMEDA CASA EDITORIAL
Rua Conselheiro Ramalho, 694 – Bela Vista
CEP 01325-000 – São Paulo – SP
Tel. (11) 3012-2400
www.alamedaeditorial.com.br

SUMÁRIO

Apresentação – Mudanças e resistências — 07
Humberto de Azevedo Viana Filho

Apresentação – Modernizando a segurança pública — 09
Luciana Gross Cunha

Introdução — 11
Renato Sérgio de Lima e Samira Bueno

Agentes de mudança em instituições resistentes: Nazareth Cerqueira e o desafio da reforma da segurança pública no Brasil — 17
Elizabeth Leeds

Por uma polícia digna: entrevista com José Oswaldo Pereira Vieira — 39
Renato Sérgio de Lima

"Não foi fácil quebrar barreiras": entrevista com Paulo Celso Pinheiro Sette Câmara — 65
Jésus Trindade Barreto Júnior

Decifrando o enigma da segurança pública: entrevista com Coronel Carlos Alberto de Camargo — 99
Samira Bueno e David Marques

Políticas de Segurança Pública: entrevista com José Mariano Beltrame 129
Luciane Patrício

A Brigada Militar no pós-democracia 145
Luiz Antônio Brenner Guimarães

Os policiais civis de linha de frente na nova ordem democrática 165
Ludmila Mendonça Lopes Ribeiro, David Marques, Samira Bueno e Sara Prado

O pós-redemocratização (1985-2015) na visão de praças da polícia militar: avanços, rupturas e permanências políticas na segurança pública 199
Alan Fernandes

Diálogos sobre mulheres policiais 213
Barbara Musumeci Mourão

Sobre os/as autores/as e/ou entrevistadores/as 237

APRESENTAÇÃO

MUDANÇAS E RESISTÊNCIAS

Humberto de Azevedo Viana Filho

Enquanto diversas áreas de política foram refundadas com a "Constituição Cidadã", em 1988, a segurança pública permaneceu, em grande medida, tributária de um arcabouço institucional de continuidade. Disso muitas vezes decorre a conclusão, para um observador externo, de que nada ou muito pouco mudou nos últimos trinta anos. Um olhar mais atento, no entanto, é capaz de revelar o dinamismo na ação de dezenas de gestores e de milhares de homens e mulheres que, nos mais diversos escalões das instituições policiais, envolvem-se em centenas de iniciativas em busca de enfrentar os desafios impostos pelas mudanças sociais nas últimas décadas. Para citar apenas um deles, a tendência de aumento nos homicídios foi combatida com programas de enfoque territorial, policiamento de proximidade, controle da atividade policial e participação social.

Essas experiências são contadas nas páginas desse livro e avaliadas por atores que muitas vezes viram a energia investida em fazer a diferença ser neutralizada por inversões de curso por políticas reativas de curto prazo. Também nos contam experiências pessoais na segurança pública, enfrentando dilemas diários, na maior parte das vezes com orgulho e determinação. Sem dúvida uma das maiores transformações, vista neste livro pelas lentes de pioneiras, foi a incorporação das mulheres à linha de frente das polícias, ainda que o processo em direção a uma distribuição mais equânime de representação de gênero nos cargos de comando ainda não esteja completo.

Se, por um lado, as instituições da segurança pública precisam se abrir mais ao diálogo e ao escrutínio público, especialmente da academia e da mídia, não raro passa despercebido o fato de que muitos policiais têm aguçado olhar crítico sobre suas próprias instituições – a prova está nas páginas que se seguem –, o que muitas vezes é eclipsado por uma polarização campal entre um e outro lado.

Às vezes engraçados, às vezes comoventes e sempre muito informativos, são relatos, entrevistas e análises de grande interesse para qualquer pessoa que queira pensar o Brasil contemporâneo.

APRESENTAÇÃO

MODERNIZANDO A SEGURANÇA PÚBLICA

Luciana Gross Cunha

De um lado, a leitura dos testemunhos e entrevistas deste livro, com gestores e operadores na ponta da prestação dos serviços de segurança pública, confirma o que há tempos já sabemos: as instituições policiais brasileiras estão repletas de homens e mulheres altamente qualificados, intelectualmente preparados e com disposição para inovar. Sabemos também que a população recorre à polícia, como demonstram os 160 mil atendimentos telefônicos feitos pela Polícia Militar do estado de São Paulo, relatados na entrevista do coronel Carlos Alberto de Camargo.

De outro lado, os indicadores sobre a confiança no sistema de justiça ICJBrasil, produzidos pela Escola de Direito de São Paulo da Fundação Getulio Vargas, apontam que a população brasileira tem uma satisfação limitada com o trabalho policial. Do total de entrevistados que acionaram a polícia para fazer uma denúncia, reportar um problema ou solicitar algum tipo de ajuda, apenas 37% declararam estar satisfeitos com a resposta oferecida pela autoridade policial para o caso reportado.[1]

---

1   Entre abril de 2013 a março de 2014 foram entrevistadas 7.176 pessoas distribuídas da seguinte forma: Amazonas (630), Bahia (885), Minas Gerais (1.305), Pernambuco (653), Rio de Janeiro (871), Rio Grande do Sul (631), São Paulo (1.550) e Distrito Federal (651). Esses dados compõem o relatório relativo ao Ano 5 do Índice de Confiança na Justiça, que pode ser acessado no endereço eletrônico: <http://bibliotecadigital.fgv.br/dspace/handle/10438/12024>.

Fenômeno semelhante ocorre na área de justiça: a população tem escassa confiança na eficácia do sistema, mas o crescimento constante do número de processos demonstra que a instituição é um recurso importante quando se busca acesso à justiça.

Temos uma situação em que as pessoas reconhecem a importância da polícia, querem confiar nela, mas questões estruturais e a disputa pelo significado de segurança pública se interpõem entre a disposição para mudança de pessoas motivadas para a prestação eficiente de serviços à sociedade e as reformas estruturais necessárias.

Nesse sentido, há mais de 25 anos, o legislativo nacional não consegue fazer avançar a agenda de reformas na área da segurança pública impostas pela Constituição de 1988, que até hoje tem artigos sem regulação, como o 23, que trata das atribuições dos entes da federação nessa área, ou o parágrafo sétimo do Artigo 144, que indica a necessidade de lei para disciplinar a organização e o funcionamento dos órgãos responsáveis no território nacional.

Os depoimentos contidos neste livro são não somente uma fonte inédita da história das polícias no Brasil, nos últimos tempos, mas também uma forte evidência de que, se quisermos um país em que haja a garantia mínima do direito à vida, o reconhecimento da autoridade do Estado por meio das instituições de segurança pública e, portanto, a efetividade do Estado democrático de direito, é preciso enfrentar as barreiras e formar um amplo pacto pela modernização da segurança pública brasileira, pelo qual a voz dos profissionais da área precisa ser ouvida e contextualizada frente às demais demandas da sociedade.

INTRODUÇÃO

Para marcar o trigésimo aniversário do mais longo período de vigência do regime democrático na história do Brasil, o Fórum Brasileiro de Segurança Pública e as Escolas de Direito de São Paulo e de Administração de Empresas de São Paulo da Fundação Getulio Vargas, por intermédio do projeto "A polícia que queremos", lançam o presente livro, *Polícia e democracia: 30 anos de estranhamentos e esperanças*.

Nascido de uma sugestão inicial do professor José Reinaldo de Lima Lopes, então coordenador do Centro de Pesquisa Jurídica Aplicada da FGV Direito SP, esta obra busca analisar o impacto da redemocratização brasileira nas instituições policiais do país a partir da ótica de seus principais protagonistas: os próprios policiais. Nela, buscou-se narrar alguns percursos e relatos biográficos que ajudem o leitor a compreender como "o ser e o fazer" polícia no Brasil – para utilizar uma expressão da antropóloga Jacqueline Muniz, da Universidade Federal Fluminense – estão condicionados às pressões impostas pelo novo regime de governo, mas, também, à forte correlação entre trajetórias individuais, política, culturas organizacionais e práticas institucionais.

O ser e o fazer polícia no Brasil implicaram, como veremos ao longo dos capítulos e entrevistas a seguir, uma tentativa de equilíbrio diante de um pêndulo que oscila continuamente entre propostas e avanços modernizantes, muitos dos quais propugnados pelos policiais aqui ouvidos, e retrocessos impostos por constrangimentos institucionais, políticos e sociais que fazem com que convivamos com taxas de violência criminal obscenas, que naturalizam quase 60 mil homicídios por ano, mais de 50 mil estupros registrados e padrões operacionais inaceitáveis de letalidade e vitimização policial. Isso para não falar nas constantes ameaças do crime organizado, no crescimento dos roubos e na dificuldade de relacionamento entre polícia e sociedade.

Pêndulo que funciona a partir de um paradoxo que mais induz a antagonismos do que favorece a indução de cooperação e troca de experiências. De um lado, lidamos cotidianamente com elevadas taxas de impunidade, erodindo a confiança nas leis e nas instituições, como têm demonstrado os vários índices do Centro de Pesquisa Jurídica Aplicada da FGV Direito SP. Por outro, as instituições de segurança pública e justiça criminal, premidas pelas cobranças da mídia e da opinião pública, são regidas pela ideia de que algo precisa ser feito a qualquer custo para conter os "criminosos".

Em síntese, na ausência de uma política de segurança pública pautada na articulação de energias e esforços para a garantia de direitos, no respeito e na não violência, deixamos de enfrentar o fato de que o nosso sistema de justiça e segurança necessita de reformas estruturais mais profundas.

E o que os relatos aqui contidos vão reiterar é que não se trata de defendermos apenas mudanças legislativas tópicas ou, em sentido inverso, focarmos apenas na modernização gerencial das instituições encarregadas em prover segurança pública no Brasil. A experiência desses homens e mulheres no ofício de ser policial, sobretudo nos últimos 30 anos, sinaliza que o nosso desafio é adensar politicamente a defesa de que, exatamente, essas são duas faces complementares de um mesmo processo e que nenhuma delas conseguirá êxito permanente sem que a outra seja simultaneamente assumida também como prioridade. Temos de modernizar a arquitetura institucional que organiza as respostas públicas frente ao crime, à violência e à garantia de direitos.

Ao invés da ideia de combater o "criminoso", de eliminar o inimigo, que ainda informa muitas das práticas institucionais vigentes até o presente, a vivência dos profissionais aqui ouvidos demonstra que pensar a segurança pública em contexto democrático significa pensar o deslocamento do combate da figura do "criminoso" para o "crime". E esse deslocamento está sujeito a inúmeras intercorrências que serão mais bem contadas nas próximas páginas.

Isso porque, ao contrário do que pensa o senso comum, as histórias narradas compõem um amplo mosaico de iniciativas e de energias que têm sido gastas na busca por soluções. E, num resumo possível de todas as trajetórias reconstruídas, as melhores práticas na redução da violência e da criminalidade têm se concentrado sobre o tripé: aproximação com a população; uso intensivo de informações e aperfeiçoamento da inteligência e da investigação; e integração e articulação interinstitucional.

Resgatando um dos mantras que têm sido enunciados pelo Fórum Brasileiro de Segurança Pública, a questão é que tais práticas, sozinhas, não conseguem dar conta de um elemento central ao debate, que é a carência de coordenação, de integração e de articulação, marcas registradas da segurança pública brasileira e da arquitetura jurídica que embasa as políticas públicas no país. Sem que ataquemos essa grande fragilidade, o país continuará refém do medo e da insegurança e pouco conseguiremos avançar na transformação de práticas institucionais reconhecidamente ineficazes.

Em suma, cabe-nos explicitar que a polícia é a instituição mais visível de um modelo de administração de conflitos que envolve outras instituições, como Ministério Público e poder judiciário. E, ao dar voz aos profissionais que dedicaram e dedicam suas vidas ao ser e ao fazer polícia no país, temos por objetivo trazer à tona um debate sobre o cotidiano de um sistema de justiça de uma sociedade que reluta em aprofundar a sua democracia, introduzindo barreiras à extensão de direitos a todos os grupos e segmentos sociais.

**

Em relação à organização do livro, ele está dividido em nove capítulos compostos de relatos de policiais brasileiros, com vistas a proporcionar ao leitor uma noção do significado de ser policial no Brasil no período democrático, trazendo relatos das dificuldades e resistências enfrentados no dia a dia, suas expectativas de carreira e análises críticas sobre o modelo de segurança pública e justiça criminal do Brasil.

O texto de autoria de Elizabeth Leeds analisa a trajetória do coronel Nazareth Cerqueira como comandante geral da PMERJ (1983-1987; 1991-1994) e ressalta, sobretudo, os desafios enfrentados por suas iniciativas de reforma institucional, como a defesa dos direitos humanos e a introdução dos ideais de policiamento comunitário no país no período de transição e consolidação democrática.

A entrevista concedida por Paulo Sette Câmara a Jésus Trindade Barreto Júnior é expressão significativa de uma vida dedicada à segurança pública. Atuando profissionalmente na área desde seus 16 anos de idade, Sette Câmara relata episódios de sua trajetória nos estados de Minas Gerais e Pará, indispensáveis para o entendimento das políticas de segurança na transição democrática brasileira. Já José Osvaldo Vieira, em relato dado a Renato Sérgio de Lima, retoma sua trajetória na Polícia Civil de São Paulo, onde chegou ao posto de delegado geral no governo de Franco Montoro, sua passagem pelo Ministério da Justiça como secretário Nacional de Segurança Pública, e avalia os desafios a serem enfrentados pelo campo da segurança atualmente.

O diálogo de Samira Bueno e David Marques com Carlos Alberto de Camargo traz importantes reflexões sobre o processo de implantação do policiamento comunitário no estado de São Paulo ao final da década de 1990, em sua gestão como comandante geral da PM, e avaliações críticas do coronel a respeito das organizações policias e da segurança pública. José Mariano Beltrame narra a Luciane Patrício sua atuação como policial federal (1981-2007) e secretário de Segurança do Rio de Janeiro. Responsável pelo órgão desde então, Beltrame trata nesse capítulo dos principais desafios enfrentados em sua duradoura permanência no cargo, com destaque para a criação das UPP.

Luiz Antônio Brenner Guimarães faz um balanço das medidas democratizantes da Brigada Militar no Rio Grande do Sul nos últimos 30 anos, com destaque para a criação do Instituto de Pesquisa da Brigada Militar. Ludmila Ribeiro, David Marques, Samira Bueno e Sara Prado abordam o funcionamento da polícia civil, após a transição democrática, a partir dos relatos de cinco policiais civis que operam na linha de frente e exercem funções essenciais para pensarmos a atividade de polícia judiciária, tais como agentes, escrivães, carcereiros e investigadores.

Alan Fernandes recolheu depoimentos de policiais militares que ocupam a função de praças em batalhões operacionais e articulou seus discursos sobre temáticas distintas, como identidade policial, modernização e democratização. Por fim, o texto de Bárbara Mourão entrecruza relatos das policiais Luciene Albuquerque, Tânia Pinc e Jéssica Almeida, compondo um diálogo imaginário acerca de suas percepções sobre a atuação das mulheres em organizações tradicionalmente masculinas.

Para concluir, não obstante termos sido obrigados a fazer alguns recortes e opções por nomes e pessoas que comporiam a publicação, cumpre-nos destacar que vários outros policiais fazem parte do rol de responsáveis por modernizar a nossa área e dedicar suas vidas a uma profissão de risco e ainda marcada por fortes estranhamentos. Mais do que heróis, quase sempre lembrados apenas quando de suas mortes e dos seus grandes feitos, o livro narra a vida de pessoas comprometidas cotidianamente com valores republicanos e democráticos; pessoas comuns que fizeram e fazem a diferença em suas instituições.

***

Este livro não teria sido possível sem o envolvimento e o incentivo de diversas pessoas e instituições. Em primeiro lugar, agradecemos a confiança em nós depositada pelos policiais que se dispuseram a relatar suas experiências e trajetórias, bem como autores e autoras de textos assinados. A riqueza do livro está nessa multiplicidade de opiniões e estilos. Também agradecemos ao Fórum Brasileiro de Segurança Pública, à FGV Direito SP e à FGV EAESP, que viabilizaram com seus apoios institucionais o desafio de viabilizar esta publicação. Na mesma direção, entre as pessoas que gostaríamos de destacar, vale mencionar José Reinaldo de Lima Lopes, Oscar Vilhena Vieira, Elizabeth Leeds, Cauê Martins, Roberta Astolfi.

A presente edição busca, tão somente, contribuir para que, no processo de discussões que visam democratizar as polícias, a voz dos policiais do país seja ouvida e considerada. A democracia brasileira é, em maior ou menor grau, tributária da ação desses profissionais e nada mais natural do que jogar luz, mesmo que brevemente, aos seus cotidianos e às suas histórias de vida. *Polícia e democracia: 30 anos de estranhamentos e esperanças* precisa, portanto, ser visto como a materialização da premissa de aproximar diferentes segmentos envolvidos na temática da segurança pública e qualificar o debate com base em conhecimento e informação.

Aliás, essa é a premissa que deu origem, nove anos atrás, ao Fórum Brasileiro de Segurança Pública e que continua a motivar e renovar as nossas esperanças na transformação da realidade rumo a uma vida mais digna e em paz.

Boa leitura!

Renato Sérgio de Lima
Samira Bueno

São Paulo, maio de 2015

AGENTES DE MUDANÇA EM INSTITUIÇÕES RESISTENTES:
NAZARETH CERQUEIRA E O DESAFIO DA REFORMA DA SEGURANÇA PÚBLICA NO BRASIL

Elizabeth Leeds

No trigésimo aniversário da redemocratização brasileira, a necessidade de uma reforma institucional profunda na área da segurança pública, incluindo a desmilitarização da polícia, nunca foi tão urgente e relevante. Portanto, nada mais justo que este volume destacasse a experiência e os desafios enfrentados pelo coronel Carlos Magno Nazareth Cerqueira, cujo trabalho encontra paralelos com o de Robert Peel, que reformou a polícia inglesa no século XIX.[1]

Cerqueira foi comandante da Polícia Militar do Estado do Rio de Janeiro de 1983 a 1987 e de 1991 a 1994, durante os dois mandatos de Leonel Brizola, o primeiro governador eleito democraticamente após o fim do regime militar. Foi um dos primeiros comandantes das polícias militares brasileiras oriundos da própria polícia, e não das Forças Armadas. Este ensaio propõe-se a analisar os desafios à reforma institucional por meio de um exame da visão do coronel Cerqueira, bem como o cerceamento institucional sob o qual se viu forçado a atuar.[2]

---

1   Estive com o coronel Cerqueira em duas ocasiões: em 1988, quando o entrevistei para uma pesquisa sobre o impacto do narcotráfico nas favelas cariocas (LEEDS, 1998); e em 1998, na Fundação Ford, no Rio de Janeiro, quando ele apresentava a um representante da fundação uma proposta para a publicação da série "Polícia Amanhã".

2   Além disso, faz parte de um projeto maior sobre os desafios à reforma institucional da polícia do ponto de vista da carreira e visão de Cerqueira. Agradeço imensamente ao Instituto

Contexto

Desde 1985, o avanço da democratização e o crescimento de uma sociedade civil robusta e organizada equiparam o Brasil com ferramentas que lhe permitiu fazer pressão em prol de uma agenda de justiça social. No entanto, o setor que menos progrediu nesse período foi justamente o da justiça criminal e, mais especificamente, o da polícia. A Constituição Democrática de 1988 mudou, pelo menos no papel, praticamente todo o governo, mas deixou intactas, do ponto de vista formal, as instituições policiais. Com exceção da mudança nominal e simbólica do papel da polícia, não mais a garantidora da "segurança nacional" e sim da "segurança pública" – o que significou que evoluiu da função de proteger o Estado à de proteção de cada um dos cidadãos –, o novo ordenamento constitucional não alterou as instituições policiais, que mantiveram o modelo implantado em 1964, no início do regime militar. Além disso, a Constituição de 1988 impôs restrições às oportunidades formais de envolvimento da sociedade civil na reforma da segurança pública.

Como já mencionado, ao longo da década de 1980 e início dos anos 1990, o avanço da democratização e o fortalecimento de uma sociedade civil organizada deram ao Brasil mecanismos para exercer pressão em prol de uma agenda de justiça social. Porém, tanto as organizações da sociedade civil quanto os acadêmicos relutavam, de modo geral, a envolver-se em questões de segurança pública e reforma policial, pois ambos os grupos haviam sido alvo do regime militar e vítima da repressão policial. Ao longo desse período as organizações de direitos humanos assumiram o papel mais do que necessário de denunciar casos de violação de direitos humanos por parte da polícia. Mas a questão da mudança institucional, de maior amplitude e complexidade, e que exigia justamente interação com os elementos progressistas da polícia, foi um processo bem mais complicado. Até bem recentemente, a colaboração com os policiais progressistas, influenciando a mudança institucional, era tida como uma verdadeira traição aos princípios e prioridades daqueles que lutavam pelos direitos humanos. De fato, a nova geração de organizações de direitos humanos, disposta a

---

Carioca de Criminologia por permitir meu acesso ao arquivo pessoal do coronel, à polícia e outros que gentilmente me concederam entrevistas: à coronel Kátia Boaventura Nery, pelo auxílio na realização de entrevistas com seus colegas da PMRJ; ao Fórum Brasileiro de Segurança Pública, pelas transcrições das entrevistas; e ao Observatório de Favelas do Rio de Janeiro, pela pesquisa arquivística nos jornais cariocas.

formar parcerias com a polícia e batalhar pela mudança, foi considerada "vendida", demasiado próxima do governo, rotulada de "chapa branca". Ou seja: as resistências eram de duas naturezas: em primeiro lugar, havia uma estrutura militarizada com rígida ideologia e práticas refratárias ao pensamento estratégico de prevenção do crime e da violência e, segundo, havia a dificuldade em envolver os atores da sociedade civil e os acadêmicos em parcerias com a polícia. E foram esses os dois focos de atuação do coronel Cerqueira nos seus dois mandatos e mesmo nos anos seguintes.

Foi nos primeiros anos da redemocratização, em 1983, que o governador Leonel Brizola, recém-eleito, nomeou pela primeira vez o coronel Cerqueira comandante da PM do Rio de Janeiro. As polícias militar e civil refletem, de modo geral, a longa história e cultura específicas de seus Estados, uma variável com implicações consideráveis quando se trata de estimular a mudança institucional. Apesar de seus dois séculos de existência, a polícia que Cerqueira passou a comandar era fruto da mudança do papel político do Rio de Janeiro no cenário nacional e era, na verdade, um amálgama de quatro forças policiais diferentes: a Polícia Militar do Distrito Federal, da época em que o Rio era a capital do país, até 1960; a Polícia Militar do Estado da Guanabara, criada em 1960, quando a administração federal mudou-se para Brasília; a Polícia Militar do antigo estado do Rio de Janeiro; e a Polícia Militar do atual estado do Rio de Janeiro, após a fusão dos Estados da Guanabara e do Rio de Janeiro, em 1975.

A unificação das forças estaduais de ambos significou um realinhamento total, organizacional, da burocracia e da administração. Mais complicada ainda foi a fusão de duas culturas, com história, mentalidade, tradição e papéis diversos. Na qualidade de polícia da antiga capital do país, o Distrito Federal, a PM da Guanabara herdara o legado histórico do "gendarme", que Portugal havia copiado da França e trazido ao Brasil em 1809. Era tida como uma força policial de elite, próxima à sede do governo nacional, com melhores salários e formação. Já a Polícia Militar do antigo Estado do Rio de Janeiro era considerada mais provinciana, com menores salários e pior treinamento (RIBEIRO, 2011). O impacto foi significativo em termos de rixas profissionais e dificuldades de ajuste entre as diversas culturas institucionais.

No que tange a questões de promoções, por exemplo, muitos dos que, em condições normais, poderiam contar com uma ascensão certeira após trabalharem o número de anos exigidos, descobriram que não havia vagas suficientes na nova organização (MUNIZ, 1999). Em 1983, Cerqueira enfrentava os conflitos internos decorrentes desse amálgama institucional, que teve lugar em 1975. Esse conflito e essa diferença de mentalidade e identidade existem ainda hoje.[3]

A escolha de Cerqueira para o posto de comandante foi atípica, do ponto de vista tradicional. Negro, de uma família humilde do bairro de Olaria, no subúrbio industrial da capital fluminense, ele graduou-se na Escola de Formação de Oficiais como o primeiro da turma. No entanto, sofreu discriminação racial ao longo de sua carreira. Em entrevista realizada em 1988, no Museu da Imagem e do Som do Rio de Janeiro, em comemoração ao centésimo aniversário da abolição da escravatura, Cerqueira falou dos insultos e menosprezo que sofreu, desde a escola primária, proferidos pelos próprios professores, até a educação superior, na Academia de Polícia, incluindo os oficiais superiores. Apesar da percepção generalizada de que a PM era um canal de mobilidade social para os negros (SANSONE, 2002), havia um racismo velado sempre que algum negro entrava na competição, junto com os brancos, por um cargo de alto escalão. Na verdade, o fato de um negro conquistar o cargo de comandante era considerado acintoso pela maioria dos membros brancos da corporação (NOBRE, 2008). Mesmo depois de assumir o cargo, Cerqueira teve de enfrentar casos de insubordinação com insinuações racistas (MORETZSOHN, 2001). Quando foi escolhido por Brizola, opositor contumaz do regime militar e autodenominado socialista, a elite branca, a mídia e os militares reagiram com surpresa e mesmo desprezo, enquanto os membros do então nascente movimento negro brasileiro, bem como os residentes das favelas cariocas, majoritariamente negros e pardos, alvo frequente da violência crônica policial, receberam-no com alegria.

Embora Cerqueira nunca tenha se identificado publicamente com o movimento negro, sua experiência como jovem e, posteriormente, como profissional negro influenciou sua filosofia e práticas de modo significativo. Sempre um intelectual, com graduação em filosofia e psicologia, acreditava na luta contra o racismo pela via

---

3   Os membros da PM originária do antigo do Rio de Janeiro são conhecidos como os "treme-terra", nome que remonta ao ano de 1835, o início da polícia militar daquele Estado, então denominada Guarda Policial da Província do Rio de Janeiro. Na guerra do Paraguai constituíram o 12º Corpo Batalhão de Voluntários da Pátria, apelidado de "treme-terra". A instituição preservou essa identidade até hoje. Aqueles que se identificam como "treme-terra" são considerados contrários às polícias progressistas da PMERJ, marcando presença na blogosfera da polícia do Rio de Janeiro (ALMEIDA, 2007).

teórica, combatendo os conceitos que gerassem atitudes racistas. Em lugar do confronto direto, dizia:

> [...] defendo outro tipo de luta, que é o do enfrentamento das concepções teóricas que estariam por trás das crenças que impulsionam o sistema de justiça criminal para punir os negros, os mais pobres e todas as categorias marginalizadas (CERQUEIRA, 2010, p. 210).

O coronel Celso Guimarães, que trabalhava próximo a Cerqueira, colocando em prática aquilo que este concebia intelectualmente, lembrou-se de um incidente de 1982 que teve impacto visceral na sua determinação em mudar práticas policiais racistas. Em uma *blitz* na Favela da Cachoeirinha a polícia colocou residentes negros em uma fila, com cordas em volta do pescoço, evocando a época da escravidão. Cerqueira imaginou o impacto dessas imagens na cabeça das crianças que vissem seus pais naquela situação e jurou que nunca mais permitiria que a cena se repetisse (GUIMARÃES, 2008).

Nos seus dois mandatos, o coronel chamou atenção para a questão do racismo, encomendando estudos sobre a violência contra a comunidade negra e realizando seminários para divulgar os seus resultados, entre os quais o Encontro com a Comunidade Negra (LEAL, *et al.*, 2010). Reformulou políticas de modo a eliminar o conceito do "inimigo interno" dirigido, de modo geral, aos residentes das favelas (NOBRE, 2002). Essas novas visões foram incorporadas à formação tanto de oficiais quanto dos policiais menos graduados, os praças. No seu segundo mandato, organizou seminários sobre a cultura negra para discutir a influência do *funk* e a expressão cultural promovida por esse movimento no ambiente das favelas (CERQUEIRA, 2001a).

Estratégias e resistência interna

Desde o momento em que Cerqueira assumiu o cargo sua visão revolucionária da reforma policial já estava bem definida. De modo geral, queria transformar o papel da polícia de ferramenta do regime militar, força de repressão a serviço do Estado, para o de prestadora de um serviço à sociedade, um órgão de política pública como todos os outros. Para tanto, era necessário criar um plano diretor de gestão estratégica que criasse um serviço policial de caráter preventivo, em lugar de uma força policial que simplesmente reagisse para reprimir o crime e a violência; estabelecesse novos paradigmas de formação policial por meio de parcerias com a universidade e a sociedade civil; e instituísse um código de conduta que fosse capaz de responsabilizar os policiais por má conduta profissional. Foi a primeira autoridade policial a introduzir os conceitos de direitos humanos, policiamento comunitário e prevenção da violência doméstica na corporação, bem como o primeiro a proibir o tratamento discriminatório, arbitrário e violento contra os habitantes das favelas, os quais lembram com gratidão o tratamento respeitoso que receberam, em toda a cidade, durante os anos em que Cerqueira foi comandante da PM. Na época, proibiu-se arrombar portas em procedimentos de busca, aproximar helicópteros dos telhados a ponto de destruí-los ou, ainda, prender pessoas sem identificação por "vadiagem". (LEEDS, 1998). Nos anos anteriores e posteriores à gestão de Cerqueira, conforme lembra a deputada federal Benedita da Silva, a polícia entrava na sua casa, na comunidade de Chapéu Mangueira, alegando estar procurando cocaína, e derrubavam os potes de açúcar e arroz pelo chão (SILVA, 2013).

No entanto, o trabalho de Cerqueira ocorreu em um momento em que as forças políticas conservadoras do Rio de Janeiro viam em Brizola uma ameaça à ordem pós-militar, recém-estabelecida, devido à sua atuação centralizadora e populista. O respeito aos direitos humanos da população de baixa renda era, na opinião da classe média, sinal de leniência com os criminosos, em uma época em que cresciam rapidamente os números de crimes relacionados ao tráfico de drogas. A Rede Globo, em particular, liderava esse ataque, manipulando constantemente os fatos relacionados às políticas de Brizola e Cerqueira no que tocava à entrada da PM na favela, alegando que ambos proibiam a polícia de "subir o morro", permitindo assim que o narcotráfico imperasse. A verdade é que o coronel Cerqueira proibiu a PM de invadir as favelas de forma aleatória e indiscriminada. Sua intenção era que a polícia tivesse um plano estratégico e bem estruturado para combater o crime e a violência que estavam associados à droga. Considerando esse clima político e o as barreiras ideológicas dentro da polícia militar, o próprio Cerqueira admitiu o fracasso do seu projeto, em uma declaração citada com frequência.

> É certo que falhamos. Não conseguimos implantar o modelo democrático que defendíamos. Não soubemos prender traficantes nas favelas sem invadir barracos, sem colocar em risco a vida de terceiros; não soubemos fazer a polícia investigar para

prender e não matar. Não percebemos que a resistência dos policiais diante das novas propostas democráticas era notadamente ideológica: resistiam porque não aceitavam adotar as novas propostas de trabalho. Não percebemos também que setores importantes da sociedade não queriam a adoção deste novo modelo (2001, p. 49-50).

A abertura de canais de comunicação e participação social com o objetivo de incluir segmentos anteriormente excluídos era uma iniciativa coerente com a política brizolista, com a criação do Conselho de Justiça, Segurança Pública e Direitos Humanos, que se reunia uma vez por mês com o secretário da Justiça Vivaldo Barbosa. Anteriormente, a população de baixa renda só entrava no quartel para apanhar. A partir de então, no entanto, passou a ter o mesmo acesso que a classe média, com direito a apresentar queixas por meio, por exemplo, dos conselhos de segurança pública da comunidade. Agora um representante dos meninos de rua poderia comunicar-se com o comandante da polícia militar. As associações de moradores da favela passaram a ter o mesmo direito de se reunirem, a exemplo do que ocorria nas associações de classe média,[4] algo inédito e que não foi recebido com o mesmo entusiasmo por todos os setores da sociedade.

Também foi uma época em que segmentos corruptos da polícia, conhecidos como grupos de extermínio, compostos principalmente por membros da PM (embora não exclusivamente), "eliminavam" indivíduos e grupos de forma rotineira, incluindo massacres que ganhariam fama internacional, como o dos meninos em situação de rua em frente à Igreja da Candelária, e a morte de 21 pessoas inocentes na Favela Vigário Geral, ambos no Rio de Janeiro, em 1993.

Aqueles que hoje estão na polícia militar e que concordam com a filosofia do coronel referem-se ao antigo comandante como um divisor de águas na história recente da instituição – uma PM pré e pós-Cerqueira. Relatam também uma cisão constante entre os policiais linhas-duras, os chamados "repressivos", de um lado, e os "prevencionistas", de outro, seguidores das ideias do coronel (NOBRE, 2008). Nos últimos 30 anos, de forma cíclica, esses dois grupos vêm se revezando no poder. Nos governos mais progressistas os "prevencionistas" – ou Filhos de Nazareth, nos termos

---

4   Entrevistas com o coronel Ubiratan Ângelo, 2011, e Vivaldo Barbosa, 2014. Ver também McCann (2014, p. 103-104).

que Jacqueline Muniz costumava usar nos cursos que ministrava para policiais em todo o Brasil – ganham espaço para implementar os programas originalmente idealizados por Cerqueira; nas gestões mais conservadoras, se impõem os "repressivos". Assim, a política de segurança pública fluminense tem sido marcada pelo oscilar de um pêndulo que passa por políticas ora progressistas, ora repressivas, determinadas pelo governador do momento, bem como pela hierarquia de oficiais que acompanham sua linha política.

Cerqueira encontrou enorme resistência entre seus contemporâneos de mesmo nível hierárquico na polícia militar, os quais se aferravam à ideologia de uma corporação hierarquizada e fechada. Tratava-se de oficiais que haviam ingressado na Academia de Polícia no início dos anos 1960, um pouco antes do golpe de 1964. A formação policial, tanto no nível do oficial quanto no do praça, era totalmente militarizada e atravessada por uma filosofia legalista fortemente arraigada a uma ideologia e cultura que reforçava a hierarquia na tomada de decisões, o respeito à cadeia de comando, e deixava de incentivar a responsabilidade e a inovação nos processos decisórios individuais de cada policial (ANGELO, 2011; SILVA, 2011). Essa divisão ideológica também aparecia claramente na luta pela formação policial, na introdução da noção de polícia como prestadora de um serviço para a sociedade, muito mais do que uma instituição que age de forma reativa, combatendo o crime com uma estratégia militar que busca eliminar o inimigo da ordem interna. O coronel Ibis Pereira, que ingressou na PM do Rio de Janeiro em 1983, lembra das palavras de Cerqueira na aula inaugural da Academia de Polícia. Ao falar da centralidade do ser humano como o maior objetivo da proteção policial, o coronel definiu: "[...] o policial não pode ser apenas um protetor da dignidade humana, ele tem que ser também um promotor da dignidade humana" (I. Pereira, Ribeiro/CPDOC, 2011, p. 10). A introdução da noção de direitos humanos, nesse contexto, representou uma guinada radical de um currículo que tinha como foco, até então, o combate ao crime por meio de uma estratégia militar.

Enraizar a noção de prestação de serviço à sociedade e, com ela, a de respeito aos direitos humanos, representava um desafio assumido pelo coronel: o desenvolvimento de várias novas estratégias, todas direcionadas a abrir uma instituição fechada como a PM a novos paradigmas, literaturas e parceiros, incluindo aqueles que anteriormente haviam se colocado contra a polícia, e vice-versa. Além da reforma radical do currículo, durante a gestão de Cerqueira foi criado o periódico *Cadernos da Polícia*, que traduzia e adaptava à realidade brasileira os diversos livros e artigos que o coronel adquiria em suas viagens internacionais. A principal responsável pela tradução desse material, contratada por Cerqueira, Mina Seinfeld de Carakushansky, observa que essa nova literatura foi apresentada a uma corporação que se satisfazia, na época, com uma trajetória profissional muito mais limitada: estudar direito, servir durante o tempo exigido e se aposentar da polícia (LEAL *et. al.*, 2010). Seria necessária a chegada de uma nova geração de oficiais à PM fluminense, cerca de dez anos depois, para que se percebesse a importância dessa nova literatura.

A ideia de fomentar parcerias entre a polícia e a universidade também era algo estranho para ambas as instituições. Até o início dos anos 1990, seus universos eram distantes e antagônicos. Na realidade, as universidades, por terem sido alvo da repressão policial durante o regime militar, eram vistas como um *locus* de subversão. O coronel Cerqueira não foi o primeiro oficial da polícia a encorajar essa parceria. Minas Gerais, Pernambuco e Rio Grande do Sul também começavam a buscar novos relacionamentos. A crença de que parcerias entre a corporação e a universidade eram fundamentais para fins de formação e pesquisa fazia parte da estratégia de Cerqueira para ampliar a formação em segurança pública. No segundo mandato de Brizola (1991-1995), sobretudo, reforçou-se amplamente essa noção, com a fundação do Centro Unificado de Ensino e Pesquisa para as Instituições de Segurança Pública do Estado do Rio de Janeiro (Ceuep), também conhecido como Escola de Cidadania, dirigida pelo professor Gisálio Cerqueira Filho, subordinada ao gabinete do vice-governador Nilo Batista, e associada à Universidade Estadual do Rio de Janeiro (UERJ) (CERQUEIRA FILHO, 2009). Esse curso era oferecido aos alunos das polícias civil e militar, do Corpo de Bombeiros e da Defesa Civil e Desipe [Departamento do Sistema Penitenciário do Rio de Janeiro], tornando-se o precursor de outro curso, mais conhecido, o de especialização em políticas públicas de justiça criminal e segurança pública da Universidade Federal Fluminense (UFF), dirigido pelo professor Roberto Kant de Lima (LIMA, 2002).

O curso da UFF era o sonho do coronel Cerqueira, que morreu antes da sua realização. Para homenagear esse sonho, a sala onde se ministrou o curso foi a ele dedicada, contendo, na entrada, uma placa com o seu nome. A especialização, com duração de um ano, era voltada a oficiais da PM de médio escalão e aberta também aos membros da PC e outras instituições do sistema judiciário penal; pela primeira vez, um curso desse tipo era oferecido dentro do espaço democrático de uma universidade pública e não em uma academia de polícia. Tratou-se de um esforço pioneiro por parte do professor Kant de Lima; seu conteúdo e sua metodologia eram uma novidade em um curso obrigatório para fins de promoção na carreira. O simbolismo dessa oposição, ou seja, realizar o curso na academia de polícia ou dentro da atmosfera não autoritária de uma universidade pública, era bastante presente junto aos alunos e seus superiores, preocupados com a perda dos valores militares tradicionais (LEEDS, 2007).

Um episódio, ocorrido durante o segundo ano do projeto, foi bastante significativo e indicativo do potencial – ou incapacidade – do curso em promover a mudança cultural dentro da PM, tão desejada pelo coronel Cerqueira. O acordo original entre a polícia militar e a UFF estipulava que os alunos assistissem às aulas vestidos à paisana e desarmados, porque, afinal, tratava-se de um ambiente universitário, aberto e democrático. Porém, mais conservador, o sucessor do comandante da PM que havia assinado o acordo original mudou as regras, obrigando os alunos a comparecerem às aulas uniformizados e armados, com o objetivo de preservar a identidade da PM. Essa decisão foi um grande desincentivo à dinâmica interna do curso: uniforme era sinônimo de hierarquia e os alunos sentiam-se constrangidos em contradizer a ordem um oficial superior, mesmo dentro do espírito do debate acadêmico. Mas, em um episódio inédito de discussão com um comandante, os alunos argumentaram e o convenceram a revogar a sua decisão, honrando os termos do acordo original. Na cerimônia de graduação, realizada na Academia de Polícia, o mesmo comandante enfatizou, em seu discurso, que temia que o curso levasse a PM a perder sua identidade tradicional militar, bem como o conhecimento de tudo o que sempre soubera fazer. A intenção do curso era justamente iniciar um processo de mudança.

Policiamento comunitário

Considerando o legado do coronel Cerqueira em prol da desmilitarização da cultura policial, muito provavelmente ele será mais lembrado pela introdução do policiamento comunitário no Brasil. Esse esforço também mostra a profunda clivagem ideológica entre os membros da polícia militar de sua geração. Tratava-se de um conceito totalmente revolucionário para o Brasil da época, importado e adaptado pelo coronel, após inúmeras visitas a cidades dos Estados Unidos e do Canadá. Cerqueira (2010b, p. 145) tinha plena consciência do enorme desafio que a sua aceitação representava:

> Para as polícias ostensivas brasileiras, ainda reféns de um modelo gerencial ultrapassado, de uma estrutura organizacional pesada e ineficaz e de um exacerbado militarismo, não será muito fácil entender as mudanças que se fazem necessárias nesta área.

A noção de policiamento comunitário, nas suas diversas manifestações, significa que os oficiais que atuam na esfera da comunidade tomam suas próprias decisões com certo grau de descentralização e se responsabilizam por elas. Era um conceito completamente contrário à estrutura organizacional militarizada. Atualmente, já existe um *corpus* crescente de literatura sobre os esforços iniciais para a introdução desse conceito no Rio de Janeiro, não sendo minha intenção avaliar profundamente esses programas pioneiros. No âmbito deste ensaio, basta dizer que essas experiências, apesar de falhas, criaram uma série de modelos, cada um dos quais aprendendo com o anterior, de modo que os componentes de uma experiência acabavam transmitidos às versões posteriores.

Concebido no primeiro mandato de Cerqueira, dentro do "Plano Diretor da Polícia Militar do Estado do Rio de Janeiro para o período de 1984 a 1987", o policiamento comunitário inicialmente criado teve várias versões, cada uma com as suas especificidades, retomadas nos trinta anos seguintes. Na primeira dessas versões, foi criado, em 1983, o Centro Integrado de Policiamento Comunitário (Cipoc), na Cidade de Deus, em substituição ao Destacamento de Policiamento Ostensivo. Antigas celas prisionais foram transformadas em banheiros públicos, um banco de empregos e outros serviços de natureza social. Além disso, quatro grupos acompanhavam o andamento desse novo trabalho de integração da polícia na comunidade. Na opinião do coronel Robson Rodrigues, primeiro comandante das Unidades de Polícia Pacificadora (UPP) do Rio de Janeiro, apesar de falho, o Cipoc foi o precursor desse outro projeto, que seria implantado 25 anos depois.[5] Se o Cipoc foi criado em uma área "subnormal" (favela), uma segunda experiência de policiamento comunitário foi implantada em bairros de classe média: Urca, Laranjeiras e Grajaú, onde associações de moradores já existentes foram parte integral da operacionalização do projeto.

---

5   Ver Hollanda, 2005, p. 118; Ribeiro, 2014, p. 24-241; Silva, 2014, p. 4.

O segundo mandato de Cerqueira (1991-1994) começou com restrições políticas adicionais oriundas da irritação de muitos de seus colegas, que rejeitavam sua nomeação. Apesar de ter se aposentado da PM após o primeiro mandato, o coronel foi reconvocado por Brizola para assumir o posto. De acordo com a tradição da polícia militar, nomear alguém que já estava na reserva era contra as regras da corporação, pois roubava dos oficiais mais jovens o direito de se tornarem comandantes da corporação. Todo esse ressentimento, especialmente da parte dos oficiais do antigo estado do Rio de Janeiro, continuaria a afetar a aceitação de Cerqueira pelo resto de seu mandato, que incluiu o segundo e mais conhecido experimento de policiamento comunitário em Copacabana. Essa experiência, implantada no final de sua gestão, foi em parte uma resposta à tragédia dos massacres da Candelária e Vigário Geral, em 1993. Uma colaboração entre a PM e a ONG Viva Rio, que criou e manteve vários conselhos de bairro, o projeto limitou-se a uma área de 28 quarteirões entre Copacabana e o Leme, numa jornada de trabalho policial de 12 horas, 8 da manhã e 8 da noite. Em muitos aspectos, o projeto padecia dos mesmos problemas verificados em outras tentativas de policiamento comunitário na cidade, tanto anteriores quanto posteriores à experiência de Copacabana: formação insatisfatória; falta de recursos adequados e falta de coordenação com ou concorrência com outras agências governamentais; falta de apoio da comunidade de modo geral; e, acima de tudo, falta de apoio da PM como um todo. De modo semelhante ao apontado pelas avaliações recentes das UPP, muitos policiais opunham-se ao envolvimento comunitário por não se tratar, na sua visão, de "policiamento de verdade" (MUSUMECI *et al.*, 1996; MUNIZ *et al.*, 1997).

As resistências às políticas idealizadas pelo coronel continuaram dentro da instituição, mesmo após sua morte, em 1999, quando seus seguidores tentaram implantar novas versões de policiamento comunitário. Eles falam em um boicote implícito, mas bem articulado, ao policiamento comunitário criado por Cerqueira. Embora os oficiais do mesmo nível hierárquico elogiassem seus planos e programas, na prática os projetos de policiamento comunitário sofreram sabotagem, durante e após o mandato do coronel.

Essa situação ficou mais evidente durante a vigência de um programa de viés comunitário e pacificador, chamado Gpae (Grupamento de Policiamento em Áreas Especiais), montado inicialmente nas comunidades de Pavão-Pavãozinho e Cantagalo, situadas nos bairros de Ipanema e Copacabana, e, depois, seguidas de três outras regiões da capital fluminense e Niterói.⁶ Criado pelo então major Antônio Carlos Carballo, discípulo de Cerqueira; combinava os princípios do policiamento comunitário introduzidos pelo seu mestre, e o modelo da chamada "Operação Cessar-Fogo", o famoso projeto de redução de violência de Boston, no estado de Massachusetts, Estados Unidos. Desde o início, a missão do Gpae era reduzir a violência armada – em vez de focar na eliminação do tráfico de drogas –; coibir o envolvimento de crianças em atividades ilícitas; garantir no território de abrangência a presença constante da polícia comunitária, que por sua vez deveria atuar de forma exemplar, e, sobretudo, mudar a relação de antagonismo entre a comunidade e a polícia. Qualquer policial que abusasse do poder ou se envolvesse em atividades criminosas seria excluído do projeto.⁷

A mensuração do sucesso de qualquer programa inovador depende de quem o avalia e do momento em que ocorre esta avaliação, no seu ciclo de vida. Nesse sentido, o Gpae despertou a atenção da mídia nacional e internacional, que o retratou com uma experiência predominantemente positiva. O programa também foi objeto de inúmeras avaliações acadêmicas nacionais e internacionais, com análises mais nuançadas; e inspirou uma ação semelhante em Belo Horizonte, os Grupamentos de Policiamento de Áreas de Risco (Gepar).

Da mesma forma que os projetos anteriores, o Gpae gerou consequências diversas. Houve, de um lado, uma redução significativa da violência armada nas comunidades em que foi instalado e nas áreas de classe média circundantes. Mas o projeto não conseguiu promover a confiança da comunidade na polícia. No que tange à mudança institucional, Carballo descreveu a resistência que encontrou na formação do Gpae: falta de apoio da maioria dos quadros da hierarquia da PM; ausência absoluta de uma compreensão de seu significado; e a percepção de que a associação entre policiamento comunitário e direitos humanos era sinônimo de leniência com os criminosos (CARBALLO, 2009). Seguindo o movimento pendular das políticas de segurança pública, o programa foi suspenso no mandato seguinte.

---

6   As raízes do Gpae remontam ao Grupo de Aplicação Prático-Escolar (Gape), fundado no segundo mandato de Cerqueira, no Morro da Providência, em 1992, e nas favelas da Mangueira, Borel e Andaraí, em 1993 (ALBERNAZ, *et al.*, 2007; RIBEIRO, 2014).
7   Dando continuidade à prática de Cerqueira de adaptar projetos internacionais à realidade brasileira, Carballo e Rubem Cesar Fernandes, do Viva Rio, visitaram o projeto de Boston, sob a égide do Conselho Mundial de Igrejas.

Prestação de contas

Se, de um lado, a resistência às ideias de Cerqueira com relação ao policiamento comunitário e aos direitos humanos no Rio de Janeiro subsistia de forma latente, por outro, a reação ao esforço de criação de uma estrutura para a prestação de contas da atuação policial, bem como de um código de conduta para orientar o trabalho dos policiais, foi bastante explícita. Ela pode ter gerado, em última instância, consequências indesejadas, como os episódios trágicos de violência policial dos anos 1990. Mantendo a coerência com a sua filosofia que propunha a abertura de um canal de comunicação entre a polícia e a sociedade, o coronel Cerqueira estabeleceu o primeiro código de conduta policial, baseado nos documentos de direitos humanos das Nações Unidas, criando ainda a primeira corregedoria para investigação dos casos de má conduta profissional dentro da própria PM. A ideia passada ao público era de que mesmo um suspeito de cometer crimes merecia ser tratado como ser humano em um Estado de direito, em oposição clara à noção popular de que "bandido bom é bandido morto", ainda bastante presente entre alguns setores da polícia atual. À época, a percepção do contingente policial era a de que a corregedoria representava um cerceamento às suas atividades (R. Vianna in Ribeiro; CPDOC, 2011).

Cerqueira foi implacável na punição dos membros da PM culpados de violação de direitos humanos. Por outro lado, também acreditava que a polícia – especialmente os praças, oriundos em sua maioria das classes de menor renda – era vitimizada por sua própria ideologia. Em um artigo apresentado no 7º Simpósio Internacional de Vitimologia, realizado no Rio de Janeiro em 1991, o coronel relata o caso de um jovem soldado que fora testemunha de um "auto de resistência", em 1985. Sob custódia da polícia, um jovem acabou morrendo, após queixa de tratamento violento. Embora o espancamento fatal tenha sido conduzido por policiais de alta patente, a história oficial responsabilizava os praças pela sua morte – na verdade estes apenas haviam testemunhado o ato letal. Disseram-lhes que "[...] precisavam aprender que o trabalho do policial era duro, e foram intimidados a permanecer calados a respeito da morte do rapaz" (CERQUEIRA, 1991, p. 3). Um dos praças acabou suicidando-se dentro do batalhão, onde foi encontrada uma carta em que alegava sua inocência e expressava revolta e tristeza pela morte do jovem. Invocando um de seus heróis intelectuais, o jurista argentino Eugenio Zaffaroni, Cerqueira denominou o episódio como um caso de vitimização indireta ou "policização", no qual jovens recrutas, a maioria originária das classes mais baixas, são "[...] modelados ou condicionados pela sua cultura organizacional, que desenvolve crenças que justifica práticas violentas e abusivas, característica de nossas instituições policiais" (CERQUEIRA, 1991, p. 1). Cerqueira tinha consciência das condições que levam a polícia a adotar práticas violentas e reforçar as crenças de uma instituição militarizada.

Em 1993, durante o segundo mandato de Cerqueira como comandante da polícia militar, o Rio de Janeiro vivenciou duas tragédias causadas por má conduta policial: as chacinas da Candelária e de Vigário Geral. Levadas a cabo por uma facção corrupta da PM, chamada de Cavalos Corredores (um dos sete grupos de extermínio identificados pela corporação), tirou a vida de 29 cidadãos inocentes. Na Candelária o grupo de extermínio matou oito crianças em situação de rua que dormiam em frente à catedral, uma das principais da cidade, e em Vigário Geral assassinou 21 moradores inocentes. Na visão dos policiais seguidores de Cerqueira, os dois episódios foram, acima de tudo, um boicote violento do grupo de extermínio às ideias do coronel e à sua tentativa de criar uma estrutura de prestação de contas dentro da PM. No caso específico de Vigário Geral, uma vingança pelo assassinato de policiais militares corruptos, cometido por traficantes após uma negociação malsucedida. Quando Cerqueira convocou psicólogos para entrevistar os policiais envolvidos na chacina da Candelária, o que em si já era inovador, os policiais, presos durante o processo alegaram que acreditavam estar fazendo um favor à sociedade ao matar bandidos que simplesmente voltariam a cometer crimes. O coronel agiu com celeridade no caso dos massacres. Muito antes da instauração de processo judicial contra os policiais envolvidos, expulsou-os da PM, enquanto se aguardava o lento desenrolar do processo nos tribunais.

Ao aposentar-se, após o cumprimento de seu segundo mandato como comandante, Cerqueira tornou-se vice-presidente do Instituto Carioca de Criminologia, um *think tank* fundado pela socióloga Vera Malaguti e pelo advogado criminalista Nilo Batista, vice-governador durante a gestão de Brizola, que assumiu o governo do Estado por um breve período, enquanto o político gaúcho concorria à presidência da República. Durante a sua passagem pelo instituto o coronel publicou artigos sobre segurança pública, editou uma série de livros sobre os novos paradigmas de policiamento, denominada "Polícia Amanhã", utilizada amplamente pelas forças policiais brasileiras, viajando intensamente por todo o país para participar de seminários e oficinas sobre policiamento comunitário e orientação relacionada ao universo das drogas, entre outras práticas policiais inovadoras.

Enquanto o impacto do coronel Cerqueira nas políticas de segurança pública do Rio de Janeiro se limitou a alguns segmentos da PM, fora do Estado sua influência foi significativa. Seja por meio de seus artigos, pela tradução e divulgação de literatura internacional importante sobre o tema, seja por sua participação em seminários e oficinas em todo o Brasil, a noção de policiamento comunitário e os novos paradigmas da formação policial permanecerão indissoluvelmente associados ao nome de Cerqueira. Atualmente não existe nenhum curso de formação policial em todo o país que não inclua pelo menos um de seus trabalhos ou um artigo estrangeiro por ele traduzido (MORETZSOHN, 2001). Sua influência é sentida especialmente no Paraná, Minas Gerais, São Paulo, Rio Grande do Sul, Mato Grosso, Espírito Santo, Pernambuco e Paraíba, entre outros.[8]

O coronel foi assassinado em 1999, ao sair do edifício que abrigava o Instituto Carioca de Criminologia, com um tiro disparado por um policial de baixo escalão, que por sua vez foi morto imediatamente pelos seguranças de um edifício vizinho. A explicação oficial declarou o assassino portador de problemas mentais. Mas há alusões, feitas por diversos policiais e autoridades de governos anteriores que entrevistei, ao fato de que Cerqueira teria sido assassinado porque não se mostrava disposto a perdoar os atos de corrupção e má conduta policial, especialmente aqueles levados a cabo pelos grupos de extermínio.

O quanto a liderança, a filosofia e a coragem de um indivíduo podem influenciar políticas tensas como as de segurança pública depende do momento político e de uma série de fatores externos, sobre os quais ele terá provavelmente pouco controle. Demonizado pela batalha ideológica que se desenrolou dentro da polícia militar nos anos 1980 e 1990, Cerqueira foi homenageado e enaltecido pela mesma instituição em 2010, quando a PM comemorava seu ducentésimo aniversário e os partidários do coronel haviam galgado posições de responsabilidade na hierarquia policial. Em um livro que prestigia a visão de Cerqueira, intitulado *Sonho de uma polícia cidadã: coronel Carlos Magno Nazareth Cerqueira*, o então comandante da polícia militar fluminense, coronel Mário Sergio Duarte, escreveu o seguinte no prefácio:

---

8   Ver, por exemplo, Beato, 2002; Moulin, 2003; Muniz, 1993 e a entrevista com o coronel Washington França, PM da Paraíba, 2011.

> Dizemos na PM, hoje, que Coronel Cerqueira era um homem muito adiante do nosso tempo, mas naquela época tantos o consideraram um lunático. Eu mesmo muitas vezes ironizei sua vanguarda, tomando-a por um conjunto de sandices, com ingredientes de intelectualismo pedante e antioperacionalidade disfarçada. Mas, inelutável é a verdade e sua essência. O Coronel Cerqueira nos despertou para o devir constante da sociedade, suscitando mudanças na Corporação (LEAL et al, 2010, p. 10).

Considerações finais

A questão inevitável para aqueles que hoje desenham políticas de segurança pública é: qual o significado e extensão potencial da liderança de um indivíduo para promover mudanças de longo prazo de modo geral e no Rio de Janeiro, especificamente? Deve-se esperar o tempo necessário para que novas gerações assumam o poder e, mais uma vez, se sensibilizem com as questões da segurança cidadã? Ou será que os atores da sociedade civil devem fazer pressão sobre as autoridades governamentais? Seriam as variáveis históricas e políticas específicas do Rio de Janeiro que tornaram essa mudança tão passageira? Ficou claro a partir de um exame dos diversos esforços de implantação de políticas moldadas nas crenças de Cerqueira nos últimos trinta anos – incluindo, por exemplo, os novos paradigmas de formação policial e o policiamento comunitário – que a memória institucional não desaparece por completo, apesar das dificuldades; e aquilo que tiver valor em um determinado momento histórico acabará reaparecendo quando o próximo contexto político permitir.

Apesar das mudanças que o coronel Cerqueira tentou implantar na PM do Rio de Janeiro, reformando-a para convertê-la em um órgão a serviço da sociedade, afastando-a da ideologia da militarização, ele nunca tentou mudar a estrutura básica, hierarquicamente militarizada, da instituição, devido às limitações políticas e constitucionais da época (RIBEIRO, 2014a). A pergunta que permanece em aberto é se esforços como os de Cerqueira, em prol de uma reforma ampla, poderiam ser adotados de forma permanente sem qualquer mudança estrutural. Em uma reflexão sobre os problemas enfrentados pelas Unidades de Polícia Pacificadora, o primeiro comandante do programa, Robson Rodrigues da Silva, pergunta-se se com "[...] as antigas estruturas policiais que ainda produzem uma mentalidade de guerra" (2014, p. 11) as UPP conseguiriam fazer a transição de um modelo de polícia tradicional, altamente reativo, para um modelo proativo, baseado na prevenção do crime e da violência. Nesse sentido, as preocupações de Cerqueira permanecem válidas. As soluções permanecem nas mãos dos "filhos do Nazareth".

REFERÊNCIAS BIBLIOGRÁFICAS

ALBERNAZ, Elizabeth; CARUSO, Haydée; PATRÍCIO, Luciane. "Tensões e desafios de um policiamento comunitário em favelas do Ro de Janeiro: o caso do Grupamento de Policiamento em Áreas Especiais". *São Paulo em Perspectiva*, São Paulo, nº 2, vol. 21, jul./dez., 2007, p. 39-52.

ALMEIDA, Gustavo de. 2007. "Polícia contra Polícia." Rolling Stone Brasil, 19/dez., 2007.

ANGELO, Ubiratan. Ubiratan Ângelo: depoimento [2011]. Entrevistadora: Elizabeth Leeds.

BARBOSA, Vivaldo. Vivaldo Barbosa: depoimento [2014]. Entrevistadora: Elizabeth Leeds.

BEATO, Claudio. "Reinventando a Polícia: a Implementação de um Programa de Policiamento Comunitário." In: _____ (org.). *Policiamento Comunitário: Experiências no Brasil. 2000-2002*. São Paulo: Página Viva, 2002.

CALDEIRA, Cesar. "Política se Segurança Pública no Rio: Apresentação de um Debate Público." In "Crime Organizado e Política de Segurança Pública no Rio de Janeiro". *Archè Interdisciplinar*, Rio de Janeiro, ano VII, nº 19. Faculdade Integradas Cândido Mendes Ipanema, 1998.

CARBALLO, Antonio Carlos. Antonio Carlos Carballo: depoimento [2009]. Entrevistadora: Elizabeth Leeds.

CERQUEIRA, Carlos Magno Nazareth. *O futuro de uma ilusão: o sonho de uma nova polícia*. Textos Fundamentais de Polícia. Coleção Polícia Amanhã, Instituto Carioca de Criminologia, Rio de Janeiro: Freitas Bastos Editora, 2001.

CERQUEIRA, Carlos Magno Nazareth. Carlos Magno Nazareth Cerqueira: depoimento [1988]. Entrevistadora: Elizabeth Leeds. Rio de Janeiro: Museu da Imagem e do Som do Rio de Janeiro, 1988.

_____. "Victims of the Abuse of Political Power: Police Violence." In: *Sétimo Simpósio Internacional de Vitimologia*. Rio de Janeiro: 1991.

_____. Entrevista concedida a Rebecca Reichmann em 1992, publicada como "Um treinamento para liberdade". In: *O Futuro de uma ilusão: o sonho de uma nova polícia*. Coleção Polícia Amanhã. Nº 6: 25-29. Rio: Freitas Bastos Editora. 2001a.

_____. *Do Patrulhamento ao Policiamento Comunitário*. 2ª edição. Coleção Polícia Amanhã. Rio de Janeiro: Freitas Bastos Editora, 2001b.

_____. "O negro e a segurança pública". In: LEAL, Ana Beatriz; PEREIRA, Íbis Silva; MUNTEAL FILHO, Oswaldo (org). *Sonho de uma Polícia Cidadã: Coronel Carlos Magno Nazareth Cerqueira*. Rio de Janeiro: UERJ, Núcleo de Identidade Brasileira e História Contemporânea, 2010, p. 209-211.

CERQUEIRA FILHO, Gisálio. "Sobre a Escola da Cidadania." Mimeo. 2009.

FRANÇA, Washington. Washington França: depoimento [2011]. Entrevistadora: Elizabeth Leeds.

GUIMARÃES, Celso. Celso Guimarães: depoimento [2008]. Entrevistadora: Elizabeth Leeds.

HOLLANDA, Cristina Buarque de. *Policia e direitos humanos: politica de seguranca publica no primeiro governo brizola (1983-1986)*. Rio de Janeiro: Editora Revan, 2005.

LEAL, Ana Beatriz, PEREIRA, Ibis Silva, e MUNTEAL FILHO, Oswaldo (orgs.). *Sonho de uma Policia Cidada: Coronel Carlos Magno Nazare Cerqueira*. Rio de

Janeiro: Nucleo de Identidade Brasileira e Historia Contemporanea, Universidade Estadual do Rio de Janeiro, 2010.

LEEDS, Elizabeth. "Cocaína e poderes paralelos na periferia urbana brasileira: ameaças à democratização em nível local". In: ZALUAR, Alba; ALVISTO, Marcos (org). *Um século da favela*. Rio: Editora FGV, 1998.

_____. "Serving States and Serving Citizens: Halting Attempts at Police Reform in Brazil and Implications for Donor Intervention." *Policing and Society*, nº 1, vol. 17, mar. 2007, p. 21-37.

LIMA, Roberto Kant de. "Políticas de segurança pública e seu impacto na formação policial: considerações teóricas e propostas práticas". In: ZAVERUCHA, Jorge; BARROS, Maria do Rosário Negreiros (orgs.). *Políticas de Segurança Pública: dimensão da formação e impactos sociais*. Recife: Fundação Joaquim Nabuco, Escola do Governo e Políticas Públicas, 2002.

MCCANN, Bryan. *Hard times in the marvelous city: from dictatorship to democracy in the favelas of Rio de Janeiro*. Durham: Duke Univ. Press, 2014.

MORETZSOHN, Silvia. "O Sonho do Capitão". In: *O Futuro de uma Ilusão: O Sonho de uma Nova Polícia*. Coleção Policia Amanhã. Vol. 6, 2001.

MOULIN, Luiz Ferraz. *Policia Interativa*. Vitória: Editora Formar, 2003.

MUNIZ, Jacqueline. "A Polícia Interativa no Espírito Santo". In: 1º Seminário sobre Segurança, Justiça e Cidadania. Viva Rio/Ministéri da Justiça. Rio de Janeiro, 28-29 de novembro de 1993.

_____; LARVIE, Sean Patrick; MUSUMECI, Leonarda; FREIRE, Bianca. "Resistências e dificuldades de um programa de policiamento comunitário". *Tempo Social*, São Paulo: USP, nº 1, vol. 9, mai. 1997, p. 197-213.

_____. *Ser Policial e, Sobretudo, uma Razão de Ser*. Tese (doutorado em ciência política) – Instituto Universitario de Pesquisas do Rio de Janeiro, Rio de Janeiro, 1999.

_____. 2001. "A Crise de Identidade das Policias Militares Brasileiras: Dilemas e Paradoxos da Formação Educacional". *Security and Defense Studies Review*, vol. 1 (Inverno), 2001, p. 177-198.

MUSUMECI, L. et al. *Segurança Pública e Cidadania: a experiência de policiamento comunitário em Copacabana (1994-1995)*. Rio de Janeiro: ISER, 1996.

NOBRE, Carlos. 2002. "Coronel Nazareth Cerqueira: um exemplo de ascenção negra na Polícia Militar do Rio de Janeiro," In: X Congresso da Alaada – Associação Latino-Americana dos Estudos Afro-Asiáticos. Rio de Janeiro, 2002. Disponível em <http://bibliotecavirtual.clacso.org.ar/ar/libros/alcadaa.nobre.rtf>

_____. *O negro na policia militar: cor, crime and carreira no rio de janeiro*. Dissertação (mestrado em direito) – Universidade Candido Mendes, Rio de Janeiro, 2008.

RIBEIRO, Ludmila (coord). Projeto "História do Policiamento Comunitário na Cidade do Rio de Janeiro." Rio de Janeiro: Centro de Pesquisa e Documentação de História Contemporânea do Brasil (CPDOC), Fundação Getúlio Vargas, 2011.

_____. "O nascimento da polícia moderna: uma análise dos programas de policiamento comunitário implementados na cidade do Rio de Janeiro (1983-2012)". *Análise Social*, Lisboa, nº 211, vol. XLIX (2o), 2014, p. 272-309.

_____; MONTANDON, A. M. A. "Reformar a polícia ou reformar o seu discurso? Uma análise da chegada da filosofia de policiamento comunitário a uma organização policial militar brasileira". *Revista Brasileira de Segurança Pública,* São Paulo, vol. 9, 2015, p. 62-81.

SANSONE, Livio. "Fugindo para a força: cultura corporativista e 'cor' na Policia Militar do Rio de Janeiro". *Estudos Afro-Asiaticos*, Rio de Janeiro, Universidade Cândido Mendes, nº 3, vol. 24, 2002.

SILVA, Benedita da. Benedita da Silva: depoimento [2013]. Entrevistadora: Elizabeth Leeds.

SILVA, Robson Rodrigues da. *Entre a caserna e a rua: o dilema do "pato": Uma analise antropologica da instituicao policial militar a partir da Academia de Policia Militar D. Joao VI.* Niteroi: Editora da UFF, 2011.

_____. "Dilemmas of Pacification: News of War and Peace in the 'Marvelous City.'" *Stability: International Journal of Security & Development*, nº1, vol. 3, mai. 2014.

SOARES, Luiz Eduardo; SENTO-SÉ, João Trajano. "Estado e segurança pública no Rio de Janeiro: dilemas de um aprendizado difícil". Reforma do Estado e Proteção Social: os setores de saúde e segurança pública no Rio de Janeiro, parte 1. Rio: Programa MARE-Capes-CNPq-Reforma do Estado, 2000.

POR UMA POLÍCIA DIGNA:
ENTREVISTA COM JOSÉ OSWALDO PEREIRA VIEIRA

Renato Sérgio de Lima

José Osvaldo Vieira iniciou a carreira como delegado da Polícia Civil de São Paulo em 1961. Durante sua gestão como delegado-geral da PC do governo de Franco Montoro (1983-1986) foi criada a primeira Delegacia da Mulher no Estado e também os Conselhos Comunitários de Segurança. Na Academia de Polícia Civil introduziu a disciplina "Direitos Humanos" e, em 1999, foi nomeado secretário Nacional de Segurança Pública.

RENATO SÉRGIO DE LIMA: Bem, acho que a primeira pergunta sempre é sobre o seu percurso. Como o senhor se tornou policial? Mas talvez pudéssemos começar pela Faculdade de Direito, pois sabemos que na PUC-SP o senhor teve um contato muito estreito com vários professores, entre os quais André Franco Montoro, que foram determinantes na sua vida profissional.

JOSÉ OSWALDO PEREIRA VIEIRA: Você tem toda a razão. A universidade e as pessoas que lá conheci tiveram um papel definitivo não apenas na minha formação profissional, mas sobretudo política. Ingressei na Faculdade de Direito da PUC no início dos anos 1950. Era um ambiente muito vibrante, com excelentes professores e também bastante politizado. Para muitos paulistas o retorno de Getúlio ao poder era visto com muita desconfiança. Eu, que venho do Vale do Paraíba, tendo meu pai participado dos esforços de resistência em 1932, partilhava desse incômodo. A PUC-SP estava em processo de formação; ela reunia um grupo de jovens professores influenciados por Don Carlos Carmelo de Vasconcelos Motta, próximo de Juscelino [Kubitschek], e pessoas como Alceu de Amoroso Lima, que em alguma medida promovia a democracia cristã, tal como estava ocorrendo na Europa do pós-guerra. Respirava-se, portanto, uma espécie de humanismo cristão.

Na PUC fui aluno de Carvalho Pinto, professor de ciências das finanças, José Horácio Meirelles Teixeira, de direito constitucional, Oswaldo Aranha Bandeira de Mello, de direito administrativo, Arruda Alvim, de direito civil, André Franco Montoro, de introdução ao direito, José Frederico Marques, processo penal, esse talvez o mais querido dos professores, além de muitas outras figuras marcantes. Havia figuras pouco simpáticas também, como Alfredo Buzaid. Confesso que meu maior encantamento, no entanto, foi pelo direito criminal. Talvez a maior influência tenha vindo do professor Queiroz Filho, grande mestre de direito penal, e responsável por eu ter me enveredado nesta área.

Nos últimos dois anos de faculdade fiz o curso de criminologia na Academia de Polícia, que àquela altura durava dois anos. Assim, além de advogado, me formei em criminologia, algo que não mais existe. Era um curso muito técnico, dividido na área de criminalística, que incluía medicina legal, fotografia, balística e outras questões técnicas, e criminologia, que se referia ao estudo das bases sociais do crime, assim como da psicologia do criminoso. Penso que em alguma medida isso prejudicou a formação das novas gerações de policiais, que têm uma educação estritamente bacharelesca. Sobre o crime, sua sociologia, sua psicologia e mesmo sobre mecanismos de investigação, prevenção etc., muito pouco se sabe e se estuda.

Na esfera política, por sua vez, a figura mais marcante foi André Franco Montoro, não apenas pela sua capacidade de articular uma visão humanista da política, mas também pelo seu exemplo na relação com as pessoas, especialmente as mais humildes.

RENATO SÉRGIO DE LIMA: O senhor era de São José dos Campos ou de Paraibuna?

JOSÉ OSWALDO PEREIRA VIEIRA: Nasci em Taubaté. Lá estudei no grupo escolar "Lopes Chaves" e no Colégio Diocesano Santo Antônio. Devo grande parte de minha formação aos professores e amigos que ali fiz. Um deles, dois anos mais velho, meu colega de cruzada eucarística, era o Plínio de Arruda Sampaio...

RENATO SÉRGIO DE LIMA: Isso foi quando? Que ano?

JOSÉ OSWALDO PEREIRA VIEIRA: Isso foi no final do ano de 1940. O Plínio sempre se destacou, desde pequeno. Foi uma grande perda. Na última vez que nos encontramos, na Escola de Direito da FGV [Fundação Getúlio Vargas], ele me disse: "Você é o meu mais antigo, e acho, agora único amigo; todos os outros já morreram, só sobramos nós dois".

Terminado o curso de direito eu voltei para Taubaté. Fui trabalhar no escritório de meu tio, que era o grande advogado da cidade. Trabalhei na área civil, comercial e trabalhista, que gostava muito, mas logo vi que eu não tinha talento para cobrar ou mesmo para advogar causas com as quais não estava de acordo. Pagava as contas dos clientes, os clientes não pagavam as custas, em resumo, um fiasco.

Nessa época também me candidatei a vice-prefeito pelo então Partido Democrata Cristão. O cabeça de chapa era um advogado filiado ao PSP, que desafiava Jaurés Guisard, da família proprietária da Companhia Taubaté Indústrial. Mas nossa chapa foi derrotada.

Como precisava ganhar a vida e a advocacia não me levaria longe, resolvi prestar concurso. Animado pelo Plínio, que me emprestou suas apostilas, fiz o concurso [para delegado da polícia civil], em 1961, e passei, tendo como primeira designação a delegacia de Redenção da Serra [também no Vale do Paraíba]. Redenção da Serra era e ainda é um pequeno município, com 10 mil habitantes, no máximo. Uma cidade absolutamente tranquila, sossegada; tinha quatro, cinco inquéritos por ano; tinha o bêbado do fim de semana, que era o máximo, que você recolhia por uma questão humanitária e depois soltava, na segunda-feira, passava um pito nele, e ia embora.

Nessa ocasião foi eleito o governador, Carlos Alberto Alves de Carvalho Pinto, que tinha sido meu professor de finanças, na PUC, por quem eu tinha muita admiração. Ele também gostava do meu trabalho. Nessa circunstância, fui convocado pra vir para São Paulo, e assumir o posto de subchefe de gabinete da Secretaria de Educação, ocupada pelo Partido Democrata Cristão, que tinha como secretário o doutor Luciano Vasconcelos de Carvalho e como chefe de gabinete, o Chopin Tavares de Lima, que também foi um amigo de toda a vida.

Terminado o governo Carvalho Pinto, retornei para a polícia. Assumi então a delegacia de Tremembé, que é um município muito simpático, perto de Taubaté. Aí segui minha carreira, indo para muitas outras cidades.

No governo Ademar de Barros a corrupção era muito grande. Talvez o Ademar de Barros do "rouba, mas faz" fosse hoje apenas um aprendiz de corrupto, mas era inaceitável para nós que víamos aquilo ocorrendo com a anuência do governo. Foi assim que um grupo de delegados fez um manifesto contra a corrupção, que àquele momento estava muito ligada ao jogo de bicho. Em todas as esquinas havia alguém tirando dinheiro das pessoas humildes, e esse esquema irrigava o bolso dos políticos, assim como suas campanhas políticas.

RENATO SÉRGIO DE LIMA: Quando foi isso?

JOSÉ OSWALDO PEREIRA VIEIRA: Certamente antes de 1964, antes do golpe. E, em razão desse manifesto, nós, delegados que nos indignamos com a corrupção, chefiados por Maurício Henrique Guimarães, que era o mais ativo, fomos evidentemente castigados. O então secretário da Segurança, Cantídio Nogueira Sampaio, coronel da polícia militar, me removeu para uma cidade chamada Pongaí, perto de Bauru, muito longe do Vale do Paraíba, onde minha família ficou.

Lá ocorria uma coisa curiosa. Como não havia o que fazer, porque era um município muito pequeno, sem trabalho policial algum, eu ficava o dia todo lendo e estudando. Todos os dias aparecia um cidadão na porta da delegacia e perguntava para o cabo: "O delegado está aí?". E ele dizia: "Sim, está lá dentro. O senhor quer falar com ele?"; "Não, não quero". Isso se repetia todo dia. Perguntei então ao cabo: "Quem é esse senhor? Eu quero conversar com ele". A resposta: "É o presidente do Partido Social Progressista, do Ademar, que recebeu ordem de saber se o senhor está na cidade, pois está de castigo". Se eu saísse da cidade, ele avisaria ao Cantídio, o secretário de Segurança, para me punir.

Essa história, em alguma medida, ilustra um dos males que acomete nossas polícias desde sua origem, que é a sua instrumentalização por grupos que as utilizam em favor de seus interesses políticos ou meramente econômicos. Então, fiquei de castigo lá algum tempo, depois retornei para o Vale.

RENATO SÉRGIO DE LIMA: Mas como conseguiu a remoção?

JOSÉ OSWALDO PEREIRA VIEIRA: A história é curiosíssima e também fala um pouco de como as coisas se mexiam dentro do Estado brasileiro. Eu tinha uma tia professora, daquelas professoras rigorosíssimas, que era amiga da esposa do secretário de Viação e Obras Públicas do Ademar, Pelerson Soares Penido, que depois se tornou um grande empreiteiro, proprietário da Serveng Civilsan, lá do Vale do Paraíba. Minha tia reclamou com ela dizendo: "[...] que o doutor Ademar está perseguindo o moço, que é direito, moço trabalhador. É um absurdo o que vocês estão fazendo". Pelo que soube, a referida senhora foi tirar satisfação com Ademar em um evento no Palácio do Governo. Ademar se mostrou surpreso e repreendeu o secretário da Segurança: "Cantídio, como é que você está fazendo isso?" A resposta teria sido: "É um daqueles moços bobocas que fizeram o manifesto contra o senhor. Então, nós pusemos ele de castigo lá para ele não fazer mais essas bobagens". Determinou então que eu retornasse ao Vale do Paraíba. Contrariado, o Cantídio me mandou para o que julgava ser a pior cidade do Vale. Fui parar em Piquete.

Em Piquete tinha a fábrica nacional do Exército, que produzia munição de forma muito precária. Não era um lugar agradável. Eu dormia na delegacia. Na fábrica ocorriam explosões frequentes, numa delas todos os vidros da cadeia foram destruídos. Era um negócio tenebroso.

RENATO SÉRGIO DE LIMA: E, em 1964, onde o senhor estava? E qual a relação com os militares?

JOSE OSWALDO: Estava em Paraibuna, de onde era minha esposa Maria Izabel, que também havia estudado na PUC, só que pedagogia, na mesma época que eu, e era filha de um tradicional fazendeiro de lá. Em Paraibuna fui promovido e fomos morar em São José dos Campos, onde era titular do município.

No que se refere aos militares, o fato é que eles passaram a exercer uma enorme influência, em especial numa cidade que abrigava o Centro de Pesquisas da

Aeronáutica.[1] Lembro que quando cheguei me passaram uma pasta, um conjunto de papéis considerados reservados. O antigo titular me passou a dita pasta com os assuntos do DOPS. O conteúdo basicamente era composto por listas de "comunistas", "agentes subversivos", de quem era isso, quem era aquilo na cidade.

Na medida do possível algumas dessas pessoas foram informadas, para que pudessem escapar. Embora o Vale fosse tranquilo, e toda a ação estivesse em São Paulo [capital], alguns jovens se encontravam fichados e havia sempre um amigo, primo ou conhecido que poderia ser acionado, para que tomassem cuidado.

Foi um período muito ruim, ainda mais porque tínhamos que conviver com figuras deploráveis, como o secretário de Segurança Antônio Erasmo Dias ou Sérgio [Fernando] Paranhos Fleury [delegado do DOPS]. A vantagem era não estar na capital, onde eles realmente agiam.

RENATO SÉRGIO DE LIMA: O senhor foi mantido? Não sofreu nenhuma perseguição?

JOSÉ OSWALDO PEREIRA VIEIRA: A perseguição se dava apenas no âmbito administrativo. Como eu, muitos colegas que não se alinharam ao golpe fomos mantidos em posições periféricas, realizando nossas tarefas ordinárias. Alijados das promoções e dos cargos de mais poder.

É importante destacar que não era apenas o arbítrio e a violência contra os inimigos ideológicos que nos preocupavam, mas também aquela mais arraigada na história das polícias, que se abate contra os mais pobres, os suspeitos em geral. Por fim a corrupção se fortaleceu nesse período. Corrupção e arbítrio andam sempre de mãos dadas.

Erasmo era um troglodita, que prejudicou em muito a polícia civil. Não só ele, mas também os demais militares que ocuparam a Secretaria da Segurança. Vivíamos sempre sob um militar na Segurança. Teve um que veio do Rio, coronel Chaves, que não conhecia São Paulo, não sabia o que é que era pra fazer. Veio indicado pelo Lacerda, no governo do Abreu Sodré.

---

1   Organização militar, desde 2009 o centro é denominado Departamento de Ciência e Tecnologia Aeroespacial (DCTA), é responsável pelo planejamento, gerenciamento, execução e controle das atividades relacionadas com a ciência, tecnologia e inovação no âmbito da Aeronáutica.

Mais do que problemas pessoais, o que houve nesse período foi um enfraquecimento da instituição polícia civil, mas também a fusão da guarda civil com a força pública, que deu origem à polícia militar. No âmbito da polícia civil os padrões técnicos de investigação e a qualidade na produção de inquéritos foram sendo paulatinamente deixados de lado. Concursos muitas vezes forjados permitiram a ascensão de muitos profissionais pouco qualificados e comprometidos com a violência.

RENATO SÉRGIO DE LIMA: Fale um pouco da tortura.

JOSÉ OSWALDO PEREIRA VIEIRA: A tortura é algo repugnante, que em alguma medida acompanha nossa história desde sua origem. O fato de você não permitir que ela ocorra em sua delegacia não significa que a sua prática não se encontrava arraigada. Todo o delegado que não a autorizava era rejeitado pelos colegas de ultradireita. Evidente que agíamos com enorme cautela. Discrição e legalismo nos permitiram ser tolerados pelo regime.

RENATO SÉRGIO DE LIMA: Teve algum episódio de que o senhor lembre para contar em que foi necessária a sua intervenção para evitar uma situação como essa? Ou seja, ficar na sua conta um relato de tortura? O senhor lembra de algum episódio em que foi necessário, por exemplo, uma tomada de posição mais firme contra a sua equipe?

JOSÉ OSWALDO PEREIRA VIEIRA: A tortura decorrente de ação política e ideológica, por assim dizer, era bastante centralizada no DOI-CODI. Os distritos normais ficaram fora dessa guerra. O máximo que se podia fazer, quando obtínhamos alguma informação, era alertar algumas potenciais vítimas para que pudessem escapar. Na minha jurisdição, no entanto, não me lembro de ter me defrontado com casos de tortura de natureza política. No que se refere à tortura comum, contra suspeitos ou mesmo as péssimas condições carcerárias (e muitas delegacias tiveram suas carceragens ampliadas no período), isso exige uma presença correcional constante.

O que sempre tentei fazer, ai já como delegado seccional, com responsabilidade por diversas cidades, era supervisionar e visitar cada uma das delegacias sob minha responsabilidade. O fato é que quando você está perto e afasta as pessoas que não se comportam de acordo com a lei, as pessoas tendem a não correr riscos.

Mas é evidente que havia um enorme mal-estar quando éramos chamados para vir ao DOPS para tratar de problemas relacionados aos sindicatos, por exemplo. As questões políticas, no entanto, ficavam por conta de pessoas como o [delegado Romeu] Tuma e as operacionais, de figuras como o Fleury, que dispunham da confiança dos militares. Eu e muitos colegas éramos apenas delegados pouco confiáveis, que deveríamos ser mantidos à margem, levando a cabo o dia a dia das delegacias.

RENATO SÉRGIO DE LIMA: E a transição?

JOSÉ OSWALDO PEREIRA VIEIRA: As coisas de fato foram lentamente se alterando. Em 1974 houve uma vitória ou avanço surpreendente do MDB. Meu querido professor Montoro foi eleito senador. A situação em São José dos Campos já era distinta, em face da presença do ITA [Instituto de Tecnologia da Aeronáutica] e do CTA [Centro de Tecnologia da Aeronáutica]. Tinha-se lá uma elite militar um pouco mais liberal. Com o lançamento do Programa Proálcool [1975], que se referia ao desenvolvimento de veículos movidos a álcool, em São José dos Campos, surgiu certa convergência nacionalista, que unia pessoas como o próprio Montoro, mas também Severo Gomes e inúmeros outros políticos e militares que fizeram circunstancialmente minha vida mais fácil na cidade.

A principal questão política para a polícia da cidade naquele momento eram as greves. Lembro-me de uma greve na frente da General Motors, em que o diretor exigia que tomássemos medidas duras de repressão, sem entender que os tempos estavam mudando, e que a negociação com os sindicatos substituiu a pura repressão. Lembro de sua decepção e perplexidade ao dizermos que as polícias não iriam impedir os piquetes.

RENATO SÉRGIO DE LIMA: Como um delegado do interior, com esse perfil, chega à capital e em pouco tempo vira delegado geral, no governo Montoro?

JOSÉ OSWALDO PEREIRA VIEIRA: Eu era um delegado caipira, caboclo, e nunca tive qualquer pretensão, nem almejava nem sonhava em um dia me tornar delegado geral, e muito menos secretário Nacional de Segurança Pública, isso já no governo Fernando Henrique Cardoso. Digo sem qualquer constrangimento que essa ascensão só foi possível em função da amizade e confiança que o governador Montoro depositava em mim.

Penso que a amizade de Dona Lucy [Montoro] também foi importante nesse percurso.

Alguns dias depois de eleito, o governador Montoro me telefonou: "José Oswaldo, estou montando a minha equipe, e o secretário da Segurança vai ser o Manoel Pedro Pimentel (então professor da USP), que é um homem altamente preparado, idôneo. E eu quero que você venha conversar com ele; ele está montando a estrutura dele, e eu quero que você venha conversar com ele. O telefone dele é tal". Eu liguei, e antes que eu falasse qualquer coisa ele me disse: "Ah, o governador mandou que eu lhe chamasse, pois serei nomeado secretário e ele quer que eu converse com você. Venha então". No dia seguinte fui ao encontro do professor Manoel Pedro Pimentel, em sua casa, e dona Carmem me recebeu maravilhosamente – eu não esqueço o nome dela porque era o nome da minha mãe. Tivemos uma longa conversa sobre o que seria a polícia civil e os eventuais confrontos que surgiriam com a polícia militar.

RENATO SÉRGIO DE LIMA: E como eram esses confrontos?

JOSÉ OSWALDO PEREIRA VIEIRA: A polícia militar e a polícia civil foram antagonizadas ao longo da história, especialmente no período militar. Mais do que isso, são instituições mais preocupadas com seus interesses corporativos do que com o interesse público. Assim passam a maior parte do tempo disputando os mesmos espaços, em vez de harmonicamente buscarem enfrentar de forma racional os principais problemas de segurança da população. Certamente na cúpula da PM havia descontentamento com a transferência de poder para os civis, especialmente quando se tratava de civis com compromissos com os direitos humanos, como era o caso de Montoro. Mas também é importante destacar que na polícia civil a adesão não era grande. Tuma, por exemplo, migrou para a polícia federal, que ainda era comandada pelos generais.

RENATO SÉRGIO DE LIMA: Naquele momento, o secretário não tinha ingerência sobre a polícia militar, né?

JOSÉ OSWALDO PEREIRA VIEIRA: É importante destacar que o presidente ainda era o general João Baptista Figueiredo. Que a abertura, como moldada pelo Golbery [do Couto e Silva] seria "lenta e gradual". Nesse contexto, apesar do governador ser Montoro, eleito pelo PMDB, e o secretário um jurista, a polícia militar obedecia, em questões de importância, o comandante do II Exército e não o secretário da Segurança Pública.

RENATO SÉRGIO DE LIMA: A PM chegou de forma explícita a boicotar a gestão do Manoel Pedro Pimentel?

JOSÉ OSWALDO PEREIRA VIEIRA: Não explicitamente. É bom lembrar que Manoel Pedro Pimentel, embora um homem muito sofisticado e elegante, era conservador. Ele tinha sido secretário da Justiça, da Arena. Embora apolítico, foi colocado naquela posição pois esperava-se que ele fosse capaz de contribuir para a transição. Era uma situação especialíssima. Ele ficou muito pouco, em função de problemas de saúde.

RENATO SÉRGIO DE LIMA: E o senhor estava na Delegacia Geral quando houve o episódio das grades do Palácio?[2] Era o senhor?

JOSÉ OSWALDO PEREIRA VIEIRA: Não, não era. Era o Maurício [Henrique Guimarães Pereira]. Eu ainda era primeira classe; nós todos não podíamos ser diretores, porque nós éramos todos delegados de primeira classe.

RENATO SÉRGIO DE LIMA: Foi um momento de grande inflexão no governo do Franco Montoro.

JOSÉ OSWALDO PEREIRA VIEIRA: Penso que o governador Montoro demonstrou ali a que viera e quem ele era. As grades poderiam ser até quebradas, mas a polícia não seria utilizada para reprimir manifestantes, ainda que a manifestação fosse enormemente irresponsável. Eu estava no Palácio [dos Bandeirantes, sede do governo do Estado], naquela oportunidade, e vi a ação dele, a palavra era: "Calma! Não vamos agredir as pessoas". Ele tinha convicções muito arraigadas de respeito à pessoa humana. Compare essa postura com a que dominou o governo [Luiz Antônio] Fleury [Filho] no episódio do Carandiru:[3] civilização x barbárie. A marca dele [Montoro] era o respeito à pessoa humana. Ele não queria violência,

---

2   Em abril de 1983, cerca de cinco mil pessoas foram ao Palácio dos Bandeirantes, sede do governo estadual de São Paulo, em uma manifestação contra o desemprego. Depois de três horas esperando pelo governador, derrubaram as grades do prédio. Foram contidos pela polícia militar, até que o governador desceu e reuniu-se com os manifestantes.

3   José Oswaldo Pereira Vieira refere-se à intervenção da PM paulista à Casa de Detenção de São Paulo, na Zona Norte da capital, para interromper uma rebelião de presos. Determinada pelo governo Fleury, a ação resultou na morte de 111 detentos e ficou conhecida como massacre do Carandiru.

ele não queria que o primeiro governo democrático fosse marcado pela arbitrariedade e pela violência, embora muitos dos seus assessores estivessem demandando da polícia militar uma ação dura.

RENATO SÉRGIO DE LIMA: O senhor veio para São Paulo, então?

JOSÉ OSWALDO PEREIRA VIEIRA: Passado uns 15 dias, o Montoro me telefona outra vez e me pergunta sobre o resultado da conversa com Manuel Pedro Pimentel. Fiz o relato. Ele então disse: "Quero que você venha para São Paulo e faça parte do governo. Eu preciso de você na Segurança Pública, preciso de uma pessoa de minha confiança na polícia civil". Então retornei pra conversar com o Manoel Pedro Pimentel; ele me puxou um caderninho e disse: "Olha aqui, a formação da polícia civil. Para delegado geral Maurício Henrique ou Francisco Guimarães Nascimento – o famoso Chico Charuto. Para chefe de gabinete, Roberto Maurício Genofre". Então, vinha a relação. Ele falou: "O que é que você acha disso?" Eu disse: "Eu acho ótimo. Todas são pessoas absolutamente idôneas. "Agora, você escolhe o lugar que você quer ficar". Eu disse: "Não, senhor, eu não escolho". Ele respondeu: "Mas o governador deu ordem que é para você escolher". "O senhor que é o secretário, se achar que eu mereço alguma coisa, o senhor me colocará". Além de imoral, pois a minha escolha demandaria o afastamento de um colega, eu sequer era delegado de classe especial, o que é indispensável para assumir postos de comando na polícia civil. Esse era o custo que muitos delegados, especialmente do interior, tiveram que pagar por não simpatizarem com os militares: não ser promovido. E todos os cargos importantes eram adstritos aos delegados de classe especial. "Isso não será um problema" – e de fato, na primeira reunião do Conselho da Policia Civil, fui promovido para classe especial. Maurício Henrique, o delegado geral, líder da lista anticorrupção no governo Ademar, me designou para ser o diretor do Deplan (Departamento de Planejamento da Polícia Civil).

Foi então que vim pra São Paulo, no começo de 1983. E fui o diretor do Departamento de Planejamento na gestão Maurício Henrique. Nesse departamento os grandes desafios eram relacionados à racionalização do pessoal, bem como às compras públicas, de viaturas, armamentos e outros materiais. A estrutura deixada pelo governo Maluf estava completamente viciada. Todo cuidado era pouco, pois os fornecedores haviam se acostumado com um esquema de propinas, que foi sumariamente interrompido.

Infelizmente a gestão Maurício Henrique durou pouco. Ele era um grande policial. Competente, corretíssimo, mas pouco conciliador. Penso que sua saída foi um equívoco, mas decorreu dos acúmulos de atritos com o secretário e com a polícia militar.

Com a saída de Manuel Pedro e Maurício Henrique, assumiram respectivamente Miguel Reale Jr. e [José] Vidal Pilar Fernandes, com quem eu tinha pouco contato. Coloquei meu cargo imediatamente à disposição do novo Delegado Geral. Qual minha surpresa? Ele me informou: "Você vai ser o novo corregedor da polícia. Já mandei o ato para o governador assinar". Isso tudo à revelia. Eu não queria ser corregedor. Não tendo na capital uma grande equipe na qual pudesse confiar àquela altura, poderia me tornar um corregedor inoperante. Mais do que isso, sempre propugnei por uma corregedoria externa e completamente independente, sem o que a força do corporativismo imobiliza os eventuais esforços de controle da corrupção e arbítrio policial. Minha permanência na corregedoria foi curtíssima. Logo fui transferido para o Departamento do Interior, antigo Derin [Departamento das Delegacias Regionais de Polícia de São Paulo Interior]. Ali era a minha casa. Fui muito feliz com a atribuição.

RENATO SÉRGIO DE LIMA: A sede era onde?

JOSÉ OSWALDO PEREIRA VIEIRA: Na rua Brigadeiro Tobias, no centro de São Paulo. Lá tomei algumas iniciativas que se voltavam a equilibrar um pouco a distribuição de recursos entre interior e a capital. Minha percepção é que a polícia civil do interior encontrava-se menos comprometida, podendo assim contribuir de uma maneira mais intensa para a renovação da segurança pública como pretendida pelo governador Montoro.

O Miguel Reale Jr., no entanto, também pediu para sair, vindo a assumir o então procurador geral do Estado, doutor Michel Temer. Talvez tenha sido esse o começo da carreira política de nosso atual vice-presidente da República. Logo de início ficou clara a incompatibilidade entre o novo secretário e o antigo delegado Geral. O doutor Michel então me chamou e disse: "Eu gostaria que você assumisse a Delegacia Geral". Foi assim que cheguei a delegado geral de Polícia do Estado de São Paulo. Não estava na minha programação; eu queria ser um mero delegado de polícia do interior, só vim para São Paulo para atender uma solicitação do meu querido amigo André Franco Montoro.

RENATO SÉRGIO DE LIMA: Quais eram suas propostas para a polícia quando chegou à Delegacia Geral?

JOSÉ OSWALDO PEREIRA VIEIRA: Uma das grandes vantagens de trabalhar com o governador Montoro é que, sendo um homem de princípios, é muito simples saber qual a linha que deve orientar o trabalho. Como já disse, vivíamos um momento de transição. Em São Paulo essa transição tinha uma dupla dimensão: o retorno à democracia e a reversão do regime cleptocrático [regime político-social em que a corrupção é implicitamente admitida ou mesmo consagrada] instaurado na gestão de Paulo Maluf. Também era necessário dar dignidade ao trabalho policial, pois a polícia civil se encontrava particularmente desmotivada.

A primeira iniciativa, portanto, foi fortalecer a corregedoria. Lá coloquei Francisco Camargo Lima, professor da PUC-SP, e depois Luiz Lacerre Gomes, que eram policiais da mais alta integridade e intransigência, no melhor dos sentidos. Ambos receberam carta branca para afastar policiais que não agissem dentro da mais estrita legalidade, seja por corrupção, seja por se conduzirem de forma arbitrária. Gosto sempre de lembrar que normalmente essas coisas andam juntas.

Uma segunda iniciativa foi fortalecer a academia de polícia e dar seriedade aos concursos. Havia muita informação de que os concursos eram permeados por fraudes, que permitiam que figuras já viciadas chegassem ao posto de delegado, investigador ou escrivão. Também era indispensável modernizar os cursos para os policiais; torná--los mais longos e técnicos. Deixar claro que a corrupção e a violência não seriam toleradas. Que a polícia, enfim, havia mudado. Para a academia nomeei Roberto Maurício Genofre, que também era professor da PUC-SP. O objetivo era selecionar e formar uma nova geração de policiais.

Também nesse processo de democratização da polícia era necessário aproximar a polícia da comunidade. Duas foram as iniciativas nesse sentido. A primeira foi a criação dos Conseg, uma espécie de conselhos de comunidade, que deveriam reunir os delegados e comandantes de uma determinada área da cidade com a comunidade para discutir seus problemas de segurança. Essa iniciativa evidentemente transcendia a polícia civil, pois envolveu a polícia militar, que muito colaborou.

Uma segunda iniciativa foi a criação da Delegacia da Mulher. Essa proposta foi feita ao governador Montoro, se bem me lembro, pela senadora Eva Blay. Ele me chamou e perguntou o que eu achava. A proposta me pareceu muito boa. Imediatamente tomei providências para a criação da Delegacia da Mulher, que deveria ser composta apenas por policiais mulheres. O objetivo era criar uma porta aberta e segura para que mulheres vítimas de violência sexual se sentissem à vontade para denunciar abusos, que muitas vezes eram e ainda são praticados dentro de casa. Por incrível que pareça, essa iniciativa gerou uma enorme reação dos setores conservadores e de direita, dentro e fora da polícia. Houve protestos de colegas e mesmo da imprensa. O fato é que a experiência foi muito bem-sucedida e ganhou asas. Hoje está presente não apenas nos mais diversos pontos do Brasil, mas também em alguns outros países, que viram nessa inovação institucional um mecanismo efetivo para combater esta chaga que é a violência contra mulheres e meninas. Talvez essa tenha sido uma das iniciativas da qual mais tenha orgulho.

Uma terceira área na qual empreendi muitos esforços foi na recuperação da autoestima do policial, na melhoria das suas condições de trabalho, bem como dos salários. Apenas para que tenhamos um parâmetro, hoje um delegado em São Paulo deve receber cerca de 50% daquilo que recebe um promotor. Essa também era a realidade há 30 anos. Durante o governo Montoro conseguimos elevar o salário dos delegados, de forma que recebessem 95% daquilo que era pago aos membros do Ministério Público. Também os salários das demais carreiras policiais foram reajustados, sempre sob os protestos do secretário [de Planejamento, José] Serra. Muito embora isso possa parecer uma vitória meramente corporativista, tenho para mim que foi um movimento importante na atração de jovens talentos, bem como sua manutenção na carreira. Se pagamos mal iremos necessariamente selecionar mal e, o que é pior, na eventualidade de selecionarmos bem, essa pessoa fará da polícia apenas um trampolim para chegar à magistratura, ao Ministério Público, à Polícia Federal etc.

RENATO SÉRGIO DE LIMA: Falando em democratização, como foi acompanhar a campanha das diretas[4] do lado da polícia?

JOSÉ OSWALDO PEREIRA VIEIRA: Outro dia, numa entrevista para um trabalho de escola, a minha neta Luiza, que deveria entrevistar a pessoa mais velha que conhecia,

---

4   Movimento civil de reivindicação por eleições presidenciais diretas no Brasil, ocorrido entre 1983-1984, pela aprovação da Emenda Constitucional Dante de Oliveira, que acabou rejeitada pelo Congresso Nacional. Apesar disso, o movimento acabou favorecendo a eleição, no Colégio Eleitoral, do oposicionista Tancredo Neves, em 1985, que faleceu em março do mesmo ano, antes de assumir a Presidência da República. Seu vice, José Sarney, então, tornou-se presidente.

no caso eu, me perguntou sobre qual o momento político mais importante que vivi. Mesmo estando aqui desde 1933 não tive dúvida em dizer que foi a campanha das Diretas Já. Acompanhei desde o primeiro momento que se deu, com as conversas do governador Montoro e o governador Tancredo [Neves], no Palácio, quando foi marcado o primeiro comício na Praça da Sé. No que se refere à polícia civil, nossa principal preocupação era tentar detectar potenciais ameaças provenientes de grupos de direita, que poderiam envolver militares e mesmo policiais, que viessem a provocar tumulto ou mesmo levassem a cabo um atentado. Foi uma noite tensa: distribuímos policiais à paisana pela praça e acompanhamos de um pequeno prédio da Unesp [Universidade Estadual Paulista "Júlio de Mesquita Filho"], ali mesmo na Praça da Sé. Felizmente não ocorreu nenhum incidente. O movimento tomou conta do Brasil e culminou com o evento no Vale do Anhangabaú. Foi uma manifestação pública sem precedentes e que nos auxiliou a transitar para a democracia com mais firmeza.

RENATO SÉRGIO DE LIMA: Em se falando em transição, como era a relação com a PM, nesse período?

JOSÉ OSWALDO PEREIRA VIEIRA: O Montoro logo pediu expressamente que se buscasse construir um entendimento o melhor possível com todos os setores de segurança. Assim comecei a dialogar com a polícia militar, o II Exército, a Polícia Federal, bem como com o Tribunal de Justiça, o Ministério Público e a própria Secretaria da Justiça, que àquela altura era comandada por essa figura maior, que é José Carlos Dias. Foi o que fiz: iniciar um intenso diálogo entre aqueles que deveriam estar integrados no combate ao crime.

É importante salientar que nos anos [19]80 tem início uma mudança muito forte no perfil da criminalidade. O tráfico de drogas, somado à falta de condições adequadas de vida nas periferias de nossas cidades, iria dar início a uma forte degradação da segurança no Brasil.

RENATO SÉRGIO DE LIMA: Aproveito pra fazer uma pausa. Para o senhor, enfim, qual é o papel da polícia civil, ou qual era, naquele momento? E, até puxando mais para o presente, qual o mandato da polícia civil?

JOSÉ OSWALDO PEREIRA VIEIRA: A Constituição de 1988 estabeleceu que a polícia civil e a polícia militar compõem as peças centrais de nossa estrutura de segurança pública. À polícia militar cabe o policiamento ostensivo, fardado; e a investigação à polícia civil. Constitucionalmente, são funções paralelas, e esse é o problema. Na prática, elas atuam sobre os mesmos fatos e mesmo o Ministério Público e o poder judiciário incidem sobre o mesmo evento: que é o crime. Embora esse seja uno, o seu combate é muito fragmentado. Começa com o atendimento da PM, que está na rua, depois vai para a polícia civil, que transforma o crime num evento burocrático. Muito papel e pouca investigação. Depois esfria mais um pouco e segue para o Ministério Público e, em seguida, para a justiça. De fato, grande parte do trabalho da polícia civil, do MP e da justiça é determinada pelo policial militar que se encontra na rua. Nesse sentido, não há uma política criminal ou de segurança propriamente dita, mas sim um conjunto de instituições que burocraticamente realizam suas tarefas, sem ter clareza de qual a direção ou resultado que querem alcançar.

Nesse contexto não é incomum que uma instituição invada o campo de competência alheia. A polícia militar investiga, a polícia civil age ostensivamente, o Ministério Público também quer investigar etc. Isso cria tensão entre as corporações que, além do mais, competem por mais recursos, salários etc. Então, é esse conflito. Quem perde? É a sociedade. Quem perde? O interesse público, que deixa de ser perseguido pelas instituições, que muitas vezes buscam vantagens e não têm a visão de que só existem para servir a sociedade.

RENATO SÉRGIO DE LIMA: E é interessante a gente pensar que esse modelo de estrutura de justiça e segurança é muito anterior à Constituição de 1988. A Constituição só o reforçou, vem lá dos anos 1940...

JOSÉ OSWALDO PEREIRA VIEIRA: Exato. Infelizmente, ela não mudou nada, ela manteve.

RENATO SÉRGIO DE LIMA: Por que um modelo tão persistente, já que existe um consenso de que ele não funciona?

JOSÉ OSWALDO PEREIRA VIEIRA: São diversos fatores. Entre outros, a disputa entre as instituições, cada uma na sua trincheira e ninguém se dispondo a perder espaço. A integração, que seria o mais adequado para uma política de prevenção e combate ao crime, é vista como uma espécie de capitulação. E ninguém está disposto a perder nada. Por outro lado, grupos minoritários dentro das polícias, as chamadas bandas podres, como disse meu amigo Luiz Eduardo Soares, têm interesse em que as coisas sejam mantidas tal como se encontram.

E o Congresso Nacional, que é um fiasco na representação dos interesses da sociedade, não foi capaz de apresentar uma proposta consistente que se sobrepusesse aos interesses das corporações. No fundo a fraqueza do sistema político tem permitido a sobrevivência de instituições anacrônicas, que se voltam mais aos seus interesses que aos da sociedade. Ao invés dos políticos contribuírem para a superação dessas dificuldades no campo da segurança eles buscam se valer de sua posição para o atendimento de seus interesses.

RENATO SÉRGIO DE LIMA: E havia interferência política no seu tempo de delegado geral?

JOSÉ OSWALDO PEREIRA VIEIRA: Esta foi a vantagem de servir durante o governo Montoro: a autonomia era total. Em diversas circunstância em que houve tentativa de interferência por outros secretários ou mesmo deputados pude resistir sem que isso, em nenhum momento, tenha me fragilizado.

RENATO SÉRGIO DE LIMA: O Paulo Sette Câmara, que foi secretário [de Segurança Pública] no Pará, diz que quando o chefe de polícia ou secretário tem o respaldo do governador as coisas funcionam, mas no momento em que ele perde esse poder, a estrutura é pouco favorável a mudanças, há um retrocesso. O senhor concorda com ele?

JOSÉ OSWALDO PEREIRA VIEIRA: Concordo plenamente. As polícias, embora corporações que lutam pelos seus interesses, continuam muito vulneráveis no que se refere à submissão a ingerências políticas. O sistema de mandato para os membros da cúpula, poderia assegurar mais autonomia, como conseguiu o Ministério Público. A questão é como controlar o corporativismo, que é tão nefasto quanto a ingerência política.

RENATO SÉRGIO DE LIMA: O senhor se refere à escolha do procurador-geral?

JOSÉ OSWALDO PEREIRA VIEIRA: Sim, o procurador geral é escolhido pelo governador a partir de uma lista tríplice, e com mandato. Isso permite que casos importantes, que afetem o próprio governo, possam ser investigados e denunciados. Sem esse tipo de autonomia as policias continuarão servindo apenas para encarcerar os pobres.

Aqui em São Paulo o secretário troca o delegado geral como quem troca de camisa. Aliás, na minha gestão, o governador Montoro, a meu pedido, propôs a eleição de cinco componentes do conselho, que seriam eleitos pela classe; e ele prometia que, se experiência fosse bem-sucedida, ele proporia a eleição do delegado geral de modo semelhante ao do procurador geral. Isso fortaleceria muito a instituição, e ela trabalharia com muito mais eficiência.

RENATO SÉRGIO DE LIMA: E o que aconteceu com a experiência?

JOSÉ OSWALDO PEREIRA VIEIRA: A experiência? O [Orestes] Quércia [que assumiu o governo do Estado depois de Montoro] não deu seguimento.

RENATO SÉRGIO DE LIMA: Deixando a Delegacia Geral, o senhor foi para o Palácio dos Bandeirantes na condição de assessor especial do governador?

JOSÉ OSWALDO PEREIRA VIEIRA: Sim. O Eduardo Muylaert, que era assessor especial, foi nomeado secretário da Segurança. Solicitei então ao governador o meu afastamento da Delegacia Geral. Montoro solicitou, então, que eu viesse para o Palácio.

RENATO SÉRGIO DE LIMA: Muitos dizem que sua decisão, de fato, decorreu, sobretudo, do falecimento de seu filho, que também era delegado?

JOSÉ OSWALDO PEREIRA VIEIRA: Essa foi sem dúvida a experiência mais dolorosa por que passei na minha vida. Talvez a única história verdadeiramente dolorosa por que passei. Não só eu como toda a família. Meu filho Celso foi socorrer uma pessoa que estava sendo agredida por um grupo de pessoas em São José dos Campos e um dos jovens agressores sacou a arma e disparou contra ele, que veio a falecer.

Algumas semanas depois dona Lucy nos convidou para jantarmos com eles. Maria Izabel e eu fomos ao Palácio e meu velho professor [Montoro] me perguntou como estavam as coisas: "José Oswaldo, o que é que você quer fazer? Você quer continuar a ser delegado geral?" Eu disse: "Professor, não tenho mais condições, me sinto muito mal, me sinto completamente abatido pela morte de meu filho, especialmente nas circunstâncias em que se deu". Ele disse: "Está bom. Então, você vem trabalhar comigo; você vai ser meu assessor especial".

Nesse mesmo momento o Dr. Michel [Temer], que era o secretário [de segurança pública], candidatou-se a deputado e também deixou o cargo. Eduardo Muylaert Antunes o substituiu e eu, ao Eduardo. Apesar de um período muito triste de nossas vidas, foi muito reconfortante passar aquele ano trabalhando diretamente com uma pessoa que eu tanto admirava e que tanto cuidado teve comigo ao longo de toda a vida.

RENATO SÉRGIO DE LIMA: E nesse processo, enfim, depois que acaba o governo Montoro, o senhor volta para polícia e fica aonde?

JOSÉ OSWALDO PEREIRA VIEIRA: No meu discurso de posse, eu havia dito que não ficaria um dia a mais do tempo previsto. Por quê? Porque quando o delegado passa do tempo de aposentadoria, e ele é classe especial, fica ocupando a vaga e não enseja a renovação da carreira. Então, para ser fiel ao que havia dito, ao completar 35 anos de serviço público, entrei com o pedido de aposentadoria, porque não tinha sentido eu ficar.

RENATO SÉRGIO DE LIMA: Mas o senhor continuou ligado à questão de segurança?

JOSÉ OSWALDO PEREIRA VIEIRA: Não no período imediatamente posterior ao governo Montoro. Quando foi eleito o doutor Mário Covas escolheu o professor José Afonso da Silva para secretário da Segurança Pública. Eu estava em Nova Iorque, visitando meu filho, que estudava na Universidade de Columbia, quando recebi um gentil telefonema do professor José Afonso me convidando para ser seu assessor. Então passei a ser assessor do secretário em companhia de meu colega Roberto Maurício Genofre, que havia dirigido a Academia de Polícia quando eu era delegado geral. Por sua vez, o doutor Antonio Carlos de Castro Machado, que comandou o Departamento de Comunicação Social na minha gestão, passou a ocupar o posto de delegado geral.

Com a separação da Secretaria de Administração Penitenciária da Secretaria da Justiça, João Benedito de Azevedo Marques, procurador de justiça aposentado, assumiu o posto e me convidou para ser seu chefe de gabinete. José Afonso, homem de enorme espírito público, não objetou e ainda disse: "Vá, porque eu quero ter uma pessoa minha lá; você fica me ajudando lá". Então, eu fui chefe de gabinete do Azevedo Marques, uma pessoa que eu respeito muito e com quem compartilho inúmeros princípios, em especial o compromisso com os direitos humanos.

RENATO SÉRGIO DE LIMA: Como foi a experiência no lado do sistema penitenciário, para alguém que sempre trabalhou do lado da polícia?

JOSÉ OSWALDO PEREIRA VIEIRA: Era uma luta diária, especialmente com a polícia civil, que àquela altura tinha sob sua custódia um número de presos semelhante ao do sistema penitenciário, em condições mais do que precárias. O sistema penitenciário, por sua vez, também não comportava mais detentos. Assim se instaurou um conflito diário, não entre pessoas, mas entre sistemas, e o pior é que ambos tinham fundamento. A polícia civil havia se transformado em uma grande carceragem e o sistema penitenciário trabalhava no limite, submetendo a população carcerária a condições sub-humanas e colocando em risco a própria segurança da sociedade.

Então, fizemos muitas construções, foi um período de muito trabalho. Foram construídas mais de 20 penitenciárias num curto período de tempo. É muita coisa. Todas elas com nome de promotores. Então reclamei. Demos então o nome "Maurício Henrique Guimarães" à penitenciária de Presidente Prudente. Essa é só uma curiosidade.

RENATO SÉRGIO DE LIMA: O senhor assumiu, então, a Secretaria Nacional de Segurança?

JOSÉ OSWALDO PEREIRA VIEIRA: É verdade. José Carlos Dias foi convidado pelo presidente Fernando Henrique Cardoso para assumir como novo ministro da Justiça. Alguns dias depois ele me ligou me convidando para assumir a Secretaria Nacional de Segurança Pública. Em alguma medida aquele convite me deixou muito contente, pois se apresentava quase como uma continuidade do governo Montoro. José Carlos havia sido um dos secretários mais emblemáticos do governo [Montoro] que se propôs a romper com o regime autoritário e suas práticas de arbítrio e violência. Foi assim que segui para Brasília. Até então essa secretaria era ocupada por militares e tinha uma função secundária.

RENATO SÉRGIO DE LIMA: Em 1997 o professor José Afonso, após o incidente da Favela Naval,[5] em que civis foram executados pela PM, encaminhou ao presidente

---

5   Em 31 de março de 1997 o Jornal Nacional (TV Globo) exibiu reportagem mostrando um grupo de policiais militares extorquindo dinheiro, humilhando, espancando

Cardoso um projeto de unificação das polícias.

JOSÉ OSWALDO PEREIRA VIEIRA: Evidentemente, foi um projeto formidável. O professor José Afonso teve a coragem de fazer a proposta, com endosso do governador Covas. A grande reforma, hoje, seria alcançar a integração das polícias. Estou de pleno acordo com tudo aquilo que ele escreveu, mas a inviabilidade política era total. O projeto foi para gaveta.

RENATO SÉRGIO DE LIMA: O senhor propôs então a aprovação da lei orgânica da polícia civil. O senhor não vê certa contradição nesse movimento?

JOSÉ OSWALDO PEREIRA VIEIRA: De fato, pode parecer. Mas como houve um rápido engavetamento do projeto do José Afonso, entendi, com a anuência do ministro José Carlos Dias, que deveríamos apoiar a aprovação de uma lei orgânica para a polícia civil, de forma a estruturar melhor esta instituição nos diversos Estados da Federação, onde ela se encontrava profundamente fragilizada. Esse projeto, no entanto, foi fortemente combatido pelo *lobby* da polícia militar no Congresso e terminou também sendo engavetado, por aquele simpático deputado do PSDB, que hoje é prefeito de Sorocaba, [Antônio Carlos] Pannunzio.

A Secretaria Nacional de Segurança Pública, de fato, não existia. Não tinha planejamento, não tinha função. Eu me lembro da primeira reunião sobre orçamento, em que estavam presentes Elizabeth Sussekind, secretária [Nacional] de Justiça, José Gregori, [da Secretaria Nacional] dos Direitos Humanos – e meu colega de colégio –, Paulo de Tarso, Secretário de Direito Econômico, e Antônio Anastasia, secretário executivo [do Ministério da Justiça]. Nosso orçamento era menos de 10% das demais pastas. Houve, assim, uma primeira etapa de organização e construção da Secretaria [Nacional de Segurança].

RENATO SÉRGIO DE LIMA: Foi aí que surgiu o Plano Nacional de Segurança Pública?

JOSÉ OSWALDO PEREIRA VIEIRA: Exatamente. Estruturada a Secretaria, pas-

---

e executando pessoas numa *blitz* na Favela Naval, em Diadema, na Grande São Paulo. As imagens revelaram a violação de direitos praticada por PM da 2ª Companhia do 24º Batalhão de Polícia Militar Metropolitano do Estado de São Paulo na abordagem de cidadãos indefesos no que, oficialmente, seria uma operação de combate ao tráfico de drogas.

samos para uma segunda etapa, que era a constituição de um Plano Nacional de Segurança Pública. Isso exigiria construir uma base de dados, até então inexistente, e, dentro dos limitados recursos que detínhamos, exercer alguma coordenação junto aos Estados.

Montamos uma equipe jovem, respeitável, idealista e suprapartidária. Lá estavam o Luiz Eduardo Soares, do Rio de Janeiro, o Cláudio Beato, de Minas Gerais, além de inúmeros jovens do Ministério da Justiça, como o Denis Mizne, o José Marcelo Zacchi, você mesmo. O plano tinha como objetivo primeiro a redução dos homicídios. Lembro que a equipe preparou um mapa do Brasil designando todas as áreas onde havia maior concentração de homicídios. Mais do que isso foram capazes de designar os horários e dias da semana em que esses homicídios ocorriam. O que se pretendia demonstrar é que se olhássemos o fenômeno de maneira mais desagregada seria possível conceber políticas de combate mais efetivas.

A experiência de Nova York, que havia conseguido reduzir os homicídios drasticamente em menos de uma década, era inspiradora. Também toda a discussão sobre polícia comunitária e respeito à população como mecanismo de construção de uma maior confiança entre polícia e comunidade nos levaram a convidar todos os secretários de Segurança dos Estados para uma conversa. Penso que esse plano tenha sido um embrião de muitas políticas modernizadoras no campo da segurança que vieram depois. Falo sem qualquer vaidade, pois as ideias ali traçadas eram resultantes do trabalho de um grupo de vanguarda, que se dedicou entusiasmadamente àquela empreitada. Mais ainda, esse grupo tinha como inspiração um ministro, José Carlos Dias, ousado e ativo, que queria ver as coisas melhorarem no campo da segurança. Infelizmente esse processo foi interrompido com a queda do ministro, que entrou em atrito com o secretário [Nacional] Antidrogas.

RENATO SÉRGIO DE LIMA: Walter Maierovitch?

JOSÉ OSWALDO PEREIRA VIEIRA: Sim. O setor de combate ao tráfico de drogas não era da Polícia Federal, mas da Casa Militar da Presidência da República, sob o comando de Maierovitch. Não fazia sentido. Se bem me lembro, Maierovitch deixou vazar informações sobre uma operação da Polícia Federal. O ministro José Carlos Dias protestou e pediu demissão.

José Gregori, novo Ministro da Justiça aprovou o programa nacional de segurança pública, e lançou o plano. Quer dizer, foi o primeiro passo que se tomou, no âmbito federal, em relação à segurança pública no âmbito nacional.

RENATO SÉRGIO DE LIMA: E uma das questões fundamentais, a aprovação, logo depois do plano, do Fundo [Nacional de Segurança Pública], que eu acho que aí sim...

JOSÉ OSWALDO PEREIRA VIEIRA: Aí, por consequência, estava previsto o fundo; precisava ter meios para induzir os Estados a colocarem em prática algumas das políticas ali estabelecidas.

RENATO SÉRGIO DE LIMA: Mas aí o senhor voltou ao Ministério da Justiça, agora como chefe de gabinete do ministro Miguel Reale Jr.

JOSÉ OSWALDO PEREIRA VIEIRA: Exato. Mais uma vez era a antiga equipe do governador Montoro que se juntava. O Miguel Reale Jr. é uma pessoa seríssima, honestíssima, altamente capaz, e não tive por que não aceitar honrado o convite. A gestão, no entanto, foi curta, em função do problema do Espírito Santo. O Estado havia sido dominado por uma quadrilha. A corrupção era uma coisa monstruosa. Era um caso claro de intervenção federal. Não havia solução por intermédio das instituições locais. A corrupção havia tomado boa parte do governo e dos demais poderes. Houve então um parecer, no âmbito do Conselho Nacional de Defesa dos Direitos da Pessoa Humana, recomendando a intervenção. O [Geraldo] Brindeiro, então procurador geral da República, estava lá e concordou com a proposta. O Miguel, que presidia o conselho na condição de ministro da Justiça, mandou preparar os termos para mandar à Presidência da República. O Brindeiro, segundo consta, foi ao Palácio do Planalto e disse ao Fernando Henrique que não se justificava a intervenção, dando em seguida uma entrevista que desautorizava o ato do ministro da Justiça.

O Miguel, que nunca se deixou apegar a cargo e atrelar a interesses que não fossem públicos, entendeu que aquilo era uma afronta, pois ele já tinha conversado com o presidente e recebido o aval para a medida. Ele me telefonou então de São Paulo e disse: "José Oswaldo, pedi demissão, entreguei o cargo. Você pode tomar as providências". Imediatamente chamei o secretário [Nacional] da Justiça, que era João Benedito de Azevedo Marques, mandei fazer o requerimento, e todos assinaram, pedindo demissão. Fomos lá e entregamos para o Paulo de Tarso [Ramos Ribeiro], que viria a assumir o Ministério. Aliás uma figura muito gentil e correta.

RENATO SÉRGIO DE LIMA: Pra gente concluir, qual o balanço que o senhor faz desses 50 anos de carreira, tanto no nível pessoal quanto no nível dos desafios que nós temos pela frente?

JOSÉ OSWALDO PEREIRA VIEIRA: É frustrante! Frustrante porque você tem um ideal e o persegue por décadas, sem, no entanto, obter grandes resultados. Esse ideal poderia ser resumido em assegurar as pessoas que vivam com dignidade, sem medo, sem a preocupação de que seus filhos sejam mortos. De ter uma polícia confiável. Um sistema de justiça efetivo. Mas a realidade é muito dura. Há interesses corporativos e mesmo criminais que se contrapõem a reformas mais estruturais. Mas, dentro da minha pequenez, sempre procurei fazer tudo o melhor possível. Devo ter errado muito, devo ter feito muita bobagem, muito desacerto, mas, se fiz, não foi dolosamente, mas por incapacidade.

RENATO SÉRGIO DE LIMA: E com um certo distanciamento, de quem já está aposentado, o senhor vê que é possível mudar algo no curto prazo? É otimista ou pessimista?

JOSÉ OSWALDO PEREIRA VIEIRA: Eu sou realista. A realidade é que avançou. Eu digo sempre: no campo dos direitos das mulheres houve um enorme avanço. Eu me lembro que eu tinha três colegas mulheres. Era um negócio na Faculdade de Direito ter aluna mulher! Você vai na Faculdade de Direito, hoje, as mulheres dominaram. A questão racial também evoluiu muito. Hoje há consciência de que a discriminação é inaceitável. O mesmo em relação aos homossexuais. Tudo isso é sinal de que a sociedade tem avançado muito. A democracia, apesar dos escândalos de corrupção, também está bastante consolidada. O Brasil caminhou muito. O presidente Fernando Henrique, com o Plano Real, foi um grande passo. O presidente Lula também levou o país a avançar no campo social, mas infelizmente submergiu à velha política, que o meu querido amigo e colega de faculdade, Robertão Cardoso Alves batizou: "É dando que se recebe". Máxima, mal utilizada, de São Francisco.

RENATO SÉRGIO DE LIMA: E as polícias?

JOSÉ OSWALDO PEREIRA VIEIRA: As polícias, especialmente a polícia civil e a militar, parecem ter perdido o bonde da história. Não entenderam ainda que o país mudou e que elas precisam se adaptar e se modernizar. A polícia civil, que conheço melhor, não vai bem, pois não foi capaz de encontrar uma missão e uma função na sociedade democrática. Enquanto a Polícia Federal conseguiu se reinventar de maneira surpreendente, as polícias civis foram se tornando mais parecidas com cartórios. As polícias militares também não se adaptaram. O uso abusivo da força é uma constante. As instituições só se justificam se forem capazes de ajudar as sociedades a resolver seus problemas. Nossos policiais são parte do problema e não da solução dos problemas de segurança. Não adianta ficar reclamando, não adianta ficar chorando; tem que fazer, tem que ser útil. A polícia só será atendida se merecer, se ela fizer, se ela for necessária. A polícia civil tem que se fazer necessária, tem que investigar e apurar responsabilidades, contribuindo assim para a pacificação da sociedade brasileira. A hora que ela se mostrar necessária, ela vai ser aplaudida; mas enquanto ela ficar sem uma definição clara de seu papel, sem ação, será relegada a um segundo plano. É um círculo vicioso: baixa performance, salários vis, falta de estrutura, desmotivação etc. Infelizmente a sociedade brasileira, o sistema político e as próprias polícias ainda não foram capazes de compreender que o modelo atual está esgotado e que algo de novo deve ser colocado no lugar.

"NÃO FOI FÁCIL QUEBRAR BARREIRAS":
ENTREVISTA COM PAULO CELSO PINHEIRO SETTE CÂMARA

Jésus Trindade Barreto Júnior

Aos 16 anos, Paulo Celso Sette Câmara já trabalhava como "protocolista" na Delegacia de Ordem Pública de Belo Horizonte (MG). Nascido em 1936, cumpriu o serviço militar obrigatório durante o processo eleitoral do presidente Juscelino Kubitschek, atuando na Polícia do Exército, e foi investigador da Polícia Civil de Minas Gerais por 16 anos. Em 1972 prestou concurso para agente da Polícia Federal. Graduado em direito pela Universidade Federal de Minas Gerais (UFMG), após o curso específico assumiu o cargo de delegado. Em 1979 foi nomeado secretário de Segurança Pública do Estado do Pará, na fase em que o regime militar abria-se para a ordem democrática, permanecendo até 1983, aposentando-se logo após. Nos dois mandatos do governador Almir Gabriel (PSDB/PA), entre 1995 e 2002, retornou à secretaria. Sua trajetória é expressiva dos desafios enfrentados para a efetivação do diálogo democrático entre Estado e sociedade civil no Brasil.

PAULO CELSO SETTE CÂMARA: Sou de uma família tradicional de Minas Gerais, nascido numa vila próxima à Ponte Nova, mas tive uma educação primorosa no grupo escolar da minha terra. Fomos criados dentro de rígidos padrões morais, éticos e de respeito. Mudamos para Belo Horizonte quando tinha 12 anos e contraí esquistossomose. Após o tratamento trabalhei numa indústria de caixa e cartonagem.

JÉSUS TRINDADE BARRETO JÚNIOR: Ainda menor de idade?

PAULO CELSO SETTE CÂMARA: É, com 14 anos e carteira de trabalho assinada. Fiquei um ano e pouco no emprego, contrai uma pneumonia e perdi o trabalho. Consegui uma vaga na Delegacia de Ordem Pública pra ser protocolista e fazer um trabalho burocrático – registro de armas, atestados etc. Assim, ainda menor, aos 16 anos, comecei trabalhar na polícia. Ao completar idade, fui convocado para o serviço militar e servi na Polícia do Exército por pouco mais de 11 meses, exatamente no período da eleição do JK. Naquela época tumultuada a Polícia do Exército participou de operações incomuns, como a segurança do general comandante da ID/4 [Infantaria Divisionária] em seu deslocamento para Juiz de Fora para substituir o comandante da região, então contrário ao "contragolpe" militar que assegurou a posse de Juscelino. A Polícia do Exército, pra mim, foi extremamente importante, vivenciei situações interessantes e amadureci bastante.

JÉSUS TRINDADE BARRETO JÚNIOR: Seu serviço foi na Polícia do Exército, que é uma espécie de corregedoria, né?

PAULO CELSO SETTE CÂMARA: Não, não, era tropa mesmo, aquilo...

JÉSUS TRINDADE BARRETO JÚNIOR: Sim, mas ela tinha função de policiar internamente.

PAULO CELSO SETTE CÂMARA: De policiar internamente. Mas não só isso. Éramos responsáveis pela segurança da residência do general, treinados para missões especiais e realizávamos rondas motorizadas.

JÉSUS TRINDADE BARRETO JÚNIOR: Continuava trabalhando na delegacia?

PAULO CELSO SETTE CÂMARA: Não queria perder o vínculo e, quando podia, aparecia por lá fardado, pois a Polícia do Exército não permitia andarmos à paisana. Ao dar baixa do Exército, reassumi a função [na delegacia], prestei concurso pra investigador de polícia e me formei na Escola de Polícia Raphael Magalhães. Por sinal, Jésus, foi um curso evoluído pra aquela época. Lembro-me de uma questão de prova: "Como se fotografa uma impressão digital em fundo multicor?". Isso pra investigador de polícia em 1957. Nomeado, continuei na mesma área, atuando no controle e fiscalização de armas, munições, explosivos, produtos químicos agressivos ou corrosivos, matérias-primas correlatas.

JÉSUS TRINDADE BARRETO JÚNIOR: Essa delegacia é que se transformou, posteriormente, no chamado DOPS,[1] não foi?

PAULO CELSO SETTE CÂMARA: Sim, juntamente com as delegacias de Ordem Social e de Ordem Política. Fiquei por alguns anos e, como era jovem, fui designado para missões especiais, como promover um levantamento discreto sobre a consistência de denúncia levada à Assembleia Legislativa de que estaria em curso uma articulação para transformar a região do Contestado em mais um Estado.

JÉSUS TRINDADE BARRETO JÚNIOR: No nordeste de Minas?

PAULO CELSO SETTE CÂMARA: No nordeste, entre Minas e Espírito Santo. Foi meu primeiro serviço como investigador de polícia. Era um trabalho delicado, pois não poderia me identificar como policial e nem seria conveniente, pois, naquela região a violência era rotina e quem estaria por trás do tal projeto de criação do Estado era o temido Coronel Bimbim, de quem até hoje muita gente daquela região conhece histórias. Com uma boa história consegui coletar os dados mais importantes e elaborei um relatório que contribuiu para reduzir a boataria sobre o assunto. Outro desafio surgiu algum tempo depois, um trabalho também delicado. A primeira Liga Camponesa implantada fora de Pernambuco foi organizada em Santa Rita do Sapucaí, no sul de Minas, e fui designado com outro colega pra infiltrar, levantar e voltar com o rela-

---

1   A delegacia tem sua origem no Serviço de Polícia Política do Estado de Minas Gerais, com a criação da Delegacia de Segurança Pessoal e Ordem Política e Social, em 1927. O órgão – cujas principais atribuições eram a manutenção da ordem pública, a garantia dos direitos individuais e a investigação de crimes contra a vida e a integridade física – foi extinto em 1931, sendo suas funções relacionadas à investigação e repressão ao crime político transferidas para a Delegacia de Ordem Pública (DOP).
    Em 1956, a DOP deu origem ao Departamento de Ordem Política e Social de Minas Gerais (Dops/MG). Disponível em: http://www.siaapm.cultura.mg.gov.br/modules/fundos_colecoes/brtacervo.php?cid=19.

tório sobre a situação de lá. Conseguimos entrar no acampamento e levantar os dados sem incidentes. Na [delegacia do] DOPS atuei na equipe de segurança de dignitários, promovi treinamento de emprego de gás e comecei a estudar russo. Tempos depois, ainda lotado na Delegacia de Armas e Munições, me defrontei com uma situação de corrupção. Procurei o diretor – Fábio Bandeira – e solicitei transferência para o Departamento de Investigação. Recusei revelar o motivo: envolvia o delegado titular, um empresário e um coronel do Exército, e eu era apenas um "tira" que, simplesmente, não aceitara as regras do jogo. Disse apenas que não tinha condições de trabalhar lá. Ele, a contragosto, me liberou.

JÉSUS TRINDADE BARRETO JÚNIOR: Naquele tempo – só por curiosidade –, a nomenclatura do chamado "tira", que é o investigador, era investigador ou era detetive?

PAULO CELSO SETTE CÂMARA: No início era investigador, depois alteraram pra detetive. No DI [Departamento de Investigação] fui lotado no setor de captura da Delegacia de Vigilância Geral e, mais tarde, designado para a Patrulha Mista: uma radiopatrulha da guarda-civil, guarnecida por sargentos do Exército, Aeronáutica, PM e Bombeiros, chefiada por um investigador. Desta fui para a Delegacia de Jogos e Diversões, que naquela época era considerada a "boneca cobiçada" por causa do jogo do bicho. O delegado titular era Edson Renault, que aceitou minhas objeções e me manteve num serviço interno, organizando o setor de diversões públicas. Foi nesse período que fui designado pra participar de um curso de segurança física de estabelecimentos industriais. Nunca soube como nem por quê; apenas "cantou" no boletim de serviços. Compareci às aulas no Departamento de Instrução da PMMG e fui o único "tira" entre alunos delegados e oficias da PM. O curso foi ministrado por George [H.] Miller – da equipe que montou a segurança do Los Alamos quando produziram a bomba atômica. Era um profissional excepcional e deixou sua marca na área de segurança privada no Brasil. Ao receber o diploma, meu trabalho de conclusão recebeu elogio especial do George Miller e o representante do "Ponto IV",[2] presente ao ato,

---

2   Na década de 1950, durante o governo Dutra, foi formada a Comissão Mista Brasil-Estados Unidos para o desenvolvimento econômico. A iniciativa baseava-se em um dos pontos enunciados por Harry Truman em seu discurso de posse para o segundo mandato como presidente dos EUA, em 1949. O ponto IV se referia ao plano de assistência técnica para a América Latina.

convidou-me para participar de um curso nos Estados Unidos. Pra mim foi um choque. Foi assim que em 1966, após três meses na Academia Internacional de Polícia em Washington, D.C., e mais um mês num curso de investigação criminal ministrado por agentes do FBI [Federal Bureau of Investigation], retornei. Fui lotado na Delegacia de Segurança Pessoal.

JÉSUS TRINDADE BARRETO JÚNIOR: Eu acredito que, sobretudo essa parte do FBI, senão, as duas, tenha provocado um choque entre, vamos dizer assim, o estado da arte mais primitivo da sua experiência como investigador e algumas visões norte-americanas. Ou não é verdade isso?

PAULO CELSO SETTE CÂMARA: É verdade, em especial na área de investigação criminal. E com referência à atuação da polícia na segurança pública, me foi muito útil mais tarde. Bem, voltei e, ao invés dessa experiência funcionar como um pontapé na minha carreira, meu chefe imediato, receoso de concorrência, me reduziu a "intimador" da delegacia.

JÉSUS TRINDADE BARRETO JÚNIOR: Tem essas coisas, né? Reduziu a ser intimador.

PAULO CELSO SETTE CÂMARA: Reduziu, mas não "berrei". Depois me transferiu para o "rabecão" – transporte de cadáver. Até que um fato novo surgiu: um rapaz de família importante foi encontrado morto num local ermo. O caso teve grande repercussão e a apuração foi transferida para a [Delegacia de] Segurança Pessoal. O doutor Cid Nelson, que fora meu colega de curso de segurança privada, assumira a delegacia e me designou pra investigar o caso, dando oportunidade de demonstrar o que aprendera. A partir da apuração desse fato, passei a integrar uma das equipes de plantão. Foi o período que me senti realizado como polícia, porque pra mim é o serviço mais fascinante: começar do zero no local de um homicídio e chegar à autoria! É um trabalho envolvente que não respeita horário, te afeta de uma maneira... sabe? É como se fosse uma disputa entre você e o autor. Chegando ao final sentia-me realizado. Não buscava promoção pessoal, nunca dei entrevistas nem usei o sucesso para prestígio pessoal! Modéstia à parte, fui um bom investigador de homicídios e apenas um caso ficou inconcluso. Mas três homicídios similares ocorreram em meus plantões. As investigações apontavam para policiais militares que se encontravam presos num quartel da PM. No desenrolar das pesquisas em busca de provas, fui surpreendido com uma requisição da Secretaria para integrar a equipe de "missões especiais" à disposição do doutor Fábio.

JÉSUS TRINDADE BARRETO JÚNIOR: Fábio Bandeira, delegado assistente do secretário?

PAULO CELSO SETTE CÂMARA: Correto. Éramos quatro e viajávamos muito para o interior. Numa dessas missões, em São Lourenço, assaltantes sequestraram uma Kombi e, na divisa com São Paulo, jogaram o motorista, espancado e manietado, numa encosta da serra. Por sorte conseguira se soltar e pedir carona para retornar. Como era muito querido, houve um clamor grande e o delegado pediu ajuda. Colocaram uma Kombi com motorista à nossa disposição e seguimos os rastros até localizá-los. Como não podíamos prendê-los, pedimos auxílio à polícia local e uma equipe capturou os três bandidos. Porém, antes de nos entregar, literalmente "quebraram" os presos para confessarem o que haviam feito por lá. No caminho de volta compramos remédios para os primeiros socorros e minimizamos seu sofrimento até chegarmos a Passa Quatro, já em Minas, onde poderiam ser medicados. Como a notícia circulara, um grupo de motoristas nos aguardava na porta da delegacia e tentou linchar os bandidos, obrigando-nos a contê-los com armas na mão. Entregues ao delegado, fui surpreendido com a determinação do gabinete do secretário para meu retorno urgente a BH. O secretário de Segurança fora substituído pelo general Edmundo Adolpho Murgel, e eu nomeado oficial de gabinete. Não o conhecia e só mais tarde entendi o porquê: algum tempo depois fui intimado a comparecer à audiência de instrução e julgamento no processo em que eu e meus colegas figurávamos como acusados por abuso, lesões corporais etc. Felizmente, ao fim da audiência a verdade prevaleceu e o juiz prolatou a sentença reconhecendo a legalidade de nossa atuação. Permaneci no gabinete até a saída do general, retornei para ao departamento e fui lotado na Inspetoria Geral do Corpo de Detetives.

JÉSUS TRINDADE BARRETO JÚNIOR: E sua ida para a polícia federal?

PAULO CELSO SETTE CÂMARA: Em 1972 prestei o concurso e fui pra lá.

JÉSUS TRINDADE BARRETO JÚNIOR: Sai de investigador pra delegado da polícia federal?

PAULO CELSO SETTE CÂMARA: Não, agente.

JÉSUS TRINDADE BARRETO JÚNIOR: Agente ainda. E o seu curso de direito já estava acontecendo?

PAULO CELSO SETTE CÂMARA: Já estava no final, faltava um ano. Saía do expediente, correndo, pegava o sopão na cantina da faculdade, assistia às aulas na [Universidade] Federal, corria pra casa e passava a limpo a matéria anotada numa folha de papel ofício dobrada, pois não dava pra comprar livros. Na época de prova, os colegas queriam cópia do meu caderno porque tinha o resumo das aulas...

JÉSUS TRINDADE BARRETO JÚNIOR: Eu não sabia, achei que seu ingresso na polícia federal tivesse sido direto como delegado.

PAULO CELSO SETTE CÂMARA: Fiz o primeiro concurso pra agente de Polícia Federal, fui da turma "sangue novo".

JÉSUS TRINDADE BARRETO JÚNIOR: Nisso a sua experiência policial já era bem consolidada, e o sofrimento todo, né? Já tinha Academia Nacional de Polícia?

PAULO CELSO SETTE CÂMARA: Tinha academia, mas suas instalações eram acanhadas. Não havia alojamentos e cada aluno se virava. Nós – Agílio Monteiro, Renato Suretti, Fernando Eustáquio e Humberto Siqueira Magalhães – conseguimos o empréstimo de um alojamento provisório no Setor Indústria [em Brasília] e compramos filtro, fogareiro e colchão pra dormir no chão. Enfim, levamos uma vida dura. Tomávamos o ônibus pra Belo Horizonte às sextas e retornávamos domingo à noite. E já descíamos próximo à Academia, no Setor Policial Sul. Atualmente a ANP é bem instalada.

JÉSUS TRINDADE BARRETO JÚNIOR: Mas como é que ficou a sua situação na polícia? Te deram licença lá?

PAULO CELSO SETTE CÂMARA: Sim e direito a férias, prêmio.

JÉSUS TRINDADE BARRETO JÚNIOR: Juntou férias, licença e foi fazer a escola?

PAULO CELSO SETTE CÂMARA: Fui e a nomeação saiu em 3 de abril de 1973. Na época não tinha nada. Abro um parêntese para lhe contar um fato: contando com o dinheiro da bolsa assegurada pela ANP, chegamos os cinco completamente lisos. Colocaram-nos em forma e anunciaram que a bolsa só sairia três dias depois! Por ser o mais antigo cabia-me encontrar a solução. Lembrei-me que o doutor José Henriques Soares – que me admitira na Delegacia de Ordem Pública – era o chefe do gabinete do diretor geral da PF e liguei para ele; expus a situação e ele autorizou que eu passasse lá no fim do expediente. Ao saber que não tinha dinheiro pro ônibus, mandou seu motorista levar. Imagine, Jésus: primeira aula, do primeiro dia, numa sala com 150 alunos e, de repente, alguém abre a porta e grita: "Quem é Sette Câmara?"; "Eu", e me levantei. "Olha, tem um portador do gabinete do diretor geral aqui…".

JÉSUS TRINDADE BARRETO JÚNIOR: Nossa, que moral! Ou está preso ou fez alguma coisa errada.

PAULO CELSO SETTE CÂMARA: Primeiro dia de aula, rapaziada de todo o Brasil, você já viu a gozeira: "peixinho", "amigo dos homens"… Junte minha altura e o cigarro de palha que então pitava, fiquei conhecido por todos. Pior. Durante o curso, em dezembro, o diretor geral visitou a ANP e, ao final da solenidade e diante da turma, o doutor Zé Henrique me apresenta ao general e este me convida a passar o Natal em sua casa, caso não tivesse outra opção! Retruquei que lamentava, pois era casado, tinha cinco filhos e que minha mulher me esperava. E, se não chegasse a tempo…

JÉSUS TRINDADE BARRETO JÚNIOR: A sua família estava em Belo Horizonte?

PAULO CELSO SETTE CÂMARA: Sim, em Belo Horizonte. Com o salário da gente, não tinha… Passei o Natal em BH. Ao término do curso, a lotação dos aprovados dependia da classificação geral: os melhores colocados poderiam escolher o local que tivesse vagas. Felizmente, nós cinco fomos lotados na Superintendência da Polícia Federal em Belo Horizonte.

JÉSUS TRINDADE BARRETO JÚNIOR: Mas já foram designados para exercício profissional em Belo Horizonte?

PAULO CELSO SETTE CÂMARA: Sim. Pra mim foi bom porque já conhecia o superintendente do período em que atuei na Secretaria de Segurança de Minas.

JÉSUS TRINDADE BARRETO JÚNIOR: Foi secretário de Minas?

PAULO CELSO SETTE CÂMARA: Sim, mas só bem mais tarde. Na época o coronel Amando Amaral era amigo do general Murgel. Assim, quando nos apresentamos ele já foi anunciando que iria me lotar na DRE [Delegacia de Repressão a Entorpecentes], para atacarmos o tráfico de drogas. Ponderei que não gostaria de trabalhar nessa área.

JÉSUS TRINDADE BARRETO JÚNIOR: Então, não eram privativos dos delegados esses cargos, era tudo do Exército mesmo?

PAULO CELSO SETTE CÂMARA: Ainda havia militares nas superintendências, estávamos em pleno regime militar.

JÉSUS TRINDADE BARRETO JÚNIOR: Eles eram interventores de tudo, praticamente.

PAULO CELSO SETTE CÂMARA: Então, fui pra lá, em [19]73; fui lotado na [Coordenação Geral de] Polícia Fazendária e assumi a Chefia de Operações, onde atuavam vários agentes do antigo DFSP [Departamento Federal de Segurança Pública]. Ao chegar à seção, fui logo anunciando que acabara de ser designado pra chefiá-los. E que entenderia o sentimento deles, por serem mais antigos de casa. Disse-lhes que tinha uma boa experiência e que sabia lidar com a situação, mas quem não quisesse trabalhar comigo... Todos saíram e fiquei sozinho na sala! O delegado titular não tinha nenhuma aptidão para o cargo e me deu carta branca para trabalhar. Então, chamei os quatro companheiros de curso e propus trabalharmos juntos. Em pouco tempo colocamos a SR [Superintendência Regional da Polícia Federal] em segundo lugar em apreensão de contrabando no Brasil; prendemos traficantes; e por aí vai. Nessa altura, fiz o curso na ANP e fui nomeado inspetor; pouco depois mudaram a denominação para delegado.

JÉSUS TRINDADE BARRETO JÚNIOR: Mas exigia graduação em direito?

PAULO CELSO SETTE CÂMARA: Claro! Transformaram o cargo de inspetor em delegado porque a função era a mesma, só a denominação era diferente. Tempos depois, o coordenador regional policial foi substituído pelo delegado Walter Dias, conhecido perseguidor de colegas. Sua primeira providência foi nos informar que o coordenador judiciário – que por sinal era o delegado mais antigo do DPF – era seu inimigo; exibiu um "dossiê" deixando claro que: "Comigo é assim, ou está comigo ou está contra mim". E que não admitia que fôssemos amigos do seu inimigo... Incontinenti dei um passo à frente e deixei claro que, como meu chefe, devia a ele subordinação operacional, mas que minhas relações pessoais eram de minha alçada. Naquela altura já aprendera que se não "marcar posição" está frito.

JÉSUS TRINDADE BARRETO JÚNIOR: Senão o sujeito monta, como se dizia na gíria.

PAULO CELSO SETTE CÂMARA: Monta. Eu já tinha enfrentado o chefe da Fazendária em Brasília, ainda como agente…

JÉSUS TRINDADE BARRETO JÚNIOR: Mas aí era um delegado recém-nomeado para a função contra um delegado que já era veterano….

PAULO CELSO SETTE CÂMARA: É verdade, mas ele não era de enfrentar: era covarde e traiçoeiro, como demonstrara ao exibir o dossiê. Então, fiquei "em compasso de espera". Nessa altura o coronel Moacyr Coelho, então diretor geral do DPF – que conhecera nossa luta pelo curso de acesso e meu trabalho na Fazendária já despertara sua atenção – foi a BH empossar o Walter Dias como superintendente! Ao visitar as instalações e adentrar a Fazendária, fez questão de demonstrar seu apreço por mim. Pouco depois, para não ficar exposto, aproveitei as férias do superintendente e requeri minha transferência para a Paraíba.

Ao chegar a João Pessoa fiquei surpreso por já ser conhecido. A imprensa noticiara que eu fora encarregado de apurar o homicídio do sobrinho do governador – um crime político envolvendo deputados, militares etc. Um colega do tempo da ANP comentara com alguém da imprensa que eu era experto em homicídios, fumava cigarro de palha etc. O fato é que, ao chegar, não tive nenhuma dificuldade pra alugar casa, comprar a crédito, pra nada, porque a todo lugar que eu chegava, ao me identificar… sabe? E o designado pra tal apuração foi outro colega de lá. O pior foi o desdobramento. O disse-me-disse de que eu teria sido afastado porque ninguém queria a verdade etc. etc. Houve deputados me procurando em casa – um deles chegou a chorar e pedir pra eu assumir o inquérito, porque sabia que eu era capaz.

JÉSUS TRINDADE BARRETO JÚNIOR: Porque também nisso tinha a sua história de investigador de homicídio.

PAULO CELSO SETTE CÂMARA: Bem, na realidade assumi a Fazendária e comecei a trabalhar do meu jeito. Deu pra fazer um bom trabalho... Estava feliz e a família também. Mas o que é bom dura pouco: uma grande operação desmontara no Recife o Partido Comunista Revolucionário. E ocorreu uma série de problemas, com IPM [inquérito policial militar] presidido por delegado, juiz auditor se desentendendo com a 2ª Seção do 4º Exército e ambos com o superintendente da PF. Uma intervenção era necessária e o diretor geral determinou que eu assumisse as ações relacionadas a tal operação. E foi seu chefe de gabinete – Alceu Andrade Rocha, colega dos tempos do DOPS – que me apresentou ao superintendente e repassou as ordens do diretor. Meu primeiro passo foi tomar conhecimento do procedimento instaurado e fiquei feliz ao saber que já estava concluído e com relatório pronto. Como fora avocado pelo DG, com anuência do delegado que o elaborara, assinei e encaminhei. O passo seguinte foi o contato com o juiz auditor e o comandante da 2ª Seção. Deixei clara a minha posição: que os procedimentos subsequentes seriam baseados no Código do Processo Penal e que pautaria minhas ações rigorosamente dentro dos princípios legais. O juiz gostou e o coronel nem tanto. Prometi a ambos que os manteria informados. Pouco depois, o coronel comandante da 2ª Seção decidiu encaminhar para cada paróquia de Recife cópia de textos escritos por padres apreendidos na tal operação, acompanhados de um ofício por ele redigido e assinado por mim. Recusei assinar e liguei para o coronel Moacyr e ele determinou que assinasse. Ponderei, deixando claro o absurdo e, mais, uma ilegalidade que certamente traria problemas para mim. Ele insistiu e eu disse que assinaria "de ordem", e que ele acompanhasse as consequências. Assinei! E, claro, a imprensa estampou a notícia de que haveria um processo contra mim. Comuniquei a notícia ao diretor geral e sugeri que se movimentasse, pois poderia vir uma ordem de prisão contra mim... Não sei o que fizeram, nem quis saber, mas as coisas se acalmaram. Foi então que tomei conhecimento do volume de documentos apreendidos e que haviam selecionados alguns que autorizariam novo inquérito. Como este incluiria dois padres católicos, achei prudente consultar o DG e este o ministro da Justiça. Fui convocado a Brasília, e ambos comparecemos à presença do Armando Falcão. Após ser inteirado da situação, deixou claro que o inquérito deveria ser instaurado "porque eram subversivos". E perguntou-me se tinha condição de conduzir o inquérito sem criar problemas. Respondi que poderia conclui-lo em 15 dias, rigorosamente dentro da lei, desde que inibissem a intervenção do 4º Exército nas ações de minha alçada. Ele tomou um bloco de notas e determinou que escrevesse o que dissera. Assustado, olhei para o coronel Moacyr, que sinalizou afirmativamente. E escrevi! Determinaram que retornasse ao Recife e aguardasse orientação.

Dias depois chegou às minhas mãos o texto que [eu] escrevera, com um despacho: "Autorizo, Geisel". Assim, instaurei o inquérito, pois já tinha o que precisava e condições de requerer perícia grafotécnica. Ouvi os indiciados e tomei a cautela de encaminhar ofício ao Dom Hélder Câmara,[3] solicitando a gentileza de mandar apresentar os dois padres com advogado, e quem mais ele achasse prudente, para serem ouvidos no inquérito policial instaurado a respeito do fato "*x*". No dia aprazado, determinei que a comitiva fosse retida no *hall* da SR enquanto dois transeuntes fossem convidados para servirem de testemunha. Só então autorizei a subida dos convidados, advogados, imprensa e testemunhas. Um dos padres aguardaria em sala separada enquanto o outro fosse ouvido no Cartório, e todos os acompanhantes poderiam assistir à audiência. Solicitei ao padre a gentileza de fornecer os dados ao escrivão para a qualificação e, em seguida, exibi alguns documentos e perguntei se ele reconhecia o texto e se fora ele quem fizera as anotações complementares: "O senhor nega?"; [o padre] "Nego"; "O senhor escreveu?"; "Não, não, não, não, não". Mandei encerrar o termo e pedi sua assinatura, juntamente com as dos advogados. Em seguida forneci papel e caneta e solicitei que escrevesse o texto que lhe ditaria. Com anuência do advogado, começou a escrever disfarçando o padrão de letra. Adverti que escrevesse em letra cursiva. Diante de sua resistência, convidei os assistentes e testemunhas para ver o comportamento do padre. O advogado confirmou a legalidade da exigência e o padre forneceu o material que precisava com as formalidades que a lei exige. Terminados os procedimentos, convoquei o outro padre e tudo correu como o primeiro. Ao final, todos saíram juntos até a porta da superintendência. Com o resultado da perícia, repeti a convocação e o cerimonial de recepção para que ambos fossem identificados criminalmente, o que foi feito sem incidentes. E o inquérito remetido à justiça federal, dentro dos 15 dias, sem pedido de prisão preventiva dos padres. São episódios que achei interessantes, importantes, porque, de fato, a coisa aconteceu dessa forma.

JÉSUS TRINDADE BARRETO JÚNIOR: É muito interessante. E o inquérito teve essa conclusão?

---

3   Arcebispo de Olinda e Recife, posicionou-se contra o regime militar e tornou-se líder pelos direitos humanos.

PAULO CELSO SETTE CÂMARA: Sim. Os padres posteriormente foram expulsos num procedimento próprio. Dentre a documentação apreendida, não sei como, chegou ao conhecimento do cardeal Avelar Brandão Vilela que havia um padre de sua circunscrição envolvido nas investigações. Por ordem do ministro da Justiça fui orientado pelo DG a prestar pessoalmente todas as informações à Sua Eminência. Em Salvador, tive de passar pela superintendência e o titular insistiu em ir comigo. Em lá chegando o cardeal nos recebeu muito bem. Perguntou-me se seria conveniente afastar o padre do trabalho que desenvolvia na diocese – ele sabia o nome – e o superintendente mais do que depressa adiantou que sim, pois se tratava de um subversivo. Maneei a cabeça e o cardeal quis saber o que eu achava. Deixei claro que o nome do padre surgira em informe relacionado a recolhimento de fundos para o Partido Comunista Revolucionário. Assegurei que até aquele momento não havia nada, nenhum documento que comprovasse a participação de nenhum religioso ligado à sua área. E que poderia ficar tranquilo que, por determinação do ministro da Justiça, qualquer ocorrência nesse sentido lhe seria comunicada pessoalmente por mim.

JÉSUS TRINDADE BARRETO JÚNIOR: Que ano?

PAULO CELSO SETTE CÂMARA: Foi em [19]78, quando o [presidente da República] Figueiredo concedeu a abertura. Todos ficaram satisfeitos com o desfecho. Nessa altura ainda estávamos no final de revolução. Certo dia fui a Brasília levar um material para perícia e o coronel Moacyr determinou que participasse de um cursinho sobre "organizações subversivas". Ponderei que não era minha área de atuação, mas não "colou" e fiz o tal curso, ministrado por um oficial do DOI[-CODI], daqueles radicais. E para mim era difícil aguentar suas aulas. Quando eu estava no tal curso o coronel Moacir me convocou ao gabinete e comunicou-me que estava me designando para assumir a Secretaria de Segurança Pública do Pará!

JÉSUS TRINDADE BARRETO JÚNIOR: Então, foi assim?

PAULO CELSO SETTE CÂMARA: Assim. Pedi desculpas e retruquei que não iria. Que não conhecia ninguém no Pará. Ele insistiu que o coronel Alacid Nunes fora seu colega de turma, iria assumir o governo e precisava de alguém, e que tinha certeza de que eu daria conta do recado! Pedi tempo e passei a receber pressão da equipe para aceitar. Até que, novamente, fui chamado à sua presença e ele simplesmente mandou-me atender ao telefone; e eu atendi. Era o coronel Alacid Nunes, que ainda iria assumir o governo, designado pelo presidente Figueiredo. Ele só tomaria posse em março seguinte, mas queria que eu assumisse com urgência porque a situação lá estava dramática. E foi logo ordenando: "O senhor pega o avião – o chefe da Casa Militar do governador estará esperando no aeroporto – e vem direto pra cá, que eu estarei aqui com o governador em exercício". E desligou o telefone. Ponderei, mas o DG insistiu: "Vá lá, diz que não quer...". E naquela mesma tarde lá fui eu pra Belém do Pará. O coronel estava me esperando, e na manhã seguinte estávamos com os dois governadores.

JÉSUS TRINDADE BARRETO JÚNIOR: Nunca tinha ido lá?

PAULO CELSO SETTE CÂMARA: Não conhecia nada nem ninguém.

JÉSUS TRINDADE BARRETO JÚNIOR: Eu imaginava que isso fosse decorrência da sua carreira de delegado.

PAULO CELSO SETTE CÂMARA: Não. Eu nunca tinha estado lá. Não fazia ideia e nem passava pela minha cabeça assumir uma Secretaria de Segurança, ainda mais nessa situação. O governador acertou com o então secretário para almoçarmos juntos, fazer uma visita à Secretaria de Segurança e, ao terminar, que eu comparecesse ao seu gabinete e desse minha resposta. Assim foi feito. Almocei com o coronel Flayres, fomos à secretaria, pedi-lhe que não me apresentasse como o próximo [secretário], porque eu não tinha intenção de aceitar o encargo. Ele também achava que eu não ficaria, porque na sua concepção o cargo era só para militares, e eu era civil... Quando ele me apresentou à secretaria... Você não tem ideia do que era aquilo. Se descrever, não acredita. Você não tinha estrutura, não tinha organização, não tinha regimento interno, não tinha... Os poucos delegados de carreira não presidiam inquéritos – estes ficavam a cargo dos comissários. Acompanhando a rotina do secretário vi que seu chefe de gabinete trazia os despachos prontos para assinatura. Tentei alertá-lo para os riscos que corria. Despedi-me e fui ao governador, que logo antecipou que eu precisaria da aprovação do general, do almirante e do brigadeiro e que já havia ligado para o general, que me receberia imediatamente. Ao chegar ao gabinete do general [Amaury] Kruel, antes que eu pudesse cumprimentá-lo, adiantou: "Sette Câmara? Cobertura total, o senhor não tem que se preocupar com nada, o que precisar terá nosso apoio!" Aí fui pro hotel, liguei pro coronel Moacyr, relatei o que acontecera e disse que era uma "fria", pois todos estavam dando apoio pra tudo. Na manhã seguinte voltei ao governador e disse que aceitaria a missão com algumas condições: reorganização administrativa, comandamento da área incluindo a polícia militar e sem interferência política. Concordou e pediu que me preparasse e que no momento adequado me avisaria, pois também precisaria de tempo para os ajustes políticos. Retornei a Brasília, informei o resultado ao diretor, que imediatamente me liberou dos encargos pendentes. Retornei a João Pessoa – a família não gostou da ideia – e de lá para Belo Horizonte, onde fui buscar a legislação (regimento, regulamento disciplinar, normas administrativas etc).

JÉSUS TRINDADE BARRETO JÚNIOR: Porque lá tinha uma estrutura... com todos os defeitos, mas uma estrutura clássica, né?

PAULO CELSO SETTE CÂMARA: Era o quê? O orçamento era da Secretaria [de Segurança], a polícia civil era um departamento, assim como a polícia técnica, medicina legal e um depósito de presos. Daí as condições impostas para aceitar o cargo alertando que o faria por escrito. Fui firme com o governador – o professor Clóvis Moraes Rego [que deixaria o cargo] era um *gentleman* e me senti envergonhado. Mas ao final deixou claro que eu poderia ficar tranquilo, pois o coronel Alacid havia lhe dado carta branca para decidir.

JÉSUS TRINDADE BARRETO JÚNIOR: Isso foi quando?

PAULO CELSO SETTE CÂMARA: Final de novembro de 1978. Tomei posse em janeiro de [19]79, três meses antes de o coronel Alacid assumir o governo. Terminada a solenidade fui direto para a secretaria. E, pra marcar posição, de pronto avisei aos ocupantes dos cargos principais que todos seriam substituídos. Ainda não sabia por quem, mas não queria que fossem pegos de surpresa. O coronel Alacid indicou-me um major do Exército para a chefia de gabinete; entrevistei alguns servidores e convidei os que me pareceram mais dispostos a promover as mudanças necessárias. Para estabelecer disciplina – não havia um regime jurídico específico para os policiais – resolvi implantar o que trouxera de Minas através de portaria, consciente da manifesta ilegalidade da medida, e mandei publicar. O fato é que o AI-7, como foi apelidado, foi posto em prática e cumprido até que a Assembleia [Legislativa] aprovasse a reestruturação da secretaria e a legislação que lhe foi proposta. Na primeira semana recebi o mandado de reintegração de posse de um conjunto habitacional que havia sido inteiramente ocupado por invasores. Antevendo problemas, consultei o general e o governador; ambos reconheceram que eu tinha um abacaxi nas mãos. Assim, liguei para o prefeito (um brigadeiro da reserva), pedi e obtive caminhões e assistentes sociais para auxiliar na remoção dos invasores. Convoquei o comandante da PM (coronel do Exército), que assegurou ter condição de dar cumprimento ao mandado sem incidentes. Mandei meu assessor convidar a imprensa falada, escrita, televisada e pedi que cobrissem a operação, garantindo que teriam liberdade total para o trabalho. Deu tudo certo, conseguimos dar cumprimento sem incidentes. A imprensa deu ampla cobertura, e você não pode imaginar o que é que isso significou.

JÉSUS TRINDADE BARRETO JÚNIOR: Era uma época muito propícia, por causa da anistia, época da chamada redemocratização etc. Quer dizer, isso era um exemplo, né?

PAULO CELSO SETTE CÂMARA: Foi assim. A partir dali, resolvi reformular a secretaria. Preparei um anteprojeto de lei subordinando a ela polícia civil, a PM, o Detran e o Corpo de Bombeiros e instituindo um fundo de reequipamento policial alimentado pelas taxas de diversão pública, alvarás, controle de armas etc. Fortaleci o Conselho Estadual de Trânsito. Implantei a Escola de Polícia e promovi concursos.

JÉSUS TRINDADE BARRETO JÚNIOR: Isso durante todo o exercício do governo?

PAULO CELSO SETTE CÂMARA: Não, não. Preparei os anteprojetos de lei, que, após as revisões da equipe de governo, foram encaminhados à Assembleia Legislativa, que os aprovou em regime de urgência. Baixei portarias colocando as coisas no lugar, proibindo que comissários presidissem inquéritos; implantando o boletim de serviços; acabando com diárias para o plantão; eliminamos camas para os plantonistas, coisas do gênero... Claro, houve resistência, mas o "AI-7" funcionou e aos poucos as coisas se normalizaram.

Outro fato: procurei ajuda da Polícia Federal, mas [ela] já tinham problemas demais. Resolvi pregar um susto na polícia e consegui levantar quem operava o incipiente "jogo de bicho" e convoquei o corregedor ao meu gabinete: determinei que emitisse mandados de busca e apreensão e designasse equipes para cumpri-los, ao mesmo tempo em que supervisionasse pessoalmente toda a operação. Alertei que tinha "olheiros" acompanhando e queria prisões em flagrante. E na revista, se encontrarem os "gibis" dos "acertos", queria tudo na minha mesa.

JÉSUS TRINDADE BARRETO JÚNIOR: Era, era... eu peguei isso.

PAULO CELSO SETTE CÂMARA: Jésus, acredite: cumpriram à risca a missão, trouxeram as anotações...

JÉSUS TRINDADE BARRETO JÚNIOR: Ah, cadernetinha!

PAULO CELSO SETTE CÂMARA: Tais anotações foram colocadas na minha gaveta e recomendei que o corregedor acompanhasse o andamento dos procedimentos. No início da noite, no hotel, fui procurado por dois advogados pedindo intercessão, pois seus clientes estavam todos presos. Respondi que em se tratando de processo contravencional... logo retrucaram que até aquele momento ninguém tinha feito nada. Ninguém sabia como proceder. Liguei para o delegado geral e transferi o problema. Assim, minha atitude foi só para mostrar que vinha para mudar.

JÉSUS TRINDADE BARRETO JÚNIOR: Só pra marcar presença.

PAULO CELSO SETTE CÂMARA: Aos poucos fui colocando as coisas no lugar. Por exemplo: a DEOPS [Departamento de Ordem Política e Social] expedia "autorização para funcionamento de centro de umbanda". Baixei uma portaria delegando o controle para a Federação Espírita Umbandista de Cultos Afro-brasileiros, e recebi uma homenagem com direito a diploma. E a partir daí ninguém "bate tambor" contra mim no Pará.

JÉSUS TRINDADE BARRETO JÚNIOR: Mas quanto tempo durou a sua administração nessa fase?

PAULO CELSO SETTE CÂMARA: O professor Clóvis passou o governo dia 15 de março e eu permaneci os quatro anos do governo do Alacid. Jáder Barbalho foi eleito e me convidou a continuar, mas o prazo da cessão expirou e me apresentei em Brasília. Jésus, se me permitir, gostaria de contar um episódio significativo. Quando cheguei ao Pará não tinha a menor ideia do que era o Círio de Nazaré. Convidado para uma reunião preparatória do planejamento de segurança do evento, reagi: "pra uma procissão?" Aí me avisaram que a presença era necessária, pois os três comandantes militares e os dirigentes de vários setores do Estado e do município estariam lá. Fui, ouvi, aprovei o que disseram, mas, confesso, achei que superestimavam providências para uma simples procissão. O Círio ocorre no segundo domingo de outubro e na noite anterior há a trasladação. Não dei a menor importância e no domingo fui dar uma olhada. E é indescritível. Naquela época reunia cerca de um milhão de pessoas vindas de todas as partes. A corda, a berlinda e a multidão caminhando espremida ao longo de seis quilômetros; e a expressão de fé nos rostos. Foi um impacto desconcertante. Atualmente participam mais de dois milhões de pessoas. As tropas são usadas apenas para balizar o caminho e, incrível, quase não há ocorrências policiais... Desculpe-me pelo desvio, mas o fato relevante a que me refiro ocorreu por ocasião do Círio. Estavam em fase de julgamento os padres franceses presos no sul do Pará pela repressão.

JÉSUS TRINDADE BARRETO JÚNIOR: A Secretaria participou da prisão?

PAULO CELSO SETTE CÂMARA: Nem foi cientificada. Bem antes de tal operação tomara conhecimento da existência dos padres e da liderança que tinham na região. Informes assustadores davam conta de que eram subversivos. Como já ocorrera incidente com a PM no cumprimento de mandados na área, achei por bem conferir e convidei o comandante da PM para irmos até São Geraldo do Araguaia conversar com "subversivos". Deixei claro que iríamos sem proteção, desarmados e abertos ao diálogo. Meio a contragosto concordou. Lá fomos nós até Xambioá de avião e atravessamos o Araguaia de barco. Ao chegarmos ao casebre dos padres – imagine a cena – anunciei quem éramos. Era casa de chão batido, tamboretes, redes, fogão a lenha. E com esse meu jeito de ser fui logo perguntando se eram os padres comunistas da área. E deixei claro que queria tão somente conhecer o lado deles. Desconfiados, no decorrer da conversa foram percebendo que nossas intenções eram sadias e fizeram uma exposição. Com mapas, fatos e dados demonstraram o descalabro dos títulos de terra superpostos, justiça distante e população paupérrima. Agradeci a atenção, prometi que não autorizaria emprego de força para cumprir mandados e que faria um relato ao governador. E fiz um relatório reservado, deixando claro que não via nos padres comportamento subversivo e sim ações pastorais.

Mas voltemos ao Círio. Naquele ano a Praça da Basílica fora cercada de frades e a chegada da procissão requeria um esforço a mais do Exército, para evitar que os romeiros ficassem esmagados pela pressão quando chegasse a berlinda. Pois bem, pouco antes do dia D, o general advertiu que se não houvesse proibição da diocese sobre manifestações políticas no decorrer do Círio, o Exército não participaria da segurança.

Era um problemão. Sem alternativa, liguei para Dom Alberto que me recebeu à noite em sua residência. Expus a situação e ponderei que só um documento da prelazia recomendando o não uso político do Círio, publicado na primeira página dos jornais, resolveria a questão. Sabe o que ele disse? Pasme: "O senhor tem minha autorização para redigir a nota e publicar". Com os cuidados devidos a nota foi redigida, revisada por um clérigo e publicada. Com ela foi resolvida a questão.

JÉSUS TRINDADE BARRETO JÚNIOR: E em relação aos conflitos de terra?

PAULO CELSO SETTE CÂMARA: Os problemas vinham num crescendo, desde que a CVRD [Companhia Vale do Rio Doce] iniciou a mineração em Carajás; veio a estrada de ferro e atraiu gente de toda a parte para Parauapebas, que hoje é uma cidade de 150 mil habitantes. O Pará começou a se transformar, as cidades surgiam rapidamente, veio Serra Pelada. Foi uma mudança muito rápida e não havia condição de atender saúde, educação e segurança. Houve uma fermentação muito grande. Para você ter ideia, em Conceição do Araguaia havia um núcleo do Partido Comunista com uma atuação muito forte e apoio da diocese. Um dia fui conversar com o bispo. Falei sobre a situação e o desejo de evitar o emprego da polícia e confrontos. Esclareci que o trabalho desenvolvido pela diocese contava com um advogado cuja ideologia era de contestação e que eu estava em busca de um caminho. E sugeri que repensasse a contratação dele.

JÉSUS TRINDADE BARRETO JÚNIOR: Ele era contratado da diocese?

PAULO CELSO SETTE CÂMARA: Trabalhava para a diocese. Respondeu-me que para ele não haveria problema, desde que conseguisse outro que fizesse o trabalho dele pelo mesmo preço, ou seja, de graça! Ainda não havia Defensoria Pública... Outro exemplo: fui a Marabá à procura de dom Alano Pena, que também tinha um advogado combativo. Passei antes no Comando da Brigada de Infantaria de Selva para uma visita rápida. Ao dizer ao general que ia conversar com o bispo, ele reprovou. Com esse meu jeitão franco, deixei claro que minha ida era em busca um canal de diálogo que aplainasse o caminho.

JÉSUS TRINDADE BARRETO JÚNIOR: Isso lá em Marabá?

PAULO CELSO SETTE CÂMARA: Lá, em Marabá. Fui bem recebido, conversamos bastante e mostrei o que estava acontecendo. E dei um exemplo: um conflito em andamento numa área que estava *sub judice*, aguardando apenas o mandado de reintegração de posse. Disse que havia um recurso jurídico que sobrestaria a medida, mas que o advogado não o utilizaria para que o confronto ocorresse e gerar repercussão política. Ele disse não acreditar e o desafiei a aguardar. Acrescentei que teria de autorizar a tropa da PM para assegurar o cumprimento da ordem judicial. Deixei abertos meus contatos e reafirmei a disposição de buscar soluções.

JÉSUS TRINDADE BARRETO JÚNIOR: Olha só que interessante! Era uma tentativa de desideologizar de certa maneira.

PAULO CELSO SETTE CÂMARA: Mas tinha que ser. Pelo menos tentar mostrar que o radicalismo não é bom pra ninguém. No episódio relatado, o advogado nada fez.

JÉSUS TRINDADE BARRETO JÚNIOR: O seu relato é muito claro, porque, naquele tempo, tinha que conversar com os militares, e eles não queriam que conversasse com o bispo, e o bispo também.

PAULO CELSO SETTE CÂMARA: Jésus, era assim! E a gente ia levando desse jeito, tentando evitar problema, e sempre procurando buscar diálogo, em todo lugar. Foi nesse período que aprendi muito, Jésus. Hoje eu tenho uma visão completamente diferente. Por isso eu distingo segurança pública de polícia. Há sempre dois lados e se não cuidar dos dois, polícia sozinha jamais vai resolver o problema, a questão da violência e da criminalidade. Isso vale para qualquer lugar. O fato é que consegui dar conta do recado. E ao terminar o mandato, em [19]83, voltei para a Polícia Federal e pedi minha aposentadoria.

JÉSUS TRINDADE BARRETO JÚNIOR: Mas a sua família tinha ido pra lá e tudo...

PAULO CELSO SETTE CÂMARA: Já estava com três filhos casados. Não dava pra sair mais dali. Conclusão: voltei pra Polícia Federal. Nessa altura, o Walter Dias, já referido, estava assumindo a Coordenação Central do DPF e ponderei com o diretor geral que gostaria de me aposentar, não sem antes ser lotado na SR/PA e designado para chefiar a Coordenação Judiciária que estava vaga. Para minha alegria, desistiu de me mandar para Fortaleza e atendeu ao pedido. Assim, me aposentei na classe imediata, com um salário um pouquinho melhor. Enquanto buscava o que fazer, recebi um convite do comando da Aeronáutica para um almoço. A Aeronáutica era responsável pelo governo do Território Federal de Roraima e o ex-governador fora exonerado e o brigadeiro [Vicente de Magalhães de] Morais o substituíra. Sua equipe era composta por militares – a maioria da ativa –, mas estava com dificuldades na área de segurança. Concordei em assessorá-los e acabei virando secretário de Segurança. Lá não tinha é nada! E novamente comecei do zero, reestruturando a secretaria através de portarias, implantando delegacias, organizando o Detran, a criminalística e medicina. Tudo em cerca de oito meses. Pouco depois um general chegou para assumir o governo de Roraima e eu me levantei e informei que sairia com o governador Morais, pois já tinha outro convite. Fui logo convidado pela Albras – maior produtora de alumínio do hemisfério sul – para organizar sua segurança. Como tinha curso específico, comecei imediatamente a trabalhar e seis meses depois constitui uma empresa prestadora de serviços de consultoria e assessoria de segurança. Pela primeira vez na vida comecei a ganhar dinheiro. Ai vem a eleição de 1994 e o Almir Gabriel – que fora companheiro de secretaria do governo Alacid, ele na Saúde e eu na Segurança – se elege, me chama e intima: "Quero que você..."

JÉSUS TRINDADE BARRETO JÚNIOR: Assuma a Segurança.

PAULO CELSO SETTE CÂMARA: Apelei: "Almir, eu faço qualquer coisa por você, mas, pela primeira vez eu estou faturando bem... Não me peça para sentar na cadeira...". Retrucou que não tinha outro e ponto! Liguei para os clientes, rompi os contratos para assumir uma secretaria que me pagaria menos de 5% do meu faturamento mensal! Imediatamente formei uma equipe e elaboramos um projeto de lei dando um novo formato à segurança pública, sujeitando-a a um colégio paritário, com poder normativo, composto por representantes da sociedade civil organizada e pelos dirigentes das instituições vinculadas, presidido pelo secretário, com uma ouvidoria independente. Oito conselheiros: quatro dirigentes das instituições e os demais indicados pela OAB [Ordem dos Advogados do Brasil], SDDH [Sociedade Paraense de Defesa dos Direitos Humanos], Centro de Defesa da Criança e Adolescente e pelo Centro de Defesa dos Negros.

JÉSUS TRINDADE BARRETO JÚNIOR: Chamava Conselho Estadual...

PAULO CELSO SETTE CÂMARA: ...de Segurança Pública. Quando submeti o projeto ao governador, o Almir Gabriel, ele reagiu: "Conselho normativo? São meus adversários políticos!" Retruquei que ele era democrata, que tínhamos um desafio enorme pela frente, que decisões colegiadas reduziriam resistências, evitaria conflitos... Ele ainda reticente: "Você sabe o que está fazendo?" Assegurei que sim e o projeto foi para a Assembleia, que o aprovou. O Consep está lá até hoje; porém, quando deixei a secretaria, alteraram a composição paritária. Mas nos sete anos que o presidi, e a ouvidoria independente – primeira criada por lei...

JÉSUS TRINDADE BARRETO JÚNIOR: Ouvidoria de polícia?

PAULO CELSO SETTE CÂMARA: É, ouvidoria da área de segurança – polícia civil, militar, Detran... A primeira ouvidora escolhida pelo conselho e nomeada com mandato de dois anos era uma pastora luterana, ativista radical e ousada, doutora Rosa Marga Rothe.

Como seria de se esperar, a polícia ficou assustada, mas... Na primeira reunião do conselho apresentei uma minuta de regimento interno e pedi que elegessem um vice-presidente. Cada grupo apresentou seu candidato e, como previsível, deu empate. Com o voto de minerva, elegi o conselheiro representante da Sociedade Paraense dos Direitos Humanos. A reação do grupo da casa foi enérgica...

JÉSUS TRINDADE BARRETO JÚNIOR: A sua opção então foi para o campo mais da sociedade?

PAULO CELSO SETTE CÂMARA: Da sociedade.

JÉSUS TRINDADE BARRETO JÚNIOR: Vamos dizer assim: um conselho do Estado, mas com participação social. E aí o pessoal brigando do lado de lá... E era realmente da Secretaria de Direitos Humanos – era assim o nome, do vice-presidente?

PAULO CELSO SETTE CÂMARA: Doutor Marcelo Silva de Freitas, então presidente da Sociedade Paraense de Defesa dos Direitos Humanos, advogado! No princípio foi difícil. As desconfianças recíprocas... Mas com um discurso propositivo, insistindo no diálogo, advertindo que eles descobririam nos debates ser possível encontrar convergências e que o resultado seria melhor para a sociedade, aos poucos o clima foi amainando. E foi assim que conseguimos desenvolver o processo de integração operacional até o limite que a legislação permitia. Foi a partir dos debates, transformados em resoluções, que surgiram os avanços: boletim integrado, zonas de policiamento, centro integrado de operações, IESP [Instituto de Ensino de Segurança do Pará] reunindo as academias da PM, bombeiros, civil, corregedorias integradas, e por aí vai. Colocávamos as resoluções em prática e depois vinham os decretos e leis consolidando o sistema de segurança pública do Pará.

JÉSUS TRINDADE BARRETO JÚNIOR: Mudou muito...

PAULO CELSO SETTE CÂMARA: E como! Os dirigentes dos órgãos vinculados ao conselho acompanhavam as reuniões e aos poucos as resistências internas foram sendo reduzidas. E, mais importante, a sensação de que havia um direcionamento, um caminho "de integração", operacional, em busca de resultados positivos. E assim fomos levando o processo durante oito anos. Não foi fácil quebrar barreiras etc.

JÉSUS TRINDADE BARRETO JÚNIOR: Foram dois mandatos?

PAULO CELSO SETTE CÂMARA: Foram dois mandatos. O governador foi reeleito e criou as secretarias especiais para descentralizar a gestão. Estas coordenavam secretarias e os órgãos afins. Assumi a Secretaria Especial de Defesa Social, que reunia o sistema de segurança, a Secretaria de Justiça, a Defensoria Pública, o sistema prisional e o Instituto de Metrologia – ao todo, dez órgãos. E um Estado com as dimensões do Pará – em seu território cabem Minas, São Paulo e Paraná –, em plena ebulição com o afluxo de migrantes, grandes projetos e carências mil, haja disposição e criatividade. Recorri à informática, mas as dificuldades eram muitas. Os bancos de dados da identificação civil, dos boletins de ocorrência, do CIOP [Centro Integrado de Operações] e do Detran não facilitavam o trabalho da inteligência e as estatísticas deixavam a desejar. Mas tinha consciência que não éramos exceção. As dificuldades eram enormes. Por exemplo: houve uma denúncia da ouvidora de que a polícia estava matando demais, e a polícia contestava os dados. Resolvi descobrir e reuni a equipe da casa (assessores e técnicos). Partindo no noticiário da imprensa, recolhemos os registros de ocorrência, cópia dos laudos da medicina legal e da criminalística e dos inquéritos instaurados. Um dossiê foi reunido com toda a documentação, preparamos um relatório e o inclui na pauta do conselho. O assessor avisou a imprensa que havia novidades. No plenário, li uma síntese e distribui para um relator. A relação nominal das vítimas e 90% dos casos não tinham inquéritos nem autos de resistência, nada. E tudo comprovado, sabe, tudo... O conselho determinou à corregedoria que instaurasse tantos inquéritos quantos fatos levantados e lembrei aos conselheiros que eles tinham prerrogativa legal para acompanhar o andamento dos procedimentos. Com isso ambos os lados tiveram a demonstração de que nossa administração era séria e decidida. Mas quero lhe dizer que ao terminar o mandato fiz uma reflexão sobre que foi realizado; e a conclusão a que cheguei é que, apesar de todos os avanços, que apesar de tudo, todo esforço feito com a integração, compra de equipamentos, formação de pessoal, de tudo, enfim, o resultado foi pífio. Por quê? Porque não conseguimos resultados eficazes na redução da violência e da criminalidade. E tal ocorreu não só no Pará. Nenhum Estado logrou êxito. Por quê? Porque ficaram de fora as ações que inibem o antes das ocorrências e a conclusão do depois. Sem essas ações a repressão policial não é eficaz. Você pode ter a polícia mais preparada e equipada do mundo que o resultado do trabalho não aparece.

Veja um caso de homicídio com um inquérito que reúne provas e aponta o indiciado. Sem a denúncia, o julgamento, a sentença cumprida e, por outro lado, sem identificação das causas, sem ações inibidoras ou eliminação das facilidades para a prática do ato, o Estado continua ineficaz. Em outros termos, sem as ações preventivas e sem a punição do culpado, a sociedade continua insegura. Em síntese: a incompetência é da segurança pública. É aí, Jésus, minha frustração: após 13 anos como vitrina da segurança pública, sou um incompetente! Mesmo quando procuro alertar os estudiosos sobre a equivocada visão de que "segurança pública é sinônimo de polícia", de que o complemento do artigo 144 da Constituição instituindo que "será executada pela polícia" limita as ações proativas e reativas indispensáveis à segurança, de que já passou da hora de mudar o foco, os doutos estudiosos fazem ouvidos moucos. Começo a crer que estou ultrapassado e que a idade já está cobrando... Veja, tentei alertar o colega que fez o plano de segurança para o Aécio...

JÉSUS TRINDADE BARRETO JÚNIOR: Cláudio Beato.

PAULO CELSO SETTE CÂMARA: Sim, que seu planejamento está muito bom, mas não considerou que o foco da segurança pública deve se voltar para o município, onde a violência e a criminalidade ocorrem.

JÉSUS TRINDADE BARRETO JÚNIOR: A impressão que eu tenho, acho que bate com as suas observações, é de que o tal do sistema de segurança pública é totalmente orientado para um dos sistemas que é importante para a segurança pública, o sistema punitivo.

PAULO CELSO SETTE CÂMARA: Exato, foca a reação.

JÉSUS TRINDADE BARRETO JÚNIOR: O sistema punitivo parece que está no núcleo. Você fala com a PM, com a polícia civil, com a Polícia Federal, com a rodoviária federal, está todo mundo mirando sempre o juiz, lá na ponta, o promotor. Quando você fala que tem um mundo antes e tem um mundo depois, a gente imagina que teria de deslocar um pouco a centralidade do mundo punitivo, sem afastá-lo, porque é necessário responsabilizar pessoas violentas. Mas dá a sensação que esse sistema acaba idolatrando muito certas figuras, tudo é judicializado, não tem um caminho. O sistema é muito orientado para repressão. Então, como é que eu desconstruo isso?

PAULO CELSO SETTE CÂMARA: Jésus, a única forma é aceitar o princípio de que segurança é essencialmente prevenção. Seu conceito técnico é "ausência de risco". Assim, quando ocorre um delito a segurança já falhou!!! É como na saúde. Mas insistem em acreditar que a solução consiste na repressão. Daí, as aulas de direitos humanos não serem incorporadas pelo policial ao seu dia a dia e, logo, esquecidas.

JÉSUS TRINDADE BARRETO JÚNIOR: E tem muita escola que ensina o contrário.

PAULO CELSO SETTE CÂMARA: Pois é, então ou você muda isso… E um obstáculo é o corporativismo enraizado nos policiais, ou melhor, na sua "autoridade". E em todos os níveis da polícia. Quando no Pará, quando instituímos uma autarquia para gerenciar a criminalística e a medicina legal houve uma grita nacional! Custaram a aceitar que não afetava a independência pericial. A autonomia era apenas administrativa, para facilitar a gestão, tendo orçamento próprio e receita para prestação de serviços ao cidadão, sem prejuízo para a missão principal de atendimento das requisições policiais e judiciais.

JÉSUS TRINDADE BARRETO JÚNIOR: O custo é altíssimo, na folha, inclusive.

PAULO CELSO SETTE CÂMARA: Assim como o custo das folhas de pagamento das polícias civil e militar, com desvios de função etc. É comum ouvir: "Ah, o que fazer? Acabar com isso?" Em 1979 não acabaram com as guardas civis, que eram os braços fardados das polícias? E o que aconteceu? Criaram mecanismos permitindo que seus quadros optassem: uns para a civil, como investigador, e fizeram adaptação…

JÉSUS TRINDADE BARRETO JÚNIOR: Uns foram pra PM.

PAULO CELSO SETTE CÂMARA: Foi assim e logo tudo se acomodou. Eu, honestamente, não sei...

JÉSUS TRINDADE BARRETO JÚNIOR: É, tem técnicas pra isso. Mas num país como o nosso, tão grande, com [mais de] 5.500 municípios, a questão é a seguinte: existem alguns cientistas políticos ou sociólogos; enfim, falam que são muitos Brasis, inclusive aquele [Edmar Lisboa] Bacha cunhou a expressão "Belíndia"[4] pra falar que o Brasil é um pouco Bélgica e um pouco Índia; e a pergunta é: pra gente tratar esse tema nosso, da violência, do crime e da criação das condições de segurança pública, nós não teríamos de agrupar essas realidades, por assim dizer, em municípios menores?

PAULO CELSO SETTE CÂMARA: Sou mais radical. São muitos municípios. O caminho passa [então] pelo restabelecimento da federação em seus três níveis. Sem nenhuma justificativa a Constituição [de 1988] retirou os municípios da partilha de competências e recursos. Meu Deus, é onde a população vive, reside, trabalha, produz e é onde a insegurança campeia! E os mais de 5.500 municípios têm características sociais, históricas, econômicas e geográficas que influenciam o comportamento individual de seus habitantes e onde ocorre a totalidade dos crimes comuns. Assim, o enfrentamento desse tipo de crime e o oferecimento da proteção a que o cidadão tem direito exigem decisão, organização e fiscalização local. Daí a necessidade de restabelecer seu poder de legislar sobre segurança e paz pública. E também dispor dos correspondentes órgãos dos sistemas pertinentes: judiciário, Ministério Público e [sistema] prisional. E todos sob controle da sociedade local. [Isso] Enxugaria as megainstituições estaduais e os milhões de processos estocados nos cartórios judiciais. E tornaria eficaz o serviço que prestam, não é mesmo? Hoje, as instituições estaduais se agigantaram e os resultados de tais serviços estão aí. E ainda falam em unificar as polícias... Não percebem que há crimes federais que exigem enfrentamento específico, cujo *modus operandi* nada tem a ver com os enfrentamentos dos delitos estaduais que, por sua vez, requerem unidades especializadas e formação pró-

---

4   O termo foi popularizado pelo economista em 1974, na fábula *O rei da Belíndia*, um país fictício, ambíguo e contraditório, "conjunção" ideológica da Bélgica com a Índia, com leis e impostos do primeiro país (pequeno e rico) e realidade social do segundo (imenso e pobre). O principal argumento da obra era a criação, pelos militares, de um país dividido entre os que moravam em condições similares à Bélgica e aqueles que tinham o padrão de vida da Índia. Duas décadas depois Bacha integrou a equipe que instituiu o Plano Real.

pria, que em nada se assemelham às das polícias de base (os distritos policiais, as delegacias de polícia do interior, o patrulhamento ostensivo e assim por diante), cuja missão é de proteção do cidadão e enfrentamento do crime comum.

JÉSUS TRINDADE BARRETO JÚNIOR: É o chão de fábrica.

PAULO CELSO SETTE CÂMARA: É o chão de fábrica: homicídio, furto, assalto, estupro... é onde o cidadão espera ser atendido, a ter resposta! Acho que precisamos alertar que o caminho que estamos seguindo não nos leva a lugar algum. Precisamos que a União trace uma linha política, os Estados a adaptem à sua realidade, bem como os municípios. Claro que estes, em sua maioria, requereriam apoio técnico pra se organizar de acordo com a comunidade e a situação locais. É difícil? Mas... Poderia dar vários exemplos...

JÉSUS TRINDADE BARRETO JÚNIOR: É, são muitas histórias, muita coisa.

PAULO CELSO SETTE CÂMARA: A gente vai aprendendo com o que a vida nos ensina. Buda, os filósofos gregos e romanos nos alertaram que a virtude está no meio. É tempo de sair dessa dicotomia de A ou B, PM ou civil, militariza ou não... Aliás, é bom lembrar que nenhum governador abre mão da força pública. A PM foi criada como tal e os Estados não abrem mão dela. É sua força, é quem viabiliza as decisões do legislativo, do judiciário e do executivo. É quem restabelece a ordem pública e promove o policiamento de massa. E faz parte da nossa história! Lá no Pará, nos limites do possível, especializei suas funções com a criação de três grandes comandos. O de Missões Especiais, reunindo as unidades que atuam como tropa, na capital e no interior, com treinamento, armamento e disciplina militar, sua missão tradicional. Outro reunindo as unidades que prestam serviços de polícia especializada, como rodoviária, ambiental etc. E o terceiro, reunido as unidades de policiamento ostensivo. O objetivo era especializar a gestão, desde a seleção e formação a modelo operacional de proteção e enfrentamento do crime comum – não combate e muito menos emprego de armas pesadas. E aos poucos, alterando a estrutura desses batalhões com a implantação das zonas de policiamento nas mesmas circunscrições das delegacias. Com isso o planejamento operacional na ponta passou a ser setorizado. No início houve reação de alguns oficiais superiores, mas consegui a criação de cargos em comissão (DAS) para os comandos de zonas e, aos poucos, eles foram cedendo.

JÉSUS TRINDADE BARRETO JÚNIOR: Interessante.

PAULO CELSO SETTE CÂMARA: O triste, Jésus, é que todo esse esforço foi deteriorando após minha saída, por falta de firmeza e cobrança. Mas queria lhe falar sobre o 1º Fórum Nacional de Segurança Pública e Cidadania, organizado em 2000 por Demóstenes Torres, então secretário [de Segurança Pública] de Goiás. Àquela altura havia uma insatisfação contra o governo federal, que insistia em dizer que segurança pública era problema dos Estados e não no singular, Estado, ou seja, a União, os Estados e os municípios! A Senasp não tinha poder nem dinheiro, falava numa pseudopolítica de segurança que nunca saiu do papel. Então secretários, comandantes e delegados gerais promoveram uma reunião fechada para discutir os pontos a serem apresentados ao ministro da Justiça que estaria presente. Antes de trancarem a porta, o doutor Gregori, secretário de Direitos Humanos, entrou sem ser notado. Como sempre acontece nesse tipo de reunião, muitos falam. Tomei o microfone e inflamei o grupo. Disse que estava na hora de tomarmos uma atitude e apertar o governo federal. Com isso decidiram escrever uma carta a ser entregue ao ministro. Criaram uma comissão e a redação sobrou pra mim, um coronel da PM do Paraná e o comandante do CBM [Corpo de Bombeiros Militar] de Goiás. Conseguimos um local e iniciamos a redação, com respeito, mas deixando manifesta nossa posição de repúdio ao governo federal. De repente, entra o Demóstenes dizendo que o governador ligara pedindo para colocar "panos quentes" porque outros secretários foram chegando com a mesma orientação dos respectivos governadores. Inclusive o meu me telefonou recomendando cuidado com o que estava fazendo, pois não podíamos "peitar" o presidente da República. Retruquei: "Governador, estou só traduzindo o sentimento..." Maneiramos o texto, mas registramos a insatisfação do grupo. Todos assinaram e o documento foi entregue ao ministro. Bem, uns 20 dias depois disso José Gregori assume o Ministério da Justiça. Tão logo tomou posse, solicitei uma audiência com o ministro. Recebeu-me sentado em sua mesa e fui logo ousando: "Senhor ministro, o senhor concordaria em ter uma conversa franca, não como ministro e secretário, mas duas pessoas preocupadas com a situação da segurança no Brasil?". Ele virou a cadeira para o lado: "Pois não". Aí entrei forte e disse, mais ou menos, que "[...] o ministério tem Denatran, Senasp, Depen e outros que atuam em segmentos da segurança pública, mas não conversam entre si! Tomam decisões isoladas sem nenhum direcionamento, constroem cadeias onde não precisa; baixam normas sem medir consequências sobre a segurança." Enfim, que era tempo de botar ordem na casa. Falei do Fistel, dos impostos que oneravam a munição das polícias; mostrei que o ministério tinha o fundo penitenciário que a União desvia pra pagar dívidas, ao invés de aplicar. Assim, com esse vocabulário singelo, e ele ficou ouvindo. Num dado momento ele pegou o lenço e atirou ao chão, dizendo: "Eu jogo o lenço!"; nesses termos: "Eu jogo o lenço!" Jésus, levei um choque e imaginei que passara dos limites. Ai, calmamente disse que estava organizando sua equipe e que buscava alguém para assessorá-lo na área de segurança pública. Aí eu gelei e, precipitadamente, falei do meu compromisso com Almir Gabriel, que me colocava à sua disposição, menos para ocupar cargos. Perguntou-me se conhecia alguém, se teria um nome... Não tinha e voltei pro Pará. Pouco tempo depois, o governo federal lançou o Fundo e o Plano Nacional de Segurança [Pública]. Quando o ministro visitou o Pará, em duas oportunidades, disse textualmente que aquela reunião de Goiânia tinha detonado o processo que acabou gerando o fundo. No dia que ele transferiu o cargo para Aloysio Nunes estávamos todos no auditório e, em seu discurso de despedida, creditou os méritos pela criação do fundo à reunião de Goiás. Como você vê, Jésus, apesar desse jeitão simplório de ser, participei de eventos que alteraram um pouquinho o curso da gestão de segurança no Brasil.

Relato sobre Eldorado dos Carajás

Em 1996, durante o mandato de Paulo Celso Pinheiro Sette Câmara como secretário de Segurança Pública do Pará, houve confronto entre a polícia militar e os trabalhadores rurais sem terra que bloqueavam a rodovia PA-150 demandando a desapropriação da fazenda Macaxeira, em Curionópolis. A ação de desobstrução da rodovia por parte da polícia teve um saldo de 19 manifestantes mortos, vários deles com característica de execução, e cerca de 70 feridos. Depois de horas de entrevistas gravadas, diante de nosso pedido por uma nova conversa em que pudéssemos abordar o assunto, Paulo Celso Sette Câmara optou por enviar o relato abaixo a respeito dos acontecimentos.

"Até aquele fatídico episódio a gestão da segurança pública no Pará estava indo muito bem. Atendendo às diretrizes do governador, conforme o programa de governo, mudamos radicalmente a atuação da área de segurança para lidar com os conflitos fundiários e as questões sociais em geral. Em todos os procedimentos ligados a questões fundiárias, o Iterpa[5] e o Incra[6] foram instados a buscar alternativas para os invasores. Paralelamente, eram realizados contatos com lideranças em busca de saídas negociadas para evitar confrontos. Foi criada uma unidade especializada da polícia civil – a Delegacia de Conflitos Agrários (Deca). Ao mesmo tempo, a secretaria buscava transparência das operações para que a sociedade pudesse avaliar o desempenho do sistema de segurança pública – a imprensa, em todos os episódios, teve a mais ampla liberdade de cobertura.

A partir do esvaziamento de Serra Pelada e do enorme fluxo de migrantes do Nordeste, em especial do Maranhão, pela ferrovia Vale do Rio Doce para a região de Carajás, foi criado um clima propício para tensões sociais. Já no início daquela década surgiram os primeiros conflitos no "Cinturão Verde" da Vale e em 1994 os sem terra já haviam ocupado por mais de seis meses a regional do Incra de Marabá. Durante minha gestão foram feitas inúmeras reuniões administrativas, inclusive com a presença de autoridades federais, em busca de alternativas para resolver ou contornar as crises. Em meados de 1995 invasores armados se entrincheiraram na fazenda Rio Branco, na expectativa de confronto. Requerida força policial para cumprir mandado judicial, aguardamos as medidas administrativas do Incra. Depois de meses de espera houve a aquisição da área para assentamento dos ocupantes. No mesmo ano, foi bloqueada a rodovia PA-275 para chamar atenção da opinião pública para a demora do Incra. Em um dos deslocamentos os manifestantes do MST [Movimento dos Trabalhadores Rurais Sem Terra] armados ficaram frente a frente com a tropa do Exército, que se movimentava no sentido oposto. Ambos cederam espaço e não houve incidentes.

Em dezembro, novamente, a mesma rodovia foi bloqueada e mais uma vez foi liberada com a intermediação da PM. Já em março de 1996 houve uma tentativa de invasão da fazenda Macaxeira. A ação foi obstada pela negociação de um prazo para solução do impasse, realizada com a participação da polícia militar, que levou equipe médica e alimentação para os invasores. Na manifestação seguida de saque em Curionópolis, ocorrida em abril, a polícia foi orientada a não reagir para evitar incidentes. Em seguida, os sem terra iniciaram a marcha para Marabá, com alternadas

---

5 O Instituto de Terras do Estado do Pará é uma autarquia estadual responsável pela execução da política agrária.

6 O Instituto Nacional de Colonização e Reforma Agrária é uma autarquia federal da administração pública brasileira.

interdições da rodovia PA-275, passando por Eldorado de Carajás, sem registro de incidentes e sempre acompanhados pela PM. No dia 16, já confirmado o encontro dos líderes com o superintendente regional do Incra, no escritório de Marabá, o MST, no início da tarde, inexplicavelmente promoveu a interdição da PA-150, no trecho denominado "Curva do S", distante cerca de 12 quilômetros de Eldorado do Carajás. A PA-150 é a única via de acesso entre o sul e o norte do Estado. Não havia nenhuma alternativa de alimentação e hospedagem para os transeuntes em caso de bloqueio demorado e Eldorado era uma cidade em formação, com casas de madeira, sem serviços básicos como hotéis e restaurantes. As cidades mais próximas – Xinguara e Marabá – ficam a mais de 80 quilômetros de distância. Assim, dei a ordem para a desinterdição.

O governador, naquela mesma tarde, recomendou que eu orientasse o negociador a informar aos líderes a decisão do Incra em liberar o complexo Macaxeira ainda naquele final de semana.[7] Como em todas as oportunidades anteriores, a negociação ocorreu, coberta pela imprensa, com sucesso e a rodovia foi liberada. No dia seguinte, a rodovia foi novamente bloqueada pelo MST, no mesmo lugar e novamente ordenei a desinterdição. Na oportunidade, comentei sobre a importância da presença da imprensa no local para registrar o trabalho da polícia. Foi um dia normal e em nenhum momento passou pela minha cabeça a probabilidade de confronto violento. Somente à tarde, por volta das 17h40, fui surpreendido por um telefonema do coronel Fabiano Lopes, comandante geral, informando que um incidente ocorrera no desenrolar da operação, com cinco policiais feridos e um morto da parte dos manifestantes.

Partindo do pressuposto de que algo inesperado, como uma emboscada, acontecera, imediatamente determinei ao delegado geral da Polícia Civil que deslocasse para a área uma autoridade policial com a missão de apurar com o máximo rigor o que ocorrera, tendo sido designado o delegado regional de Marabá. Em seguida solicitei ao subprocurador geral de Justiça que autorizasse o promotor de Marabá a acompanhar as diligências da polícia. De imediato, ambas as autoridades seguiram para a área do conflito. Quando soube que uma repórter havia sido detida determinei a imediata liberação e devolução dos seus equipamentos; e naquela hora suspeitei de que algo mais grave tinha acontecido. Foi só à noite falando com um assessor da delegacia de polícia de Curionópolis, que tomei conhecimento da extensão da tragédia. Falando

---

7   Naquele momento a fazenda Macaxeira estava ocupada por aproximadamente 1.500 famílias.

diretamente com o delegado, este me informou o número de mortos e que a PM havia recolhido os corpos e os feridos ao hospital e abandonado a cidade. A polícia civil tentava conter os familiares e manter a ordem. Repassei ao comandante geral da PM as informações e recomendei o deslocamento de efetivo de Parauapebas para o hospital.

Coloquei então à disposição das polícias civil e militar os recursos necessários ao bom andamento dos inquéritos policiais e desenvolvimento das apurações. Determinamos absoluta transparência, facilitando o acompanhamento das diligências não só pelo Ministério Público como pelas organizações não governamentais. Solicitamos informalmente o apoio da Polícia Federal e do Exército na coleta de informações que levassem ao esclarecimento da verdade.

Por sugestão da Polícia Federal, entramos em contato com o reitor da Unicamp [Universidade Estadual de Campinas] solicitando a reavaliação dos laudos periciais emitidos pelos Institutos de Medicina Legal e Criminalística, bem como uma análise do material de vídeo gravado pela jornalista que cobriu a área. Solicitei também à Comissão de Direitos Humanos da Câmara dos Deputados uma cópia do relatório da comissão parlamentar que esteve na área do conflito, bem como cópia do laudo emitido pelo professor e legista Dr. Nelson Massini.[8]

Nos estritos limites da competência legal, cabe ao secretário definir o que fazer na sua área de atuação. No caso em tela, a desinterdição da rodovia era necessária e única alternativa possível para assegurar o direito constitucional de livre circulação de pessoas e bens. A definição sobre quem deveria dar cumprimento à missão coube ao comandante geral da Polícia Militar, e ele designou a maior autoridade militar de sua corporação na área para cumpri-la. Já, no tocante a como realizar a missão, compete exclusivamente ao comandante da operação, à luz das circunstâncias e das condições locais, nos limites dos meios disponíveis e dentro das diretrizes traçadas pela instituição, decidir quanto à forma e à oportunidade de agir. Isto posto, só nos resta lamentar o episódio que denegriu o esforço que ao longo desses 14 meses – buscando mudar comportamentos e rever procedimentos do aparelho policial, cumprindo sua diretriz de discutir segurança pública com a sociedade civil à procura de um caminho novo, lançando-nos de ponta-cabeça no projeto de mudança estabelecido no plano de governo –, lamentar que essa tragédia tenha se dado exatamente em nossa área. E, finalmente, lamentar não termos, eu e o

---

8 Nelson Massini, professor da Universidade Federal do Rio de Janeiro, foi indicado para o caso pela Comissão de Direitos Humanos da Câmara Federal.

comandante da PM, tido a faculdade da premonição e designado outro oficial para o comando da operação, evitando esse episódio".

DECIFRANDO O ENIGMA DA SEGURANÇA PÚBLICA:
ENTREVISTA COM CORONEL CARLOS ALBERTO DE CAMARGO

Samira Bueno e David Marques

Carlos Alberto de Camargo é coronel da reserva da Polícia Militar do Estado de São Paulo e Docente Emérito do Centro de Altos Estudos de Segurança da Polícia Militar. Como comandante geral da PMSP, entre 1997 e 1999, consolidou princípios que hoje são considerados pilares doutrinários da corporação: Polícia Comunitária, Direitos Humanos e Gestão pela Qualidade. Foi também em sua gestão que o "Método Giraldi – Tiro defensivo na preservação da vida", referenciado internacionalmente pelo Comitê Internacional da Cruz Vermelha, foi a adotado na formação dos policiais militares.

DAVID MARQUES: Coronel, o senhor poderia nos falar sobre quais eram as suas expectativas de carreira na infância e como e por que o senhor se tornou policial?

CORONEL CARLOS ALBERTO DE CAMARGO: Ingressei na Academia de Polícia Militar do Barro Branco com 15 anos de idade, em 1966. Comecei a me preparar para o vestibular com 14 anos, mas na saída da pré-adolescência eu já estava me preparando para ser cadete. Como surgiu a ideia? Foi muito de romantismo, de ver a vida do cadete e aquelas coisas da academia. Aí, então, me apaixonei. A minha geração é aquela dos Beatles, dos Rolling Stones, por isso, minha entrada na academia tem esse aspecto de certo paradoxo. De um lado, a gente estava, como toda aquela geração, curiosa e empolgada com a rebeldia e os protestos nas ruas de Paris, com aquele "Faça amor, não faça guerra", aquela celeuma da guerra do Vietnã. Então, era uma geração com a cabeça girando, girando, e num movimento muito rápido, sem um modelo a seguir. As músicas eram bem emblemáticas dessa situação, negando o Vietnã, o valor da morte dos soldados por lá. Assim funcionava a cabeça de um jovem de 15 anos que entrou na academia, onde o regime disciplinar é muito rígido, embora absolutamente virtuoso.

SAMIRA BUENO: O senhor se formou no contexto da ditadura. Como foi isso?

CORONEL CARLOS ALBERTO DE CAMARGO: Alberto Mendes Júnior [tenente da PMSP] era meu colega de academia, entrou um ano antes de mim e saiu um ano antes da minha turma, na de [19]69. Eu ainda estava me preparando para minha formatura, e cadê o Alberto Mendes Júnior? Ninguém o achava mais, ele estava perdido no meio do mato, porque caiu em emboscada feita pela turma do [Carlos] Lamarca, no Vale do Ribeira. O Lamarca ameaçou matar o restante da patrulha se ele [Mendes Júnior], como comandante, não se entregasse. Ele se trocou pela sua tropa, entrou no mato, ferido na perna e foi caminhando junto com o grupo do Lamarca. Num dado momento foi feito um julgamento sumário, por um "tribunal revolucionário" e ele foi executado no meio do mato, foi morto à coronhada com requintes de crueldade.[1] Agora, eu estou tentando mostrar para vocês qual o ambiente emocional entre os cadetes de uma academia onde um garoto de 15 anos estava adquirindo valores. Destaco que a academia era um ambiente de valores essencialmente positivos, tanto que, anos depois, meu filho foi para lá e atualmente é major. Mas era esse o contexto político. E mais ou menos na mesma época um grupo terrorista atacou a academia e

---

1 Um dos líderes da oposição armada à ditadura militar brasileira, Carlos Lamarca foi capitão do Exército até desertar em 1969, tornando-se um dos comandantes da Vanguarda Popular Revolucionária (VPR), organização da guerrilha armada de extrema esquerda. Capitão Lamarca, como ficou conhecido, comandou diversos assaltos a bancos, liderou o sequestro do embaixador suíço Giovanni Bucher, em 1970, e montou um foco guerrilheiro na região do Vale do Ribeira, sul do estado de São Paulo, responsável pela execução do tenente Alberto Mendes Júnior, morto a coronhadas pelos integrantes da VPR, em 10 de maio de 1970. Perseguido por mais de dois anos pelos militares, que o tinham como traidor e principal inimigo, Lamarca foi localizado e morto no interior da Bahia em 17 de setembro de 1971.

matou a sentinela. A gente acordou de madrugada com sirene tocando e eu, com 15 anos, corri com mosquetão para os postos de guarda. Não era treinamento, mas uma situação real. Veja que naquele momento, em que a gente estava assimilando valores, esses fatos passam a ter influência muito grande, pois éramos protagonistas imersos em fatos reais e não leitores de jornal.

SAMIRA BUENO: O senhor era bem jovem quando tomou contato com o conflito desse contexto político, perdendo um amigo.

CORONEL CARLOS ALBERTO DE CAMARGO: O Mendes Júnior era uma alma maravilhosa, era um camarada que não merecia morrer. Se a situação fosse inversa eu garanto que todos os terroristas estariam vivos, eles não teriam sido assassinados dentro do mato. É importante destacar isso porque, à medida que a gente vai progredindo na carreira, pelo aspecto da liderança que se ensina e que se desenvolve lá, o oficial vai criando seguidores. Então, eu digo que é relevante essa experiência porque os atores que passaram por isso tiveram os seus seguidores, a sua influência nas futuras gerações, a cultura que eles ajudaram a formatar foi influenciada por esses valores e por essas experiências que eles vivenciaram. Mas, jamais, nem nessa época nem posteriormente, quando retornei à academia na condição de instrutor e professor, a formação dos cadetes deixou de ser balizada pela legalidade e por valores éticos de respeito à dignidade humana. Não se coloca os próprios filhos em ambientes que não sejam virtuosos, e há inúmeros oficiais cujos avós, pais e filhos frequentaram a Academia de Polícia Militar do Barro Branco.

DAVID MARQUES: Qual foi o primeiro posto que o senhor assumiu quando saiu da academia?

CORONEL CARLOS ALBERTO DE CAMARGO: Eu me formei em 1970 e saí da academia como aspirante a oficial. Aos 20 anos, como tenente, eu comandava durante meu turno de serviço toda a segurança na Zona Norte da capital, porque não havia essa estrutura que existe hoje. O tenente praticamente ficava sozinho, não havia tantos oficiais naquele tempo. Naquela época havia muito menos delinquentes, em termos de quantidade, e havia delinquentes famosos. Então a gente conhecia o bandido pelo nome: era o Caveirinha, era não sei quem. Ficava toda a polícia de São Paulo procurando o tal de Caveirinha. Mas, infelizmente, foi um momento de transição, porque o aumento da população, a atividade econômica, concentração urbana e uma série de outros fatores fizeram com que esse cenário mudasse; e passamos a conviver com um cenário de bastante delinquentes e delinquentes anônimos. E o crime e a violência começaram a se banalizar.

SAMIRA BUENO: Ainda nos anos 1970 já começa esse movimento de mudanças urbanas e na criminalidade?

CORONEL CARLOS ALBERTO DE CAMARGO: Já começa nesse momento. Então a minha geração de jovens oficiais presenciou esse marco histórico, e eles tiveram que buscar uma solução para o problema. Se hoje não existem soluções padrão, modelos universais de atuação policial que se possa copiar e aplicar em qualquer parte, muito menos havia naquela época, em que sociedade passava a encarar uma nova realidade, até então desconhecida. Não é, por exemplo, como na medicina ou engenharia, em que a pessoa pode adquirir livros nacionais e estrangeiros em qualquer livraria. Então não dá pra você pegar a solução de um país e aplicar num outro. Por isso, o oficial deve ser ao mesmo tempo o operador do conhecimento policial e o pesquisador e formulador de soluções para a área. E a minha geração teve que, nas ruas, arranjar soluções para esse novo cenário de criminalidade. As ruas tornaram-se um grande laboratório: o cenário era novo, o problema da banalização do crime era basicamente novo e os tenentes eram obrigados a conversar entre si, trocando informações e experiências na busca de soluções, porque estavam mergulhados no dia a dia da operação. Em face do relevante problema novo enfrentado por eles na rua e da experiência pouco a pouco acumulada no trabalho operacional diário, surgiu como uma fratura na relação funcional entre esse tenente na rua e os comandantes dos batalhões. O ideal seria o coronel saber mais que o tenente, mas, nesse movimento, não por culpa do coronel, não por culpa do major, mas pela dinâmica de que quem está na rua é quem está tendo a oportunidade de fazer o conhecimento técnico policial, as ferramentas científicas para enfrentar o novo cenário, levou a essa espécie de ruptura, que acabou sendo agravada por um avanço tecnológico. Por quê? Foi criado o Copom.[2] Era basicamente um sistema de comunicação por rádio, mas representava o que existia de mais moderno

---

2   Centro de Operações da Polícia Militar do Estado de São Paulo. Através do telefone 190 o Copom recebe chamados de emergência, realiza monitoramento de vídeo de câmeras espalhadas pela cidade e direciona o atendimento para as ocorrências.

em tecnologia de atendimento, despacho e controle de operações; e foi instalado lá no quartel general, com capacidade para comandar, de forma centralizada, toda a operação, porque o chefe de operações ficava lá e recebia todas as informações. E quem tem a informação e a capacidade de comunicação tem os meios para comandar tudo. E realmente foi o que acabou acontecendo, nessa época.

DAVID MARQUES: Foi na década de 1970?

CORONEL CARLOS ALBERTO DE CAMARGO: Sim, que eu chamo de década perdida, nesse aspecto, porque os batalhões, por força da tecnologia que facilitava e induzia à centralização operacional no Copom, acabaram se desligando operacionalmente, acomodando-se na função de apoio administrativo e logístico. Os comandos dos batalhões acabaram se desligando operacionalmente da sua própria tropa de rua, porque ela estava na prática sendo comandada do quartel general, pelo Copom. Por isso sempre alerto: os centros de comando e controle não são os comandantes. Devem ser apenas uma importante ferramenta do comando territorial, seja o de batalhão, seja o de companhia. Por maior, mais perfeita, mais poderosa que seja a tecnologia empregada, a ponto de permitir a centralização do comando em algum lugar, jamais podemos anular a responsabilidade territorial. Polícia é territorial, polícia é por vocação territorial. Então, o mais importante de tudo é o comandante de área.

SAMIRA BUENO: Pensando no recrudescimento da ditadura como diretriz político-institucional e nessa fratura que o senhor relatou entre o comando e os policiais na ponta, o que mudou no cotidiano da PM? Porque muito se discute sobre o papel que as polícias tiveram durante a ditadura.

CORONEL CARLOS ALBERTO DE CAMARGO: Há uma diferença entre os conceitos de bom policial e policial bom. O bom policial é aquele que está tentando entender o fenômeno e aprender como agir. E na verdade todos estavam, mas aquela geração de tenentes é que estava enfrentando, na rua, um problema novo, para o qual ainda não existiam soluções conhecidas. O conceito de policial bom está ligado a valores éticos, de respeito à dignidade humana. Isso permanecia inalterado. Por isso não há registros de tortura ou morte em quartéis da Polícia Militar de São Paulo durante a repressão ao terrorismo e à subversão. Aliás, eu afirmo que não havia nos nossos quartéis qualquer clima que pudesse, mesmo de longe, parecer com uma polícia política. Torturas e mortes ocorreram em outros locais, como unidades das Forças Armadas e em delegacias de polícia, como no Deops [Departamento de Ordem Política e Social]. Apesar do assassinato de policiais militares praticados por terroristas, eu afirmo que não existiu na PM paulista nenhum clima que pudesse estimular a violação de direitos humanos durante a repressão ao terrorismo. Evidente que houve alguns problemas pontuais, especialmente porque alguns oficiais do Exército, na Secretaria de Segurança Pública, davam prêmios – dinheiro e armas – para policiais que se destacassem matando bandidos. Evidente que isso tinha um efeito nefasto sobre uma geração de oficiais que estava tentando entender como agir nesse novo cenário de crescente banalização do crime, dentro de uma visão legal e técnica.

SAMIRA BUENO: Mas entendia-se que matar era um instrumento legítimo de controle. E a sociedade compartilha dessa visão de mundo.

CORONEL CARLOS ALBERTO DE CAMARGO: Eu costumo chamar de síndrome do controle remoto: a criança recebe o controle remoto e descobre que pode apertar botão e mudar de canal. A partir daí ela nunca mais assistiu um desenho completo, fica mudando de canal, quer dizer, exercitar a capacidade de poder mudar, de poder interferir. Eu vejo isso assim: todo mundo querendo descobrir como seria fazer polícia naquele novo cenário; e o secretário, com o controle na mão, ficava apertando o botão. Ao invés de criar um instituto de pesquisa, promover realmente soluções científicas para aqueles problemas, e com rigor científico, acompanhar a evolução dos acontecimentos, os oficiais do Exército [instalados] na secretaria começaram a dar ordem: "Vou premiar o policial que enfrentar mais bandidos". Nós, definitivamente, precisamos eleger polícia como área de conhecimento científico, embora multidisciplinar. A polícia profissional é legalista, técnica e imparcial. Legalista porque deve agir estritamente dentro da lei; técnica porque uma polícia deve agir segundo protocolos estabelecidos com rigor científico; e imparcial porque deve levar equilíbrio às relações sociais. Não é profissional – aliás, nem é polícia – a organização que viola a lei para fazer cidadão agir conforme essa mesma lei; não é profissional – mas um bando de fanfarrões – uma polícia cujos integrantes atuam sem obedecer a um regramento técnico; e não é profissional uma polícia cujos integrantes envolvam-se passionalmente com as ocorrências, sentindo-se como se a violação da lei pelo delinquente seja uma ofensa pessoal a ele. Precisamos, portanto, urgentemente elevar a polícia à dignidade do conhecimento científico, estudá-la com rigor científico, e, assim, ela fica protegida contra essas intervenções malucas, que incentivam o uso da força como regra, como a Lei Xerife, lá no Rio de Janeiro, que pagava bônus. Temos que nos tornar imunes àquele efeito pendular: "bandido bom é bandido morto" *versus* "bandido é vítima da sociedade". Quer dizer, como é que uma organização policial pode programar a sua formação para os próximos dez anos se a gente está na mão da estratégia político-partidária-eleitoral? Para alguns partidos, em períodos eleitorais, o discurso é: "Bandido bom é bandido morto"; esse político é eleito e isso passa a ser sua "política pública de segurança". Nós todos temos que trabalhar para eleger a polícia como área de conhecimento científico. Realmente, setores da sociedade, traumatizados e sentindo-se impotentes em face da violência criminal, estimulados mesmo pela imprensa, por políticos etc., tendo perdido a confiança no Estado juiz em fazer justiça, passam a exigir da polícia o desempenho desse papel, agindo fora dos limites da lei, sem perceber que estão na verdade criando um Leviatã.

SAMIRA BUENO: Dando um salto, mas aproveitando para pegar o gancho com o que o senhor falou: o senhor assume o comando geral da PM justamente num momento desses, num momento de crise política institucional, com o escândalo da Favela Naval. Alguns anos antes a gente tinha tido o Carandiru, e é um momento de crise para a polícia militar.

CORONEL CARLOS ALBERTO DE CAMARGO: Tem uma ligação com o que a gente estava falando mesmo, porque as gerações vão se sucedendo e os líderes vão criando seguidores. Alguns daqueles valorosos oficiais que correram riscos em ocorrências graves e que foram premiados com armas pelo secretário de Segurança acabaram criando seguidores, e, de certa forma, isso mexe com a cultura pontualmente, porque seguidores geram novos seguidores. E, nesse percurso, acabam surgindo deformações que resultam, então, em grupos para os quais a solução é o combate, o enfrentamento, o "bandido bom é o bandido morto". Graças aos sólidos princípios éticos que norteiam a formação do policial militar, esses desvios são pontuais e não uma cultura organizacional, já que não se repetem nas cerca de cinco milhões de ocorrências anuais, tanto policiais como de atendimentos sociais. Em 1997, os desvios de conduta que você citou exerceram um grande impacto na própria corporação policial-militar, chocando todos os seus integrantes e suas famílias, ferindo-os na ética do "policial bom", de respeito da dignidade humana. Episódios como o da Favela Naval, repito, decorrem de grupos pontuais herdeiros do estímulo à ação violenta como regra, incentivada pela própria Secretaria de Segurança Pública na década de [19]70. Mas, na verdade, nunca foi uma cultura policial-militar. Mesmo mais recentemente. Veja que no ano passado, a PM [paulista] efetuou 183.952 prisões em flagrante. Se houvesse uma cultura bélica, se por algum motivo prevalecesse na cultura da polícia militar essa visão do "bandido bom é bandido morto, e tem que matar", nós teríamos 183 mil mortos. Em 1997, eu comandava a Tropa de Choque. Tinha o hábito de comandar pessoalmente a tropa em missões críticas, como invasões de presídios rebelados, como o Carandiru; reintegrações de posse, como a Fazenda da Juta, depois que houve aquele problema.[3] Em todos esses casos eu estava pessoalmente comandando, graças a Deus com sucesso. Mas o que a gente sentia nesses momentos críticos, como uma rebelião em presídio – imagina uma rebelião no Carandiru, com os guardas penitenciários em greve e todos os sete pavilhões abertos, e lá, no fundo, uma dezena de pessoas reféns de presidiários armados, num compartimento com porta de aço – é que cada vez que partíamos para uma missão, apesar da tecnologia, do planejamento rigoroso e detalhado e do controle e da ação de comando, estávamos mais perto de uma falha. Tínhamos a impressão de que estávamos jogando contra a lei das probabilidades. Cada vez que uma missão dava certo, estávamos mais perto de um erro, porque não são todas as condições que estão sob a nossa governabilidade – aliás, a maior parte das condições está fora de nossa governabilidade. Mas o fato de ter vivido tudo isso me deu autoridade, como comandante geral, de estabelecer uma nova regra.

DAVID MARQUES: E como é que foi esse processo do senhor sair para assumir o comando geral? Como isso aconteceu pro senhor?

CORONEL CARLOS ALBERTO DE CAMARGO: Talvez por causa de minha postura legalista e, nos últimos tempos, da atuação na área de choque, os próprios deputados do PT começaram a exigir que a tropa [do Batalhão de Polícia] de Choque fosse às ocorrências. Então, talvez isso tenha dado um pouco de confiança ao governador

---

3   Localizada em Sapopemba, na Zona Leste de São Paulo, o bairro Fazenda da Juta foi local de ocupação por movimentos de moradia desde a década de 1970. O problema ao qual o entrevistado faz referência foi uma reintegração de posse que resultou na morte de 3 trabalhadores sem teto em maio de 1997.

[Mário Covas]. Para mim foi uma surpresa, eu não esperava, até porque eu era um dos coronéis mais modernos. Quando fui convidado estava fora do país e tive que retornar imediatamente para assumir o comando. Embora o aprendizado ao longo da carreira nos dê uma visão do que seja a polícia ideal, do que deve ser o planejamento estratégico para uma polícia nova, na verdade eu tive que formatar isso no voo para o Brasil. Ainda não sei bem o motivo da grande repercussão na imprensa de minha nomeação – foi noticiado, inclusive, em edição extraordinária na televisão, o que motivou o grande assédio da imprensa em torno da minha chegada e sobre os meus planos para a segurança pública. Ainda no hotel, em Roma, eu recebia no quarto os rolos de fax com entrevistas. Eu não entendi porque isso se tornou tão relevante, mas tive que dar entrevista no próprio aeroporto. E então tive que preparar esse plano estratégico, e tê-lo mais ou menos alinhado.

DAVID MARQUES: E do que era composto esse plano?

CORONEL CARLOS ALBERTO DE CAMARGO: Primeiro, o bloco estratégico: polícia comunitária, a força tática e o coordenador operacional. A polícia comunitária para interagir com a sociedade, chamando o cidadão a participar da formulação do próprio conceito, tanto que eu levei para o quartel general a Unicamp [Universidade Estadual de Campinas], USP [Universidade de São Paulo], OAB [Ordem dos Advogados do Brasil], a Pastoral dos Menores, igreja, diversos representantes de entidades representativas da sociedade, para formularmos a doutrina de polícia comunitária. Não se trata de construir prédios ou comprar equipamentos. A rigor, polícia comunitária não precisa nem de prédios nem de equipamentos, porque ela, em uma determinada região, significa "empoderar" o cidadão para que ele interaja com a polícia local e discuta as prioridades da região. É, portanto, estimular a participação como sinônimo de cidadania.

Um dos primeiros lugares onde implantamos foi no Jardim Ângela. Havia na região as gangues – do Ninja, do Bronx etc. –, e a viatura, quando passava por lá, já não prevenia. Isso porque trocar tiro com a polícia era a forma dos jovens subirem em dignidade naquele grupo, porque eles precisam galgar autoestima. Como o Estado estava ausente, eles criavam estruturas bandidas para galgarem autoestima, fundada em valores de violência. Então a gente precisava quebrar isso, como forma de prevenção primária do crime e da violência. As pessoas diziam, na época: "Então, vamos acabar com as gangues". Mas a gangue está na cabeça dos jovens, alavancando-lhes a autoestima. O que devemos fazer é atacar as causas sociais da violência e trocar, na cabeça deles, a gangue por alguma coisa que alavanque sua autoestima, só que fundada em valores éticos e construtivos. Então, era muito mais do que colocar polícia na rua, mas um trabalho a ser realizado junto com a comunidade do Jardim Ângela. E o que é que encontramos lá? Senhorinhas, muitas analfabetas. E eu aprendi com as senhorinhas analfabetas do Jardim Ângela que elas eram os melhores e mais lúcidos agentes para poder desenvolver esse processo num ambiente que era extremamente machista. As famílias eram matriarcais porque o marido, desempregado há anos, ia embora. E essas senhoras, "empoderadas", chamadas a exercer a cidadania, a participar, nos ajudaram a formar a polícia comunitária do Jardim Ângela. Os 30 primeiros policiais que foram para lá tiveram aulas com elas, e o curso não tinha apostilas, porque elas não sabiam escrever, mas eram doutoras na realidade da região. Isso é polícia comunitária, que não precisa essencialmente nem de prédios nem de equipamentos. Uma polícia comunitária necessária à realidade brasileira, que atue junto com a comunidade na prevenção primária, baseada no diagnóstico, priorização e estímulo à solução dos problemas sociais causadores da violência; que não se parece como as chamadas "polícias comunitárias" de países desenvolvidos, onde são na realidade arranjos organizacionais para tornar a imagem da polícia mais agradável, facilitando seu relacionamento com a comunidade.

SAMIRA BUENO: E como é que foi para esse policial que está ali na ponta escutar a "senhorinha analfabeta"? Porque é uma mudança muito grande.

CORONEL CARLOS ALBERTO DE CAMARGO: Aqui, e em qualquer outro lugar, o motor do bom desempenho chama-se autoestima, que estimula o indivíduo a ser tanto o bom policial como o policial bom. A autoestima, uma vez provocada, cria um moto-contínuo virtuoso: tendo o policial um bom desempenho, recebe o reconhecimento; o reconhecimento volta como um bumerangue para ele e realimenta a autoestima e ele se compromete com melhoria. E, aí, não para mais. Para aquele núcleo de 30 policiais, o contato e a parceria com as senhorinhas do Jardim Ângela despertou-lhes a autoestima. Veja que, a partir da implantação da polícia comunitária no local, juntamente com a implementação do restante do bloco estratégico – força tática e coordenação operacional – o número de homicídios começou a decrescer acentuadamente. Eram 116 por grupo de 100.000 habitantes, o que levou a ONU [Organização das Nações

Unidas] a considerar a região como a mais violenta do mundo. E esse número baixou tremendamente – a última informação que tive dava conta de que eram 15 homicídios por 100.000 habitantes. A implantação do bloco estratégico (polícia comunitária mais força tática mais coordenação operacional) foi completada em fins de 1999, primeiramente na capital e depois no interior, o que pode explicar a surpreendente queda no número de homicídios a partir de 2000. Qual o papel da força tática e da coordenação operacional? A polícia comunitária não funciona sozinha. É preciso dar respostas para a sociedade, e ela era dada pela força tática. Naquele tempo, 100% do efetivo operacional da polícia militar estavam reféns do atendimento de ocorrência, desse câncer da segurança pública brasileira, que é a ritualística burocrática bacharelesca da polícia judiciária, que só existe no Brasil. Se a gente quer reformar a segurança pública tem que começar acabando com o inquérito policial. Então, como o efetivo operacional era refém do atendimento de ocorrências, um buraco negro devorador de efetivos, poderíamos dobrar o número de policiais e esse voraz buraco negro neutralizaria todo o esforço. Por isso, em cada batalhão separamos uma companhia que, em vez de atender ocorrências, passou a buscar a diminuição dos indicadores criminais, inaugurando, assim, nas unidades territoriais a cultura de policiamento inteligente, atuando em áreas e horários de maior incidência. Nesse ponto teve que ficar bem claro que a polícia é, por vocação, territorial e que, por isso, as forças táticas, assim como os centros de comando e controle, deveriam ser ferramentas à disposição dos comandantes territoriais para a diminuição da violência e criminalidade. Então, demos muita força para os comandos territoriais, e a força tática não podia se arvorar do papel de tropa de elite mais importante do que os comandos de área. Ela tinha que ser eficiente, mas no papel de ferramenta à disposição do comandante de área. Por isso, criamos a figura do coordenador operacional (terceiro elemento do bloco estratégico), ou seja, colocamos mais um major em cada batalhão. Lembra-se que eu me referi à alienação dos batalhões da década de [19]70 em face da atividade operacional, que acabava sendo "comandada" de forma centralizada pelo Copom? Aquele batalhão que era alienado em relação ao policiamento? A criação da função de coordenação operacional, em 1998, consolidou a vocação da unidade territorial ser, de fato, unidade operacional, responsável pela diminuição, em sua área territorial, dos indicadores criminais. O major coordenador operacional é que articulava, no respectivo batalhão, a polícia comunitária, a força tática e as companhias de área. A implantação disso demandou criação de doutrina, protocolos, designação de efetivos, treinamento, alocação de recursos, processos licitatórios para aquisição de viaturas etc. E foi completada em 1999, primeiro na capital, depois no interior. E se consultarmos as tabelas estatísticas, veremos que os homicídios, até então em alta contínua, começaram a despencar exatamente em 2000, inicialmente na cidade de São Paulo e, em seguida, no interior.

SAMIRA BUENO: Só fazendo um parêntese, e voltando um pouco no tempo. Nos anos 1980, na gestão do governador Montoro, já existia a discussão sobre policiamento comunitário, participação comunitária; e foi nessa época em que foram criados os Conseg. Mas tudo isso só vai se institucionalizar nos anos 1990.

CORONEL CARLOS ALBERTO DE CAMARGO: Eu tinha uma ligação muito boa com Franco Montoro, gostava muito da esposa dele [dona Lucy] – tomei café da manhã duas vezes na casa deles –, a gente conversava bastante e ele realmente tinha uma visão comunitária muito grande, não só em termos de Brasil – o sonho dele era a integração da América Latina. E é um marco a criação dos conselhos comunitários de segurança. Tive a oportunidade de participar de alguns deles. Mas a polícia comunitária é um conceito mais amplo. Não se trata de reuniões com representantes da polícia para apresentação problemas e cobrança de soluções, mas de trabalho conjunto com a polícia na identificação das causas da violência e busca das soluções.

Diferente do que se fazia no resto do mundo, a realidade brasileira exigia uma polícia comunitária centrada não em uma base policial física, ou em equipamentos como rádios portáteis, mas na efetiva participação cidadã. E essa participação não se confundia com auxílio no conserto de viaturas ou reformas de prédios, mas uma participação como sinônimo mesmo de cidadania.

Esse modelo exige que a polícia, assim como toda a administração pública, deixe de ser uma estrutura burocrática, inatingível e invisível, em que os agentes públicos, na zona de conforto de suas salas invisíveis, fazem unilateralmente experiências com a sociedade, como se estivessem fazendo concessões aos cidadãos. E a polícia comunitária tentava dar uma volta nisso, fazendo do policial comunitário um agente local e conhecido – não um estranho interventor; chamando o cidadão a participar do diagnóstico dos problemas locais, estabelecimento das prioridades e até na estratégia para a solução dos problemas. Porque os habitantes de cada região são, como as senhorinhas analfabetas do Jardim Ângela, "doutores" no que diz respeito à sua região, sabendo muito mais da sua realidade do que os estranhos, muitas vezes alienados em relação àquelas questões sociais locais.

Em torno dessa participação (centro do processo) é que se montavam os periféricos, como bases comunitárias fixas e móveis, equipamentos como o rádio portátil, que permite ao policial descer da viatura e conversar com as pessoas, ou os programas de prevenção contra drogas, delinquência juvenil, e assim por diante.

Em paralelo à criação do bloco estratégico, foram implementados diversos outros projetos, como, por exemplo, os voltados ao respeito à dignidade humana (comissão de direitos humanos, manuais de ética, manuais de relações com o público etc.); a implantação do tiro defensivo de proteção da vida; cursos de técnicas não letais; a consolidação do programa de qualidade total; a unificação de áreas da polícia militar e da polícia civil; a requalificação da totalidade do efetivo etc.

O método Giraldi[4] de tiro defensivo de proteção da vida é exemplo típico do esforço da PM paulista para a proteção do cidadão. Fruto dos mais de 50 anos de experiência policial do coronel Giraldi, o método foi consolidado e implantado em 1997, sendo imediatamente adotado pela ONU e por diversas outras polícias, inclusive estrangeiras. Tive a honra de escrever o prefácio do manual que o criou. A experiência mostra que, na quase totalidade das vezes, procedimentos e não tiros é que preservam vidas, a começar pela do policial, e solucionam problemas. Na instrução de tiro o importante não é a quantidade de disparos, mas a sua qualidade; uma instrução de tiro não é o simples disparar contra alvos descobertos e parados, mas enfrentar situações semelhantes à realidade, condicionando o policial militar a atuar, no caso de um confronto armado com os infratores, com a razão, dentro da lei. Nesse método ele aprende a verbalizar, negociar, raciocinar, decidir corretamente, administrar seu alto nível de tensão, proteger-se, usar seu armamento com consciência, conhecer seus limites de atuação, preservando, assim, a sua vida, a vida de terceiros e evitando responder a pesados processos na justiça.

SAMIRA BUENO: Ok, mas aí eu estou pensando: você tem um embrião da ideia de participação dentro do Estado como uma política de Estado, mas não necessariamente uma política que vai ser internalizada pela polícia; e aí você tem a criação do Con-

---

4   O método, criado pelo oficial Nilson Giraldi, é utilizado pelos policiais da Polícia Militar do Estado de São Paulo desde 1998. Ele ajudou na diminuição de mortes de policiais, reduzindo em até 95% as mortes de agentes em serviço e risco zero de morte da população civil.

seg, que você imagina ser uma estrutura que fará a ponte com a população. Mas, na prática, tanto os Conseg quanto a ideia de uma polícia comunitária só se consolidam nos anos 1990, muito na sua gestão. O que é que acontece entre os anos 1980 e o início dos anos 1990?

CORONEL CARLOS ALBERTO DE CAMARGO: Permanece aquele movimento pendular conflituoso maniqueísta entre aqueles núcleos pontuais, influenciados pelo mantra "bandido bom é bandido morto", mais externos à polícia do que propriamente internos e os grupos que defendem algo parecido com "bandidos são vítimas da sociedade". A rotatividade no poder de partidos com posições radicalmente opostas nos fez, e ainda nos faz, perder tempo e oportunidades, pois eles têm sido incapazes de formular uma verdadeira política de segurança, que vá além do que comprar viaturas e armas; que ultrapasse esse maniqueísmo "bandido bom é bandido morto *versus* bandido é vítima da sociedade"; e que tenha um pouco de lucidez para perceber que a prevenção do crime começa com a solução de suas causas sociais e se completa com a rápida e exemplar – sob os aspectos tanto individual como social – punição do criminoso e o efetivo cumprimento das penas. O governador Montoro assumiu com preconceito contra a polícia e, de repente, o palácio foi invadido, derrubaram as grades. E [foi] a polícia que ele viu lá defendendo a sua família e o seu governo, defendendo o palácio, não era nada daquilo que ele pensava. Então os policiais passaram a sentir a presença de um governador que estava ao lado deles. Um governador humanista e uma polícia legalista. Mas o movimento pendular conflituoso maniqueísta político-partidário foi mais forte do que a vontade política do governador Montoro de implementar um governo participativo, inclusive na segurança pública. O fato de os policiais sentirem seu governador ao seu lado é extremamente relevante, porque a sensação de desamparo que sentem é aviltante. Se queremos uma polícia que, mais do que respeitar os direitos humanos, estimule entre seus membros a vocação de serem promotores da dignidade humana, é indispensável que eles [os policiais] tenham sua própria dignidade respeitada. Tratar os policiais como capitães do mato, elegê-los como bodes expiatórios da violência e criminalidade é atentar contra sua autoestima e comprometer seu desempenho. O dia a dia do policial militar é extremamente desgastante: a angústia de trabalhar em cenários sociais violentos e angustiantes; a sensação de impotência por enfrentar o perigo para deter delinquentes e vê-los de volta às ruas, delinquindo; a indescritível experiência de ver companheiros feridos ou mortos; a sociedade exigindo que ele faça o que o resto do Estado foi incapaz de fazer, inclusive a justiça reparadora; a revolta de não ver seu sacrifício minimamente reconhecido.

Então, esse policial se sente sozinho, ele se sente absolutamente isolado e desprotegido. O governo não liga para ele, a imprensa o critica, e todos querem que ele resolva os problemas que os órgãos com responsabilidade na prevenção do crime não resolvem. A prevenção do crime tem três momentos. A prevenção primária, que ataca as causas da violência – voltando ao exemplo do Jardim Ângela, seria substituir na cabeça das crianças a gangue por alguma outra coisa que também sustente sua autoestima, mas fundada em valores éticos e construtivos. Tem a prevenção secundária, que é a presença das patrulhas policiais nas ruas – sozinha a prevenção secundária não faz nada, como não faziam as viaturas que entravam no Jardim Ângela, e que perderam a capacidade de prevenir pela só presença, já que trocar tiros com a polícia fazia os jovens subirem na escala de dignidade, nas respectivas gangues. E tem a prevenção terciária, que desestimula o crime porque difunde a certeza de que para toda infração ocorrerá uma sanção. E nesse ponto o Estado só tem duas mensagens para a sociedade: ou ele diz "não cometa delitos porque você vai ser punido" ou "pode cometer delitos porque você não vai ser punido". Uma das funções da pena, segundo a doutrina do direito, é mostrar para sociedade que toda transgressão acarreta uma sanção. Tive a oportunidade de trabalhar na Inglaterra com a Scotland Yard, com respeito aos *hooligans*, que fazem batalhas campais na Bélgica e na Itália, destroem estação ferroviária, Metrô etc. Dentro da Inglaterra, esses *hooligans* não pulam uma cerquinha de 40 centímetros, que é o alambrado que separa a arquibancada do campo. Por quê? Porque, se pular, um mês depois ele está condenado. E condenado mesmo, com sentença, não apenas investigado ou fichado. A certeza da condenação faz com que o alambrado de Wembley não tenha 40 centímetros, mas tenha uma altura intransponível. Isso é prevenção terciária e sua inexistência é um incentivo ao crime. Quando essa burocracia bacharelesca da polícia judiciária – que se consome em sua própria ritualística, uma criação genuína e exclusiva do Brasil – consegue investigar apenas 3% dos furtos, apenas 5% dos roubos, nem 10% dos homicídios o Estado brasileiro está dizendo ao cidadão que ele não será punido se cometer crimes. Por tudo isso, o policial de rua se sente isolado, com sua vida permanentemente ameaçada, sua imagem atacada, seu trabalho inútil, como enxugar o chão com a torneira aberta e o ralo entupido e, principalmente, taxado imediatamente de homicida quando na defesa da sociedade na troca de tiros com delinquentes ocorre a morte de alguns deles. É verdade que, pressionados por parcelas da sociedade que não acreditam nas políticas públicas e na ação da justiça, alguns policiais acabam por assumir o papel de substitutos do Estado e ultrapassam os limites da ação legal. Quando a própria sociedade, não acreditando mais na atuação do poder judiciário em atender seus anseios de justiça, acaba exigindo que cada vez mais o resultado fique por conta da polícia, alguns policiais, aqui ou ali, acabam incorporando essa missão de resolver o problema, tornando-se policiais matadores, assumindo que estão cumprindo um mandado dessa sociedade.

SAMIRA BUENO: E como resgatar a autoestima desse policial?

CORONEL CARLOS ALBERTO DE CAMARGO: Mexer na autoestima do policial é aproveitar o efeito bumerangue da cordialidade e solidariedade, quer dizer, um bom trabalho, um bom desempenho do policial na direção dos cidadãos retorna ao policial na forma de reconhecimento, incentivando-o na melhoria de seu desempenho, dando início a um moto-contínuo, a um círculo virtuoso. No que diz respeito à polícia, o único modelo compatível com a democracia é o de uma organização policial integrada à comunidade. Uma polícia transparente que respeite e proteja o cidadão, mas que tenha seus integrantes tratados pela sociedade e pelos governos também como cidadãos. Se o ser humano é a essência de todas as instituições, o aperfeiçoamento do aparelho policial exige uma abordagem humanista que vise desenvolver e dignificar o profissional. Toda experiência meramente estruturalista fracassará, pois os novos organogramas serão ocupados pelas mesmas pessoas. O processo contínuo de aperfeiçoamento deve ser pela via da educação e da valorização. Esse processo deve levar em conta que só se muda uma cultura conquistando, pelo convencimento, as pessoas. Apresentar-se diante delas como alguém que quer exorcizar demônios só estimula resistências, emperrando as mudanças desejadas. O policial também deve ser cooptado para ser coautor dessas mudanças, convencido de que a busca da excelência do serviço passa por uma preocupação contínua com a melhoria, num processo que tem como motor a sua autoestima. É evidente que quando setores da sociedade e do governo, ingênua ou hipocritamente, ao invés de atacarem as verdadeiras e bem conhecidas causas da violência urbana preferem, numa atitude simplista, eleger o policial como bode-expiatório, negando-lhe o reconhecimento pelo seu corajoso e dedicado esforço e, ainda, as ideais condições de vida e de trabalho, estão na verdade comprometendo a autoestima desse profissional, tão necessária à melhoria do homem, do serviço, da instituição e da própria sociedade. A valorização do fator humano da instituição policial é condição indispensável para a manutenção de uma polícia profissional, treinada e preparada emocionalmente para agir de maneira legalista, técnica e imparcial, levando equilíbrio às relações sociais.

DAVID MARQUES: E quais foram as maiores resistências enfrentadas nesse sentido?

CORONEL CARLOS ALBERTO DE CAMARGO: Há pessoas que sofrem do que eu chamo de síndrome de São Jorge. Elas precisam ter uma polícia maldita, porque, senão, parece que perdem o emprego ou perdem a identidade. Imagine um São Jorge sem o dragão da maldade para apontar sua lança. E quando a própria polícia assume a liderança no trabalho de consolidar-se como uma polícia de proteção da dignidade humana, todas as medidas tomadas, todos os avanços conseguidos passam a ser criticados por algumas pessoas que deveriam, na realidade, estar ombreando conosco nesse trabalho. Durante o meu comando, incrivelmente, algumas pessoas, claramente afetadas pela síndrome de São Jorge, apareciam quase todos os dias nos jornais para contestar as medidas adotadas.

SAMIRA BUENO: O que o senhor queria ter feito e não fez?

CORONEL CARLOS ALBERTO DE CAMARGO: O que eu queria ter feito e não fiz é o seguinte: avançar e aprofundar certas mudanças na cultura que destacassem, para a sociedade, a figura do policial bom, muito mais do que o bom policial; muito mais do que respeitar os direitos humanos, que ele se sentisse promotor da dignidade humana, deixando de ser um policial desconhecido, interventor, nas localidades, e passasse a ser algo como um educador. Porque a gente só aperfeiçoa uma comunidade aperfeiçoando as pessoas, num processo que tem a educação o seu principal vetor. Exige lideranças, exige exemplos, e assim por diante. Então, essa foi uma das coisas que eu não tive tempo de completar, muito por conta das pessoas contaminadas pela síndrome de São Jorge. Outra coisa que não deu tempo de fazer foi a criação de um instituto de pesquisa de segurança pública; para elevar a polícia à dignidade de uma área de conhecimento científico, que estudasse polícia, os fenômenos sociais sob o aspecto da polícia e estabelecesse soluções produzidas com rigor científico.

Mais uma das coisas que eu não completei: trazer mais a sociedade para dentro da polícia. Para a implantação da polícia comunitária nós criamos uma comissão de assessoramento formada por cerca de 20 entidades representativas da sociedade, e que funcionou no próprio quartel general. Também dentro da polícia foi criada uma comissão de direitos humanos. Integrantes da Anistia Internacional participaram dos cursos para oficiais e praças. Mas sinto que muito ainda ficou por fazer.

SAMIRA BUENO: A gente estava olhando esses dias o manual de gestão da polícia, e é muito interessante porque tem uma linha do tempo e tudo o que o senhor está relatando aqui pra gente é o tripé que orienta até hoje o trabalho da Polícia Militar de São Paulo. Então é o início de um novo ciclo, é quase uma nova polícia. Como o senhor avalia isso que aconteceu lá atrás? Quais são os desafios colocados hoje, considerando o que o senhor idealizou, considerando que esses fundamentos são entendidos como os pilares da atividade da PM até hoje?

CORONEL CARLOS ALBERTO DE CAMARGO: Eu tenho uma profunda convicção de que polícia é territorial e que, portanto, a parte mais importante são suas unidades com base territorial. Fico sempre preocupado com os avanços tecnológicos pela tendência que podem criar no sentido da centralização do planejamento e do controle a atividade policial em escalões superiores, alienando os batalhões e companhias dessa responsabilidade. Também me preocupo com a criação de "tropas de elite", com uniformes bonitos e equipamentos especiais, arvorando-se no papel de principais protagonistas e esquecendo-se de que devem ser apenas ferramentas à disposição dos comandos territoriais. Por outro lado, eu estou com um receio muito grande desse isolamento que o nosso policial sente na rua, sentindo-se sem apoio do governo e da sociedade. Essa forma de pressão é insana. Eu não sei se consigo dar uma ideia exata para vocês. Ela é absurdamente cruel para um ser humano, passar o perigo que está passando o nosso policial na rua. Em qualquer parte do mundo, a maior arma que o policial tem chama-se "princípio da autoridade", que vem lá desde a autoridade do pai, da autoridade do professor, da autoridade da lei, da autoridade das instituições. Então, o policial personifica esse "princípio da autoridade" frente às pessoas. São o respeito ao "princípio da autoridade" e a força da lei, e não a força física do policial, que impõem o respeito. Bastam o policial e um apito.

No Brasil o que vale é a quantidade de policiais, porque esse princípio da autoridade está absolutamente falido. No Brasil já não existe mais plenamente a autoridade do pai, não existe autoridade do professor. E se você for conversar com agentes penitenciários vai ver que eles estão apanhando de presos nas penitenciárias – nem na cadeia esse pessoal respeita o princípio da autoridade. Quando o esse princípio aparece não são necessários 30 policiais para fazer a lei vencer pela força. Eu tenho muita preocupação com o isolamento desse nosso policial, com o risco de vida, sem o princípio da autoridade para dar suporte à sua presença, e ele sendo o bode expiatório dos indicadores criminais. Ninguém nem fala que só 3% dos furtos que acontecem na rua são investigados, ninguém nem liga pra isso. Mas quando o delinquente que o policial prendeu volta para rua, é ele que está levando a má fama de um sistema criminal que não funciona. Ninguém nem fala da morosidade dos processos judiciais e de decisões que parecem alienadas, porque o que não está no processo não está no mundo, como se o juiz não tivesse nenhuma responsabilidade social, só sobre o processo. Então, ou a gente une a universidade, a imprensa, o político, toda a sociedade, enfim, a esse policial, como no tempo do Franco Montoro, quando o policial sentia que o governador estava ao seu lado, ou ele continuará se sentindo isolado, desamparado. Eu acho que é o melhor jeito de aperfeiçoar o desempenho policial, mostrando que ele não está sozinho.

DAVID MARQUES: E qual a avaliação que o senhor faz do projeto de policiamento comunitário hoje, já que várias das polícias do país o têm implantado?

CORONEL CARLOS ALBERTO DE CAMARGO: A Senasp comprometeu o conceito de polícia comunitária, colocando-a como um item orçamentário fortemente relacionado à construção de prédios. E tenho visto em alguns Estados planejamentos de construção de sedes de companhias de policiamento com a inscrição na fachada: "companhia de polícia comunitária". Evidente que dificilmente isso pode ser confundido com algum projeto de polícia comunitária. Até porque prédios, mesmo os que sirvam como bases, não são polícia comunitária, porque esta é essencialmente a participação da comunidade, o que, a rigor, nem precisaria de prédios. Se não entendermos a polícia comunitária como a efetiva participação da comunidade na gestão conjunta dos problemas locais com reflexos na segurança pública, do diagnóstico da situação local ao estabelecimento de prioridades e formulação das soluções adequadas, tudo o que fizermos poderá não passar de uma ação cosmética visando tornar a imagem da polícia mais agradável. E é importante destacar que essa participação não pode, jamais, ser confundida com apoio na reforma de instalações ou conserto de viaturas. Assim como também não é polícia comunitária a ação unilateral de construir bases e apresentá-las à comunidade como sendo "bases de polícia comunitária". E assim, estaremos banalizando uma expressão, e junto com a banalização do termo, banalizando o conceito e comprometendo o futuro do projeto.

SAMIRA BUENO: Fazendo uma ligação com tudo o que o senhor disse sobre policiamento comunitário, que trabalha diretamente a questão da autoestima do policial e aí até pelo que o senhor relatou como uma das maiores preocupações é esse policial que está ali, na ponta, está muito solitário, ao mesmo tempo em que tem esse movimento, enfim, é tudo parte do mesmo processo. Pesquisas mostram que existe uma desconfiança muito grande da população em relação à polícia, e eu estou falando nacionalmente. A pesquisa do IPEA [Instituto de Pesquisa Econômica Aplicada], a pesquisa de vitimização do Ministério da Justiça, as pesquisas da FGV Direito mostram que, junto com o partido político e o Congresso Nacional, a polícia é uma das instituições da qual a população tem mais desconfiança. Como é que a gente resgata esse laço? Porque, assim, a gente fala o tempo todo de policiamento comunitário, mas estamos há 20 anos investindo nisso, a Senasp incentivando com repasses de recursos, e não vai. Como é que a gente cria esse vínculo e garante um novo padrão de relacionamento mesmo?

CORONEL CARLOS ALBERTO DE CAMARGO: Bom, vou começar assim: no ano passado, foram 160 mil pessoas por dia conversando com a Polícia Militar de São Paulo por telefone, pedindo algum tipo de apoio. Não estou falando de outros tipos de aproximação, mas só as por telefone. Cento e sessenta mil significa que a cada nove meses o equivalente a toda população do Estado falou com a polícia militar. Isso gerou 2,5 milhões de ocorrências policiais, mais 2,5 milhões de atendimentos sociais, ou seja, 5 milhões de atendimentos. Quero dizer que esses números mostram que a população paulista ligou para a sua polícia militar com a esperança de que seria atendida, sabendo que obteria um apoio. Quanto à pesquisa é importante observar que: 1) a polícia, como representação visível do Estado, acaba levando a culpa pela ineficácia de todo o sistema de prevenção do crime, como a dos governos municipais e estaduais que não desenvolvem políticas públicas para a solução das causas sociais da violência e criminalidade; 2) sobre qual polícia estamos falando? A PM esteve nos locais, mas dos locais em que ela esteve só 3% do que era furto foram investigados, ou seja, nós temos aí que 97% das vítimas não foram atendidas pela polícia judiciária. As pessoas estão acostumadas a serem furtadas e nem se lembram mais de que existe polícia técnica, nem se lembram mais que existe uma coisa chamada impressão digital, por exemplo. Como acreditar na polícia? Nem eu acredito neste sistema que só investiga 3% dos furtos, nem 5% dos roubos e nem 10% dos homicídios. Isso tudo, apesar das prisões em flagrante delito, que não ocorrem como uma decorrência de investigação policial. Então, temos que decompor o que se entende por atividade policial, e ver qual atividade é que está realmente faltando ou sendo mal executada. Seria bom investigar essa angústia do cidadão, ou seja, identifica-la no que diz respeito ao não prosseguimento da ocorrência, em relação à reiteração dos crimes, até pelas mesmas pessoas, aquela sensação humilhante de impotência, porque vê as mesmas pessoas fazendo as mesmas coisas, nos mesmos padrões. Então, ele tem raiva da polícia.

SAMIRA BUENO: Concordo plenamente com o senhor, o cidadão espera que a pessoa que a assaltou vá ser punida, mas o sistema não dá resposta adequada. Porém, se o sistema não funciona, qual é a resposta?

CORONEL CARLOS ALBERTO DE CAMARGO: Municípios omissos. Eles têm que fazer duas coisas: primeiro, atuar sobre as causas sociais da criminalidade e da violência. Os municípios, de regra, não têm sequer uma casa de acolhimento para menores. Eu estou tentando montar uma casa de acolhimento em Igaratá, onde temos crianças que sofrem violência nos seus próprios lares, e não temos onde acolhê-las. Não existem políticas públicas voltadas às crianças e aos adolescentes. Então, a "fábrica" de delinquentes está aberta. O garoto de 18 anos que está entrando agora no presídio é, desgraçadamente, um veterano; não é iniciante, porque a vida criminal está começando aos 12, 13 anos de idade, quando a criança e o adolescente ainda estão ao alcance da governança dos governos das cidades. Sempre tem alguém aos 12, 13 iniciando a vida criminal, e o município, em vez de desenvolver políticas públicas, reforçar o poder da família, reforçar o poder da escola, fica criando guarda municipal armada e comprando viaturas com *highlight*,[5] como se fosse uma resposta. Então, se a gente não resolver essa questão, ou não atacar esse problema, nós vamos continuar prendendo gente; e os delinquentes de 18 anos, que estão entrando pela primeira vez em um presídio vão ser

---

5   Equipamento de luz e som que indica emergência, utilizado em viaturas, ambulâncias etc.

sempre veteranos. A título de exemplo sobre a função do município na prevenção do crime, dentro de sua competência legal e obedecendo sua real vocação, em uma ocorrência de apreensão de entorpecentes o município deveria preocupar-se em verificar se há menores envolvidos; se estão matriculados na escola; se é caso de evasão escolar; se é caso de repetência; se há meninas envolvidas; se elas vivem com os traficantes; se não moram com a família; se é caso de maternidade precoce; se os envolvidos têm qualificação profissional etc. Essa análise possibilitaria a abordagem do problema além do seu aspecto policial. Possibilitaria a formulação de projetos que envolvam a atuação integrada das áreas municipais de segurança, educação, saúde, promoção social etc. em uma verdadeira política pública de prevenção do crime. Porque a verdadeira prevenção não é apenas prender bandidos, mas evitar que crianças e adolescentes tornem-se bandidos. Desgraçadamente, o que os municípios têm feito é armarem-se para enfrentar os jovens que eles, por omissão, permitiram ser cooptados pelo crime. A outra coisa é o poder de polícia administrativa. Nós precisamos dar valor à postura municipal, ao seu código de postura; as relações de convivência, elas têm que ser disciplinadas no código de postura, fiscalizadas e sancionadas, enquanto ainda são infrações administrativas. Esse é o papel da guarda municipal: sair com o código de postura debaixo do braço, em vez do Código de Processo Penal, usando o poder de polícia administrativa, que tem efeito imediato, aplicando a sanção imediata e eliminando a certeza da impunidade. As "roubautos", feiras a céu aberto onde se comercializam produtos de furtos e roubos, são, antes de tudo, atividade de comércio sujeita, portanto, à concessão e fiscalização administrativas; e são ainda uso de logradouro público, também sujeito à fiscalização administrativa. Devido à omissão fiscalizatória das prefeituras, simples infrações administrativas, que poderiam ser punidas imediatamente, tornam-se crimes. A polícia judiciária não faz investigações. E não é exatamente por conta de falta de efetivo – há muito efetivo da polícia judiciária que em vez de investigar crimes usa fardas. Em alguns Estados, como em Minas Gerais, por exemplo, usam até fardas camufladas. A palavra inglesa *enforcement* é comumente traduzida por policiais de todo o mundo – e também por estudiosos de polícia, nas universidades – como "aplicação da lei" e é, também, por eles apontada como função natural das organizações policiais. Portanto, os oficiais de polícia – as autoridades públicas investidas na função de policiais – têm como missão a aplicação da lei. Essa é uma verdade universalmente aceita, facilmente compreendida, independente do país e do idioma que se fala. Difícil, por outro lado, é um brasileiro fazê-los entender o que é inquérito policial e o conceito de autoridade policial atribuído ao delegado de polícia, como se utiliza por aqui, devido à interpretação "bacharelesca" que se pretende dar, em nosso país – e, ao que parece, só aqui –, à autoridade de polícia. De tão esdrúxula, essa interpretação sequer cabe na lógica do raciocínio dos policiais e especialistas em polícia estrangeiros, tornando para eles muito difícil entender a estrutura policial brasileira. Na cabeça deles, os policiais (todos) são autoridades públicas encarregadas da aplicação da lei (*enforcement*), quer prevenindo ou reprimindo ostensivamente, quer investigando crimes, o que se constitui no ciclo completo de polícia, onde a investigação criminal é uma das especializações, executada com rapidez e objetividade. Um grande problema, no Brasil, quando se discute o sistema de segurança pública, é que sempre se parte de premissas fundadas na visão "bacharelesca" de autoridade policial, como se essa fosse uma verdade universal e imutável. E não é. No mundo inteiro não é assim. Uma verdadeira reforma deverá ter a abrangência de todo o sistema de prevenção do crime, começando pelo papel do município e incluindo especialmente a investigação criminal. Mas essa discussão deve se livrar das premissas falsas, caso contrário continuaremos a laborar em um grande sofisma. E a principal falsa premissa é que a investigação do crime, em todo o mundo, é revestida de uma ritualística burocrática bacharelesca, semelhante a um minipoder judiciário. Nada disso. No resto do mundo a investigação é uma especialização da polícia, como o patrulhamento, o trânsito etc. Por isso é ágil e eficiente. O oficial encarregado da investigação é um policial como os demais e não um bacharel em direito. E o promotor público fica mais próximo, orientando conforme suas necessidades em termos de autoria e materialidade. Aqueles que procuram a solução dos problemas da segurança pública na parte visível do sistema, deixando de procurá-la onde realmente as coisas não estão funcionando, jamais a encontrarão, como na parábola do poste iluminado: "Era uma vez um transeunte que, andando pela calçada, ao passar por um poste muito bem iluminado viu um rapaz procurando alguma coisa no chão. O transeunte, curioso, perguntou ao rapaz: '– O que você está procurando?'. O rapaz respondeu: '– Minha carteira'. O transeunte, tentando ajudar, continuou perguntando: '– Onde você a perdeu?' O rapaz apontou para um ponto bem longe de onde eles estavam e respondeu: '– Perdi lá naquela esquina escura, mas estou procurando aqui porque tem mais iluminação'. Ou seja, ele jamais achou sua carteira". E sem querer abusar das metáforas, que tomem muito cuidado para não agirem como o sujeito da marreta que, querendo reformar a casa, derrubou exatamente a coluna que sustentava o telhado, que caiu sobre sua cabeça.

SAMIRA BUENO: E falando de reforma, um outro tema que tem aparecido muito nessa discussão em torno das reformas das polícias brasileiras é a questão do militarismo – desmilitariza, não desmilitariza. E, na prática, essa discussão é sempre muito ideológica e pouco fundamentada. Como o senhor avalia a questão do militarismo?

CORONEL CARLOS ALBERTO DE CAMARGO: É assim: nenhuma academia hoje prepara o policial para guerra. É uma questão de estética, inclusive em várias polícias, nas grandes democracias como França, Itália, Espanha, Holanda, a recém-criada polícia da União Europeia é uma polícia militar. Então, eu acho que essa questão é a mais irrelevante possível em face das reformas necessárias no sistema de prevenção do crime. Inclusive, nos Estados Unidos há vários *sites* de polícias estaduais que dão preferência ao [modelo] militar, até da ativa, garantindo-lhes a entrada privilegiada, uso das insígnias, inclusive das insígnias dos uniformes, insígnias militares. Sobre a estética militar na polícia fardada, convém lembrar que estética significa perceber por meio dos sentidos. Sendo perceptiva, ela lida com algo real, concreto e que ganha importância quando tem função para a vida humana. No plano policial-militar a estética congrega um conjunto de estímulos materializados nos uniformes, insígnias, gestos, atitudes etc., vinculados a valores de disciplina e hierarquia, vistas como fundamento da obediência ao ordenamento jurídico do Estado a às ordens das autoridades superiores. Na polícia fardada, o padrão comportamental expresso na estética militar, que absolutamente nada tem a ver com o treinamento técnico para ações bélicas, possibilita conter práticas aéticas, ainda mais quando se trata de policial que lida diuturnamente com desajustes pessoais e sociais materializados nos ilícitos, portanto num ambiente adverso, que requer sólida formação moral para que o exercício da autoridade não descambe no terreno da omissão ou do excesso. Tanto isso é verdade que os desajustes de conduta ocorrem exatamente onde a estética militar é desconsiderada. Embora a ética e a estética sejam áreas distintas, há entre elas forte relação. A estética policial-militar é formada, entre outros fatores, por um conjunto de estímulos destinados a despertar e internalizar uma ética especial, cujo conteúdo está em valores como a hierarquia e a disciplina, dos quais emana grande número de deveres consubstanciados na deontologia policial-militar, mais precisamente a ética dos deveres policial-militares. É evidente que o conjunto de valores e deveres éticos dos policiais militares, que são evidentemente imateriais, necessitam do formato que lhes oferece a estética policial-militar. Um complementa o outro, pois todo o conteúdo precisa de formas concretas para manifestar-se e atingir suas finalidades. O processo de formação ética associado à estética policial-militar inclui doutrinação e treinamento articulados. O treinamento voltado ao preparo do homem e da mulher em termos de execução ideal das suas funções, com vistas a torná-los bons policiais. A doutrina, por outro lado, visa incutir-lhes a ética do policial bom: o bom policial é o policial bom e vice-versa. Vale lembrar que a ética policial-militar não foi concebida apenas para uso interno, mas principalmente para refletir positivamente nas atividades de polícia ostensiva e de preservação da ordem pública prestadas à população. A polícia militar deve continuar revigorando a ética em seus quadros, de forma a propiciar que o policial consolide sua postura em face do serviço policial, não se limitando ao cumprimento das determinações legais, mas vendo-o também como instrumento útil de promoção da dignidade humana, indo além do singular respeito aos direitos das pessoas e alcançando o patamar da atuação deontológica, na acepção completa do termo.

DAVID MARQUES: Como o senhor vê essa relação entre vitimização e letalidade policial no Brasil, hoje?

CORONEL CARLOS ALBERTO DE CAMARGO: Antes de mais nada, é preciso lembrar que no ano passado a PM efetuou 183.952 prisões em flagrante. Por outro lado, temos visto com frequência preocupante as cenas de delinquentes assassinando cruel e desnecessariamente suas vítimas indefesas. Em terceiro lugar, a quantidade de 2.500.000 ocorrências policiais atendidas pela polícia militar no ano passado nos dá a ideia da quantidade de trabalho realizado. Esses três dados nos permitem raciocinar que se houvesse uma cultura bélica, se por algum motivo prevalecesse na cultura do "bandido bom é bandido morto", nós teríamos 183 mil mortos, especialmente se imaginarmos como se comportam em face da polícia aqueles delinquentes violentos e bem armados que matam suas vítimas com requintes de crueldade e sem motivos. A questão, então, passa a ser: o que fazer para que a ação da polícia em face de delinquentes violentos seja eficaz e com um mínimo de mortes? O policial precisa sentir que não está só. Que está sendo apoiado. Que está todo mundo sentado no banco de trás de sua viatura. Que o Estado e a sociedade os apoiam. Que a sociedade está dizendo: "Nós usamos a força, através da nossa polícia". Mas que não se exija dele que vá além da função puramente policial, atuando na lacuna criada pela omissão de outros atores do sistema de prevenção. Que ele não seja escolhido como bode expiatório dos altos índices de violência na sociedade, porque ele, definitivamente, não é culpado disso. E, sobretudo, que não sofra pressão social para eliminar delinquentes, por conta da ineficácia de todo o sistema. Por outro lado, é indispensável a edição de lei que puna com especial rigor todo delinquente que atente contra a vida ou integridade física de policiais. Nós temos que colocar na cabeça do bandido que ele está atirando contra uma pessoa, mas está atirando também contra o Estado, contra a sociedade, e ele vai ter em retorno a resposta rigorosa de ambos. Então, volto àquela equação: o policial não pode se sentir sozinho, mas o bandido também precisa entender que o policial não está sozinho, que ele é representação da sociedade. Os protocolos de ação policial em face de injusta agressão devem ser bem treinados e fundados na premissa de que o uso da força letal deve ter amparo no tripé: legalidade, necessidade e proporcionalidade.

SAMIRA BUENO: Para encerrar, eu queria saber qual é, na opinião do senhor, a maior mudança que a gente teve com a retomada da democracia?

CORONEL CARLOS ALBERTO DE CAMARGO: A democracia coloca em evidência a supremacia da cidadania e consolida o entendimento de que todas as instituições, inclusive o próprio Estado, existem em função do bem-estar da sociedade. No que diz respeito à polícia, o único modelo compatível com a democracia é o de uma organização policial que pertença à comunidade, com vocação para promover a dignidade humana. Essa polícia deve ser uma organização que estimule a participação do cidadão, não como sujeito passivo que recebe os serviços de uma burocracia estatal distante e inacessível, na forma de mera concessão, mas como sujeito ativo que sugere, elogia, critica, apoia e formula, junto com ela, as prioridades e estratégias do serviço policial. Uma polícia transparente que encare a participação do cidadão como a manifestação mais importante da própria cidadania. Deve ser uma polícia profissional, ou seja, legalista, técnica e imparcial. Mesmo em uma organização como a PM, cujos policiais têm energia e competência para fazer milhares de prisões de delinquentes em flagrante pôr mês e a ternura necessária para fazer também milhares de atendimentos humanitários, incluindo partos de emergência no interior de suas viaturas, o processo contínuo de aperfeiçoamento deve ser pela via da educação e da valorização do policial. Esse processo deve levar em conta que só se muda uma cultura conquistando, pelo convencimento, as pessoas. Tentar exorcizar demônios, como eu já disse antes, provoca resistência e emperra as mudanças. Ao ser investido na função pública, o policial assume o compromisso de servir à comunidade. É a razão de ser do seu cargo, da instituição e do próprio Estado, criados pelo povo para exercer o poder em seu nome, como instrumento de consecução do bem comum. A autoridade necessária à atuação funcional do policial não é um atributo pessoal, mas do cargo ou da função. Não é, pois, privilégio e sim meio de impor a vontade da lei e as decisões da administração. É vedado usá-la com intuito pessoal, abusar de sua situação, agir de forma arbitrária ou desonesta. Ao contrário, o exercício da autoridade é mesmo um dever, condicionado à necessidade de impor aos membros da comunidade uma conduta compatível com a ordem jurídica, condição de paz e tranquilidade públicas.

DAVID MARQUES: Do ponto de vista de participação social, o senhor pensa alguma coisa?

CORONEL CARLOS ALBERTO DE CAMARGO: Sim, lógico. Participação social como sinônimo mesmo de cidadania. Devemos aperfeiçoar esses mecanismos de participação e incentivar o envolvimento dos cidadãos. O exercício da cidadania participativa dá trabalho. As pessoas têm de disponibilizar tempo para isso, privando-se às vezes do conforto do lar para poder contribuir na formulação de políticas públicas e acompanhamento do desempenho dos órgãos públicos, por exemplo. E da parte dos agentes públicos, exige-se total transparência e disposição para o diálogo e gestão participativa dos interesses da sociedade.

SAMIRA BUENO: Coronel, para encerrar, o que significa para o senhor ser policial, no Brasil, hoje?

CORONEL CARLOS ALBERTO DE CAMARGO: Não se pode dizer que os integrantes de uma força policial que atende cerca de 2,5 milhões de ocorrências policiais por ano e outro tanto de ocorrências sociais e que efetua, no mesmo período, mais de 180.000 prisões estão desmotivados. Mas os policiais brasileiros precisam ser tratados pela sociedade e pelo governo também como cidadãos e não como meros capitães do mato, obrigados a tomar conta da "senzala", sem o direito sequer de se aproximarem da "casa grande".

A polícia militar é formada por profissionais que diariamente se superam, fazendo o extraordinário para melhor servir à população paulista, protegendo os cidadãos e enfrentando bravamente uma criminalidade cada vez mais violenta e perversa. Por outro lado, desgraçadamente, seus integrantes têm salários absolutamente incompatíveis com uma condição mínima de sobrevivência digna, obrigando um número cada vez maior de policiais a viver nos limites da miséria. Suas esposas não podem secar as fardas fora de casa, com medo da represália dos bandidos que moram nas vizinhanças, principalmente porque, na maior parte das vezes, seus maridos estão ausentes, obrigados que são a fazer "bicos" fora do expediente, quando deveriam estar descansando no convívio familiar. Nessas condições, mesmo os policiais mais vocacionados sucumbem ao terem sua própria dignidade vilipendiada pelos baixos salários, más condições de trabalho ou pelo não reconhecimento de seus sacrifícios. É evidente que a esses homens e mulheres, que mal conseguem prover o sustento de suas famílias, que se esgotam a serviço da sociedade no seu perigoso e estressante trabalho, pouco tempo e condições lhes restam para se preocuparem com o seu próprio aperfeiçoamento profissional. Na verdade eles, na sua maioria, estão no limite máximo de suas condições psicofísicas. E vemos, com tristeza e preocupação, governantes afirmando que investem na segurança pública porque compram armas e viaturas, como se esse tipo de investimento pudesse significar uma política de segurança minimamente inteligente, dispensando o investimento no fator humano das organizações policiais – que no estágio atual é a parte mais importante da solução do problema – e outros aspectos, como no ataque às bem conhecidas causas sociais da criminalidade e no fim da impunidade. É evidente que simplesmente eleger o policial como "bode expiatório" do problema da segurança pública – esquecendo-se de suas próprias culpas e incompetências –, negando-lhe o justo reconhecimento pelo seu corajoso e dedicado esforço, é, na verdade, comprometer a autoestima desse profissional, tão necessária à melhoria do agente, da instituição e da própria sociedade. Mais uma vez eu digo: atentar contra a dignidade e a autoestima do policial militar é atentar contra a segurança dos cidadãos. A busca da excelência do serviço policial passa pela preocupação contínua com a melhoria, num processo que tem como motor a autoestima do policial. Por isso, o policial brasileiro é, via de regra, um profissional angustiado, que se sente sozinho, rejeitado, desvalorizado e percebe que o resultado de seu trabalho, desenvolvido com extremo sacrifício – ele vê a própria morte e a de seus companheiros como evento possível e até iminente –, é desperdiçado, porque há cada vez mais delinquentes nas ruas, apesar do número crescente de delinquentes presos. É frustrante para esses policiais verificarem que, devido à falta de suficiente lucidez, vontade política e competência de nossos dirigentes políticos para enfrentarem essas bem conhecidas causas da violência e criminalidade, seus companheiros continuarão morrendo na defesa da sociedade e os cidadãos serão cada vez mais vitimados por uma quantidade crescente de delinquentes, já que não é só o número de crimes que aumenta, mas a quantidade de quem os pratica. A leitura atual do enigma da esfinge "Decifra-me ou te devoro", aplicada sobre a segurança pública brasileira se completa com: "Se não me decifrar completamente, minha parte oculta te devora". Por conta de fatores como incompetência, falta de lucidez, interesses políticos, ideológicos e corporativos e preconceito somente a parte visível do enigma, o policiamento ostensivo, é considerada e, por isso, a parte mantida na invisibilidade nos devorará. Aqueles que procuram a solução dos problemas da segurança pública na parte visível do sistema, deixando de procurá-la onde realmente as coisas não estão funcionando, jamais a encontrarão. E todos corremos o risco de uma reforma no aparelho policial apenas baseada em preconceitos derrubar a coluna que verdadeiramente está sustentando o telhado, que cairá sobre nossas cabeças.

POLÍTICAS DE SEGURANÇA PÚBLICA: ENTREVISTA COM JOSÉ MARIANO BELTRAME

Luciane Patrício

José Mariano Beltrame é secretário de Segurança do Estado do Rio de Janeiro desde 2007 e delegado federal. Nascido em Santa Maria (RS), tornou-se agente da Polícia Federal em 1981. Depois de se graduar em administração, concluiu o curso de direito na Universidade Federal de Santa Maria. Como policial, dedicou-se à investigação de contrabando, tráfico de drogas e lavagem de dinheiro (1992-2007). A criação das Unidades de Polícia Pacificadora em sua gestão como secretário teve impacto direto na redução das taxas de homicídio no estado do Rio de Janeiro. Para Beltrame, as UPP têm como projeto mudar a cultura da Polícia Militar do Rio de Janeiro.

LUCIANE PATRÍCIO: Obrigada pela entrevista secretário. Vamos começar falando de sua trajetória, sua cidade natal: como foi sua infância, sua adolescência? Conte-nos a sua história.

JOSÉ MARIANO BELTRAME: Eu sou filho de servidores do Estado. Todos nós de origem italiana. Meus bisavôs são italianos, fui criado em uma família de tradição italiana, no Rio Grande do Sul, e isso é muito forte. Minha mãe era professora, normalista; meu pai era bancário. Meu avô, pai dele, era ferreiro e me lembro muito bem de ajuda-lo na ferraria. Eu acho que é muito difícil para uma pessoa que mora em outro lugar do Brasil entender a infância no Rio Grande do Sul, assim como é difícil eu entender como seria uma infância lá no Pará, vivida há 40 e poucos anos. Uma infância, assim, bastante rígida em relação a conceitos. Enfim, uma educação regulamentar. Aquelas coisas de horário para tudo; uma infância onde passaram com muita força e energia para nós a questão da responsabilidade. Seja lá com o que for: chegar atrasado, chegar cedo, fazer tarefas de casa, se ficou de ajudar o avô no final de semana tem que ajudar. Essas coisas assim. No mais, minha infância foi muito boa, uma infância que eu costumo dizer que foi "solta".

LUCIANE PATRÍCIO: Irmãos?

JOSÉ MARIANO BELTRAME: Tenho. Nós éramos dois casais, quatro filhos. Tenho um irmão médico, uma irmã diplomata e tinha uma irmã, professora de literatura e português, advogada, que faleceu. Era uma cidade pequena, todo mundo se conhecia e se fazia tudo a pé. Acho que tinha um ou dois ônibus de linha dentro da cidade. Então era aquela história: jogava bola, colhia fruta, ia caçar passarinho e pescava em certos lugares que hoje, dentro da cidade, nem existem mais. Rios e córregos que ficaram soterrados. Uma infância muito tranquila. Estudei em colégio de padres também e a minha opção pela polícia se deu por influência de alguns amigos, que na época eram policiais, e por esse fascínio por investigação, por um filme de investigação, *Operação França*, que até citei no meu livro. Então a polícia que eu sempre sonhei foi essa polícia inteligente, que procurava as coisas, efetivamente, num nascedouro de todo um problema. Nunca pensei, assim, em entrar para uma polícia para, por exemplo, combater camelô, porque isso já é agir no depois e a repressão tem pouca eficácia. São coisas que precisam ser prevenidas, trabalhadas lá no nascedouro e você tem que ver isso lá atrás. Então eu saí de Santa Maria e fui estudar fora, porque naquela época a cidade tinha apenas uma universidade federal e era muito difícil de ser aprovado nela. Ela foi a primeira universidade brasileira a ser interiorizada, então ela recebia pessoas de muitos lugares diferentes – interior de Santa Catarina, Paraná e até de outros países limítrofes. Então eu fui para outra cidade, morei numa pensão com mais uns 10 ou 15 e lá surgiu num jornal a notícia do concurso para a Polícia [Federal]. E eu fiz. E fui o único da pensão aprovado nesse concurso. Acho até que tinha estudado bastante para o vestibular. Fui para a Academia [Nacional de Polícia], fui ser policial. E vi coisas que eu achava importantes e coisas que eu não achava importantes.

LUCIANE PATRÍCIO: Como foi sua chegada?

JOSÉ MARIANO BELTRAME: Eu entrei para a Polícia Federal em 1981. Fui lotado em Porto Alegre, e lá a gente era obrigado a fazer um estágio probatório em todos os setores da polícia. Então eu trabalhei em [repressão a] entorpecentes, trabalhei no [Registro Nacional de] Estrangeiro, fazendo ingresso de estrangeiros. Trabalhei em todos os órgãos, todos os serviços da época, porque a gente era obrigado a fazer isso. E ali eu vi que não queria aquilo para mim. Então comecei a estudar para sair da polícia.

LUCIANE PATRÍCIO: É mesmo?

JOSÉ MARIANO BELTRAME: Comecei a fazer graduação em direito para ver se eu saía da polícia e ia para o Ministério Público ou para o poder judiciário. Na época eu fazia administração de empresas, estava terminando o curso e pensei: "Mas eu vou mudar para o direito agora? Vou fazer administração, administração pública". Aí terminei e mandei alguns currículos – fui aceito inclusive em empresas boas em São Paulo e Caxias do Sul. Em administração eu também tinha estudado marketing. Mas então chegou a hora de trocar o público pelo privado, e, aí, eu balancei...

Eu balancei porque eu já era casado, tinha filhos. Nessa mesma época eu perdi meu pai, em Santa Maria. Ele teve câncer e ficou de sete a oito meses entre o hospital e a cama, e só tinha minha mãe cuidando dele. Então eu larguei tudo e fui para Santa Maria para tentar ajudar minha mãe nessa correria de hospital/casa. Você deve saber como é um paciente com câncer terminal. Meu pai morreu em oito meses.

E lá em Santa Maria eu fui concluir o curso de direito. Ficou o sonho de administração meio para trás. E desde essa época eu tinha dois colegas que seguiram na polícia, mas sempre na linha do trabalho do crime organizado. Foram para Alemanha, se especializaram e me chamavam para trabalhar. Eu dizia: "Não, gente, eu vou fazer faculdade para ver como é que é". Então fiz direito e, depois, o primeiro concurso externo para a Polícia Federal. Passei e aí anularam aquela prova. Pensei: "Quer saber de uma coisa? Eu vou ensacar meus livros, não quero... gastei uma energia enorme... eu não posso passar a vida toda só estudando..." Mas logo depois fiz um outro concurso, passei e aqui estou.[1]

---

1   Quando prestou esse concurso para delegado, José Mariano Beltrame já era agente da polícia federal.

LUCIANE PATRÍCIO: E o que ocorreu em seguida?

JOSÉ MARIANO BELTRAME: Aí liguei para esse amigo meu, Rogério Stoffel, um alemão que está até hoje na polícia. Perguntei: *"Como é esse seu time? Dá para..."* Ele disse: *"Vem para cá"*. Aí eu fui trabalhar na equipe dele e foi ali que eu me achei, que eu me encontrei. Me encontrei porque a gente trabalhava investigando grandes traficantes, grandes lavadores de dinheiro, grandes contrabandistas. Esse grupo trabalhava em Mato Grosso (Dourados, Ponta Porã). Fazia uma operação e se deslocava para Recife, por exemplo. Em seguida descia pro Chuí [RS], atrás de criminosos que faziam transação de ouro.

LUCIANE PATRÍCIO: Isso durou quanto tempo?

JOSÉ MARIANO BELTRAME: Isso começou em [19]92 e durou até 2007, até aqui, porque eu vim pro Rio também numa missão dessas.

LUCIANE PATRÍCIO: Que foi a "Missão suporte"?

JOSÉ MARIANO BELTRAME: A "Missão suporte". O ministro [da Justiça] Márcio Thomaz Bastos pediu que nós viéssemos para o Rio de Janeiro mapear a criminalidade para que a Polícia Federal tivesse um mapa para poder organizar o Pan-Americano[2] à época. Então eu vim para cá para fazer isso durante um período. Vim com um time bom, que tinha tudo de tecnologia que representou o ápice, o sonho de uma polícia tecnologicamente equipada e com pessoas engajadas. E como eu estava falando antes, com toda possibilidade de trabalhar. Então fizemos muitas coisas no Rio de Janeiro, muito trabalho com apenas 12, 15 pessoas. Eu acho que foi em função desse trabalho que apareceu o convite para vir trabalhar aqui.

Mas esse trabalho era uma coisa que me motivava muito, tanto que é um tipo de trabalho que eu tenho muita saudade. Se eu olhar para trás hoje, uma coisa de que eu tenho saudade é de trabalhar com isso. Diferente do varejo que enfrentamos no dia a dia.

LUCIANE PATRÍCIO: Esse grupo ainda existe?

---

2   O secretário refere-se à 15ª edição dos Jogos Pan-Americanos, realizada na capital fluminense em julho de 2007.

JOSÉ MARIANO BELTRAME: Existe, mas ele não é o mesmo. Mas eu acho que aquele grupo tinha uma identidade muito forte com aquele trabalho. Trabalhávamos dois, até três dias consecutivos, ininterruptos. E eu não vejo mais isso hoje na polícia. Não sei se isso é certo ou errado, mas eu já amanheci em Três Lagoas [MS], divisa com São Paulo, acordei em Santos, fiz uma prisão, voltei para Campo Grande para apresentar o preso. E assim seguíamos trabalhando.

LUCIANE PATRÍCIO: De alguma maneira você está mencionando uma vocação...

JOSÉ MARIANO BELTRAME: Eu acho que ali sim. Ali eu descobri essa vocação. Eu dei essa sorte, porque tu saber com 17 anos o que quer da vida...

LUCIANE PATRÍCIO: É difícil.

JOSÉ MARIANO BELTRAME: É muito difícil. Mas, graças a Deus, ainda que num primeiro momento eu tenha me afastado da polícia, depois encontrei esse grupo e esse tipo de trabalho, de modo que desde [19]92, [19]93 eu nem senti o tempo passar. Era tanta coisa bacana que a gente fazia trabalhando aqui e ali. Graças a Deus, nunca respondi a uma lesão corporal e nunca respondi a um procedimento administrativo. Sabe por quê? Porque a gente pegava o cara "sentado em cima", como se costuma dizer. Pegava as pessoas como elas têm que ser pegas. Sem dar tiro, sem problema nenhum, operações bem racionais. Aqui no Rio de Janeiro mesmo eu dificilmente fiz, nos dois a três anos que eu estive trabalhando na "Missão suporte", eu dificilmente fiz operação em favela, em morro. Eu pegava tudo lá no pedágio, chegando no Rio de Janeiro, porque eu sabia que aqui na capital ia dar correria na Avenida Brasil. Eu sabia que aqui esse caminhão, ou caminhonete, ia entrar numa favela e, se nós fossemos atrás, ia ser o que era a realidade do Rio de Janeiro (ou o que é ainda em algumas regiões), que é tiro e bala perdida, polícia para lá e para cá. É o que eu acho que o país hoje tem que fazer: acho que o país tem que tentar represar tudo isso longe dos grandes centros urbanos. Eu acho que hoje nós temos uma deficiência enorme em fronteira. Porque o trabalho na região de fronteira não está beneficiando só o Rio de Janeiro, você está beneficiando 27 Estados brasileiros.

LUCIANE PATRÍCIO: Considerando o que você fala sobre vocação, gostaria que dissesse o que é ser policial nestes últimos 30 anos?

JOSÉ MARIANO BELTRAME: Para mim, ser policial nesses 30 anos é investigar. Eu, dentro de uma visão da polícia judiciária (porque a minha experiência é uma experiência de polícia judiciária), acho que a polícia judiciária deve ser investigativa. Eu, hoje, penso que há coisas que podem ser transferidas para outros setores que não o policial, como, por exemplo, controle de químicos, controle de empresas de vigilância, aeroportos, segurança de dignitários. Eu deixaria isso tudo para outros setores, outros ministérios e faria da Polícia Federal um grande grupo, um grande *bureau*, uma espécie de FBI onde se faria inteligência policial em desvio de conduta, corrupção, lavagem de dinheiro, enfim, contrabando e outras coisas. Faria da polícia um organismo de investigação policial.

LUCIANE PATRÍCIO: Nesse sentido, na sua opinião, quais são as ações da PF mais relevantes?

JOSÉ MARIANO BELTRAME: Eu acho que hoje tem que se abrir a discussão da questão da droga. Está provado que o combate à droga não está funcionando. Acho que esse é um tabu que tem no Brasil e que tem que ser debatido. Segundo, se a escolha é pelo combate, tem que combater isso, em minha opinião, na fronteira, para garantir a segurança das pessoas, evitar bala perdida, evitar tiro, evitar qualquer coisa que cause vitimização. Temos que ter uma proteção na fronteira como qualquer outro país do mundo tem. Eu acho que fazer esse combate em grandes centros urbanos não é algo, assim, razoável; é temerário. Quando o controle das fronteiras é deficiente, a gente acaba tendo que fazer a repressão aqui, os resultados apontam que essa é uma escolha ruim. Mas, antes da decisão de se implementar uma determinada política, é preciso debater quais os rumos que devemos tomar. O país precisa debater sobre isso.

LUCIANE PATRÍCIO: E sobre as ações da PF?

JOSÉ MARIANO BELTRAME: Agora, o que eu acho que a Polícia Federal pode fazer, e muito, é a questão do controle da corrupção, da lavagem de dinheiro, a repressão aos crimes de colarinho branco, desvio de conduta, crime tributário. Eu, às vezes, me pergunto quem é mais bandido, porque o crime de corrupção é um só: um policial que pegou 50 reais ou o outro que teve toda a condição na vida para estudar e sabe lavar dinheiro através de obras de arte, de hotéis, de cassinos, de não sei o quê? Então, quem é que é mais bandido? Ambos. O crime é um só. Eu acho que a Polícia Federal podia se concentrar nestes pontos: corrupção, crime organizado e crime de colarinho branco.

LUCIANE PATRÍCIO: Saindo um pouco da PF e aterrissando no Rio, nos diga: como foi a chegada à Secretaria de Segurança?

JOSÉ MARIANO BELTRAME: À época, o governo estadual do Rio de Janeiro, assim como vários governos estaduais do Brasil, procurava um delegado de polícia federal para ser secretário [de Segurança Pública]. Eu fui indicado. Então eu, juntamente com mais um ou dois delegados federais, fui indicado e chamado pelo governador [Sérgio] Cabral para uma sabatina. Ele e a equipe dele me fizeram várias perguntas, sobretudo [quanto às] minhas percepções sobre o Rio de Janeiro a partir da experiência da "Missão suporte". Depois desse trabalho, sem falsa modéstia, eu poderia dizer que conheço o Rio de Janeiro e as polícias do Rio de Janeiro, uma vez que em todas essas investigações que nós fizemos, feliz ou infelizmente, nos deparamos por vezes com as polícias e com as deficiências das instituições. Quero dizer aqui que não estou generalizando, mas relatei que nós tínhamos problemas sérios. Acredito que foi um relato bastante forte. Saí dali com a minha consciência tranquila, mas achando que eu não iria ser chamado para nada. Me surpreendi quando ele me chamou. Vim para o Rio de janeiro e disse: "Olha, governador, eu não vou perder essa oportunidade. Mas eu preciso deixar claro que vou lhe trazer problemas, porque sou um homem de pouca flexibilidade com certos temas e não quero lhe trazer problemas. E outra coisa: se o senhor está me convidando subentende-se que o senhor vai me deixar fazer, vai me dar autonomia". E ele realmente me deu essa carta branca e [o atual governador Luiz Fernando Pezão] me dá até hoje. Às vezes ficava 10, 15 dias sem falar com Cabral, assim como com o atual governador hoje. Mas eu presto contas e digo: "Olha, amanhã vai ter isso, vai ter aquilo; vamos fazer isso, vamos fazer aquilo". Ele [Cabral] me deu um orçamento fantástico: saímos de dois bilhões para dez bilhões. E acho que isso é um movimento muito nítido de quem quer, ou pelo menos faz um esforço, para uma mudança. Foi assim que isso aconteceu.

LUCIANE PATRÍCIO: O resultado disso é que o senhor é o secretário de segurança pública que ficou mais tempo nessa cadeira: dois mandatos, num lugar que foi marcado por muita rotatividade...

JOSÉ MARIANO BELTRAME: Rotatividade... Talvez seja porque todos os anteriores foram cargos políticos.

LUCIANE PATRÍCIO: Sobre essa permanência, além de tudo o que já foi falado, a que mais o senhor a confere: características pessoais, profissionais? O que um secretário deve ter para ser bem-sucedido nessa tarefa?

JOSÉ MARIANO BELTRAME: Acho que essa permanência não é trabalho de um homem apenas. Acho que nós tivemos, e temos, uma grande equipe, com pessoas muito boas e, assim, tivemos avanços. Para resumir tudo, acho que a gente fez no Rio de Janeiro o que ninguém acreditava mais ser possível, apesar de acreditar que ainda há muito o que fazer: a gente caminha; encontra uma barreira, ultrapassa aquela barreira e vê o horizonte novamente. Segue caminhando, vê outra barreira, superamos, e assim seguimos em frente. Acho que o que nós tentamos colocar aqui foi muita coisa do que, efetivamente, não tinha. Eu acho que não existia uma política nítida, clara, transparente, objetiva e que mostrasse resultados. Então a gente criou isso; criou o Sistema Integrado de Metas [SIM], criou a UPP [Unidade de Polícia Pacificadora]; fez mudanças nas escolas e nas academias [de polícia]; fez algum movimento para renovar os quadros. Enfim, pequenas mudanças que deram grandes resultados, mas tem muita coisa para fazer. Pedimos consultoria externa – afinal, não somos donos da verdade, não sabemos de tudo. Acho que nos aproximamos dos especialistas e buscamos as universidades, e isso também foi um ganho importante porque abriu esse canal para uma interlocução, para uma série de agentes externos que antes não tinham espaço aqui. Cito a criação do Conselho Estadual de Segurança Pública, que acho que é um dos poucos que existem no país.

Enfim, fomos elaborando as coisas com muito carinho, com muito cuidado, porque o Rio de Janeiro não é trivial. O Rio de Janeiro tem problemas históricos grandes, tem uma sociedade *sui generis*, uma classe média complicada. Aqui precisamos fazer movimentos muito bem pensados.

Eu recomendaria ao gestor dessa pasta que a primeira coisa que ele tem que entender é que ele não sabe tudo; que talvez saiba muito pouco de segurança pública. Ele não sabe tudo e nós precisamos ser ajudados. Precisamos trazer para perto de nós pessoas que se prepararam e, efetivamente, têm condições de nos auxiliar, porque não dá mais para fazer segurança pública apenas aumentando os efetivos das polícias e entregando viatura e arma. Segurança pública não é isso. Segurança pública é fazer as pessoas operarem, e o país não sabe fazer isso. Eu não tenho escrúpulo nenhum em dizer que não sei fazer tudo. Mas acho que me cerquei de pessoas que me ajudaram a fazer. Essa deficiência não é culpa minha e nem é culpa nossa. É culpa da Constituição de 1988, que relegou a segurança pública a segundo plano, porque a segurança pública era o "patinho feio". E, embora nós tenhamos uma Constituição maravilhosa, com garantias de uma Constituição superbacana, moderna, ótima, essa Constituição não deu a atenção necessária ao tema da segurança pública. Então, quem eram os gestores de segurança pública a partir de [19]88? Os gestores de segurança pública eram o coronel, o delegado, o major. Quem dava aula nas academias, quem replicava esse saber? Eram apenas os policiais (e em muitos locais ainda é assim).

Nós mudamos esse paradigma aqui no Rio de Janeiro e, hoje, quem dá aula nas escolas de polícia e nas academias são sim policiais, mas também são professores civis, trazendo para esse mundo o saber científico, acadêmico. Antes apenas o "major" ou o "delegado" responsável pelo caso, que elucidou o homicídio tal, era chamado para dar aula. E assim um modelo era replicado: o modelo paramilitar. E aquilo era o "patinho feio". Deixaram a cargo dos Estados.

LUCIANE PATRÍCIO: De fato, tudo que é escrito a respeito disso afirma que as atribuições não estão descritas na Carta constitucional. Isso não foi trabalhado adequadamente. A Constituição apenas menciona quais as instituições responsáveis pela segurança pública, mas sem definir seu conceito.

JOSÉ MARIANO BELTRAME: Passa esse problema para baixo, para os Estados. Lógico que os Estados também não viram isso com bons olhos. Então, o que eles pensaram? Põe lá um delegado, um coronel, alguém do Ministério Público; põe lá um desembargador aposentado. E assim as escolas de polícia e as academias eram lotadas do capitão que era amigo do coronel, do coronel que é amigo do general. Hoje, passados quase 30 anos, vivenciamos as consequências das decisões do passado.

Uma importante habilidade que um gestor dessa pasta deve ter é ouvir dez vezes mais do que falar. E, quando falar, falar muito pouco. Você tem que ser sucinto e objetivo. Só que antes de ser sucinto e objetivo você tem que ouvir muito, ouvir muito, porque eu sei que você tem problemas nas instituições, mas as instituições têm uma história que você não pode descartar, elas têm uma experiência que não pode ser descartada. Há situações em que a sugestão é: *"Ah, termina com isso"*. Tudo bem, vamos terminar o que precisa ser terminado, mas tem coisas nesse contexto que tem que ser aproveitadas, tem pessoas que têm uma carreira inteira; têm 30 anos de experiência e uma experiência vastíssima. Então, você tem que ter muito mais ouvido do que boca.

LUCIANE PATRÍCIO: Tem uma característica sua que é a maneira como o senhor se reporta ao público, normalmente buscando dar satisfação ao público sobre o que é feito. Queria que o senhor falasse um pouco dessa característica.

JOSÉ MARIANO BELTRAME: Eu acho que isso também é uma coisa assim... Eu não sei mentir, não sei esconder muito as coisas. Então as pessoas me perguntam, me apertam nas entrevistas e eu não me oponho em dizer: *"Não dá!"* Ou eu não me oponho em dizer: *"Não sei. Vou ver como a gente pode resolver"* – fala que muitas vezes é difícil de ser dita por governantes ou autoridades públicas. Quando estávamos definindo o nome da UPP e falamos em pacificação, ouvi muitas críticas a esse nome porque fazia referência a um cenário de guerra. Ouvi: *"Não, porque pacificação é coisa do Iraque"*. E eu dizia: *"Gente, só espera um pouquinho, há locais onde as características são de uma guerra"*. Nós temos que reconhecer isso e assumir isso para poder arrumar, ou seja, não adianta ir ao médico sentindo dor de cabeça e dizer: *"Me dói a barriga"*. Eu acho que você tem que fazer esse diagnóstico e jogar com sinceridade. Quando eu cheguei aqui, disse: *"A situação está quebrada"*; *"Mas, e agora Secretário?"* *"Tá quebrada, mas nós temos um plano, que é esse, que é esse"*; *"Mas vai dar certo?"*; *"Se vai dar certo, eu não sei. Deixem eu fazer o meu, porque durante esse tempo todo, todo mundo fez o seu"*. Você não pode deixar as pessoas sem resposta e não pode dar uma resposta que é uma mentira: *"Não posso fazer isso agora, mas vou fazer isso daqui dois anos"*.

LUCIANE PATRÍCIO: Apesar de concordarmos que ainda há muito a ser feito, reconhecemos muitos avanços no Rio de Janeiro. E, talvez, o primeiro deles seja a redução da taxa de homicídios. Além disso, segurança é notícia, é o assunto presente no nosso cotidiano, produz cobrança, reivindicação. Segurança acaba sendo um tema que as pessoas conversam mais, falam mais, se preocupam mais, reconhecendo que ela é uma condição para todos os outros direitos, como o senhor costuma colocar. A segurança é a garantia...

JOSÉ MARIANO BELTRAME: Segurança é o primeiro dos direitos.

LUCIANE PATRÍCIO: Então, pensando um pouco na sua gestão, no trabalho que o senhor desenvolveu, nos avanços e nos desafios que ainda estão por vir, quais são os maiores avanços que o senhor reconhece?

JOSÉ MARIANO BELTRAME: Os maiores avanços são o Sistema Integrado de Metas, a UPP, sem dúvida nenhuma, a redução dos índices de homicídio, o trabalho de reformulação dos currículos,³ o investimento no homem policial. Mas tem muita coisa a ser feita. Os frutos do que estamos fazendo hoje somente a história vai dizer. Talvez a gente não consiga medir isso, e ainda tem muita coisa para ser feita. De qualquer forma, reconhecemos os avanços a partir do aumento do orçamento para a área (e que permitiu uma recuperação salarial). Menciono também a criação do RAS [Regime Adicional de Serviço] e do Proeis [Programa Estadual de Integração à Segurança] que representam a remuneração do trabalho do policial durante a sua folga, e isso significa investimento e valorização do homem policial; a criação do CICC [Centro Integrado de Comando e Controle]; o desenvolvimento de um planejamento estratégico para a política de segurança, que nunca existiu; e, talvez tão importante quanto os avanços já mencionados, a despolitização da cadeira do secretário de Segurança.

LUCIANE PATRÍCIO: E os desafios?

JOSÉ MARIANO BELTRAME: Os desafios? Os desafios são um oceano! Acho que nós precisamos incluir na discussão uma política de prevenção primária. Além disso, precisamos envolver outros atores nessa área, porque, por mais que falemos que segurança pública não é apenas assunto de polícia, acabamos cobrando apenas das polícias as soluções. Então me refiro ao poder legislativo, ao Ministério Público, ao Tribunal de Justiça, ao sistema prisional. Esses atores precisam estar articulados em torno da mesma agenda. Acho que se a gente ficar repetindo polícia, polícia, polícia nós vamos ficar produzindo livros e soluções, que não solucionam, a vida inteira. Com relação à polícia, o desafio é mudar a sua cultura. Precisamos mudar a cultura da polícia, especialmente no Rio de Janeiro, que está ainda com um costume muito arraigado que caminha no sentido de ir para o combate. Não há mais espaço para isso. Nós temos que fazer esse policial combatente, aos poucos, vir a ser um operador de segurança pública.

---

3   O entrevistado está fazendo referência à reformulação dos currículos dos cursos de formação das polícias: curso de formação de soldados, curso de formação de oficiais, cursos de formação profissional para inspetores, delegados, peritos etc.

O problema é que no Rio vivemos uma situação paradoxal: como mudar a cultura se ainda existem focos onde tem "guerra", disputa de território por criminosos armados? Então esse é um nó. Trata-se de um paradoxo. No entanto, há locais no Brasil onde isso é possível. Na verdade, na maioria dos locais você pode realizar uma política de segurança investindo em infraestrutura urbana, prevenção, porque não são locais semelhantes a alguns bairros ou cidades do estado do Rio, não são ilhas de violência. Você pode oferecer soluções para prover segurança sem recorrer apenas à polícia.

LUCIANE PATRÍCIO: Investimentos em infraestrutura urbana, ações de prevenção situacional, cuidado com o espaço público para reduzir os riscos.

JOSÉ MARIANO BELTRAME: Exatamente. Diminui o risco, e isso não quer dizer não ter polícia. Mas diminui o risco, porque o próprio criminoso atua em ambientes onde, de certa forma, ele se sente meio que tranquilo naquela situação. E onde você tem ordem pública, ele vai encontrar constrangimentos.

LUCIANE PATRÍCIO: Como você vê o futuro das UPP?

JOSÉ MARIANO BELTRAME: A UPP representa uma oportunidade para a polícia militar. O objetivo da UPP é, por um lado, prover segurança e, por outro, influenciar a mudança de cultura na polícia militar. A ideia é que os policiais que estão na UPP hoje sejam paulatinamente transferidos para os batalhões, assim como novos policiais militares, ao ingressarem na PM, prestem serviço nas UPP. Com o tempo, e fazendo os ajustes que são necessários, teremos uma polícia cujos profissionais não apenas passaram pela escola, mas seguiram seu aprendizado no momento em que estavam prestando serviço na UPP. Uma polícia toda que não só aprendeu na escola, mas exerceu na comunidade o que é ser uma polícia pacificadora. Este é o futuro da UPP: é o policial do [Morro] Santa Marta prestar serviço no 2º BPM [Batalhão de Polícia Militar], assim como outros policiais, à medida que são formados, prestarem serviço na UPP Dona Marta. Com o tempo, esses policiais que estão no 2º BPM podem vir a cuidar do Morro Dona Marta tal como cuidam do restante da cidade. Não haveria nenhuma contradição.

LUCIANE PATRÍCIO: Imagino que isso não aconteceria sem resistência. Sabemos que mesmo dentro da polícia existe resistência em relação aos policiais que estão na UPP.

JOSÉ MARIANO BELTRAME: As resistências existem dentro e fora da polícia, e isso não é novo. Quando implantamos a primeira UPP, ninguém acreditava, nem a própria PM. A UPP traz novidades para a estrutura da PM, e a questão da hierarquia é uma delas. O comandante da UPP, que pode ser um capitão ou major, tem sob o seu comando um número de policiais muitas vezes superior ao efetivo de um BPM, que está sob o comando de um coronel que tem quase 30 anos de polícia. Isso numa hierarquia policial não é muito palatável. A UPP impõe desafios, impõe novidades, mas acho que são essas coisas que nós precisamos para mudar.

LUCIANE PATRÍCIO: De alguma maneira, o que o senhor está colocando é que a existência da UPP cria um fato (ou vários) para dentro da polícia.

JOSÉ MARIANO BELTRAME: Eu espero que a UPP "upepize" a PM e não a PM "peemize" a UPP. O movimento pelo que eu luto é esse, mas a gente sabe que não é um movimento fácil, não é um movimento tranquilo, mas a própria instituição vê que se abriu uma oportunidade, uma janela para a PM se apresentar de uma outra forma para sociedade, diferente da forma que tradicionalmente ela se apresentou. E ela não pode perder o trem, ela não pode perder essa oportunidade. É uma janela de oportunidade e acho que, de certa forma, a UPP é uma chance para a PM. É uma chance da PM embarcar nisso e trazer isso para si, e mostrar para sociedade que ela sabe fazer polícia comunitária, que ela quer a polícia comunitária; e que criou ambiente suficiente para desenvolver isso e largar um pouco o fuzil de lado, largar um pouco esse outro comportamento que a própria academia, que as escolas reiteraram durante anos. Um conhecimento que é passado para os policiais que reforça que é o guerreiro, o combatente, não o profissional, o policial desejado pela sociedade. Isso precisa ser alterado e é essa oportunidade que a UPP sinaliza para a PM. Não tenho ilusão. Nós vamos ter muito disso ainda no Rio de Janeiro, porque ainda há lugares cujas características se assemelham a uma guerra. Mas eu acho, como se falou no início da conversa, que se abriram caminhos, se abriram horizontes, coisa que antes você não tinha num Estado em que se pagava gratificação para se matar as pessoas. Hoje, pelo menos, se inverteu esse paradigma. Hoje o Sistema Integrado de Metas premia policiais que são menos letais, porque o paradigma é o da preservação da vida de todos, inclusive dos próprios policiais.

LUCIANE PATRÍCIO: Sem dúvida. Acho que o SIM é paradigmático em relação a isso e coloca a redução da morte resultante da ação policial como indicador de premiação.

JOSÉ MARIANO BELTRAME: Poucos Estados têm o controle da letalidade da ação da polícia. Esse é um grande desafio. No Rio tivemos uma redução drástica desse indicador, apesar dos casos de violência policial que chegam ao nosso conhecimento diariamente.

Outra coisa importante é a transparência das informações da segurança pública. Os dados são divulgados mensalmente e estão disponíveis para ser analisados. Hoje qualquer pesquisador navega nesses índices, nesses dados, através do Instituto de Segurança Pública [ISP].

LUCIANE PATRÍCIO: E com relação à polícia civil? Quais seriam os seus desafios e como ela se insere nesse processo de pacificação?

JOSÉ MARIANO BELTRAME: A polícia civil precisa desenvolver e aprimorar – é verdade que algumas coisas ela já tem – métodos que consigam fazer a medição do seu trabalho, que consigam mensurar o resultado da energia despendida, por exemplo, para uma investigação. Quanto isso custa? Quais os processos que estão errados? O que pode ser melhorado? Como isso poderia mudar? Mas para isso é necessário que a polícia civil (e acredito que isso seja nacionalmente) desenvolva mecanismos de controle do seu trabalho, instrumentos de leitura de como esses processos estão sendo feitos e indicadores para a sua avaliação contínua. Seria interessantíssimo se ela pudesse saber quanto custam determinadas investigações, o tempo que se perde [nelas], quantos policiais se envolvem. Ou seja, desenvolver adequadamente um mecanismo de medição do seu trabalho. Somado a isso, criar elementos para que possam medir a taxa de elucidação de qualquer delito – não apenas dos homicídios ou dos crimes violentos – exatamente para medir como está a sua produtividade naquilo que é da sua competência. A polícia civil já está fazendo essa medição. Há algumas coisas já desenvolvidas, por exemplo, pela Delegacia de Homicídios, mas é preciso aprimorar isso. Quando você mede, você consegue identificar o que está gastando mais ou menos, o que pode ser melhorado.

Com relação à política de pacificação, a polícia civil é fundamental. Isso porque a PM, a polícia ostensiva, não resolve todo o problema. A polícia ostensiva faz, de uma certa forma, a prevenção porque ela é uma polícia que se apresenta diariamente ao morador. Agora, a polícia judiciária é a polícia que faz a investigação e é a que pode prender os criminosos, fazer as investigações e elucidar os locais onde estão escondidas as armas, onde estão os equipamentos oriundos do crime. Esse é o trabalho da polícia civil que, junto com o da polícia militar, são as responsáveis pela consolidação da pacificação. Eu acho importantíssimo esse trabalho, que quando bem feito traz resultados. Agora, sendo eu um policial oriundo da polícia judiciária, sei que esse é um trabalho lento, angustiante, que não aparece muito, justamente porque é um trabalho de investigação policial, em que ela [a polícia] vai lá e prende a pessoa que tem que ser presa ou retira os equipamentos de criminosos de determinados lugares. O desenho da política de pacificação muitas vezes dá a entender que o projeto está mais a cargo da polícia militar. No entanto, sem o trabalho da polícia civil, que é tão importante quanto, essa ação não se consolida.

LUCIANE PATRÍCIO: Gostaria de tocar num assunto que nos é muito caro: a corrupção.

JOSÉ MARIANO BELTRAME: Bom, eu já disse uma vez que não tem uma vacina contra a corrupção. Acho que há duas maneiras de agir contra a corrupção: uma corregedoria forte e controle sistemático. As pessoas precisam se sentir controladas, fiscalizadas e supervisionadas, como [ocorre a] qualquer cidadão ativo na sociedade. Nós, hoje, ainda não temos um controle efetivo. Historicamente não se teve e acho que se deixa o policial, de certa forma, muito à vontade para atuar. E acho que aí é que existe a grande falha. Não que isso vai resolver, porque a pessoa que é corrupta e quer se corromper não adianta – você vê exemplos aí de gente muito mais bem preparada do que policiais e que se corrompe. Mas o que nós precisamos é de supervisões sérias, controle, e uma corregedoria rápida. Eu sou muito favorável a mudanças de processos disciplinares, tornando-os sumários. Mandamos uma proposta para Brasília em 2009, ou 2010. Porque a pessoa que está condenada, obviamente, vai fazer o possível para prolongar aquilo ali e ficar ganhando seu salário e procurando uma maneira de se defender. Mas aquele cara que, porventura, não tem nada a ver, ele quer se ver livre rapidamente daquele problema; e a sociedade, sobretudo, quer um resultado. Eu acho que esses dois pontos são importantes, mas para que isso aconteça é fundamental que as próprias instituições queiram isso e que pessoas de dentro dessas instituições façam esse movimento insurgir de dentro delas. Isso é o que eu aqui sempre disse para todos os comandantes e chefes de polícia. Sempre procuro fazer e sempre digo: *"Vamos lá, estamos juntos e vamos fazer essa virada".*

LUCIANE PATRÍCIO: Última pergunta: quais os desafios que o senhor considera que essa área da segurança tem no Brasil? Se o senhor pudesse fazer alguma recomendação para o governo federal, que recomendação o senhor faria?

JOSÉ MARIANO BELTRAME: Qualquer recomendação que eu der vai, em primeiro lugar, impactar em custo. Então, eu acho que em primeiro lugar a União não tem que contingenciar verba para a área da segurança – e considero que essa agenda merece prioridade, assim como outras áreas que nós temos. Há muitos Estados que dependem de recursos da União para desenvolver suas políticas. O outro ponto é que os investimentos da União caminhem na direção de promover uma mudança de cultura a partir do investimento na qualificação do policial, no seu preparo constante e na sua valorização como profissional. É um movimento fácil? Não. Não é porque você tem, sobretudo, vícios históricos aqui no Rio de Janeiro, do Sul ao Norte. E acredito que isso se transforma com modernização e qualificação a serviço de novas práticas. Eu acho que há uma necessidade de mudança muito grande dentro das instituições. Não vou dizer que tem que desmilitarizar ou não desmilitarizar, porque isso não traz necessariamente garantias de melhora. O que tem que mudar é a cultura das polícias e, obviamente, isso exige investimento nas academias, exige investimento no ser humano, exige investimento no policial e exige investimento no reconhecimento do trabalho dele. A partir daí, sim, nós vamos ter alguns resultados. Porque não basta você ter um bom equipamento. Apesar de ser necessária, obviamente, a tecnologia, não adianta você ter computador de bordo, não adianta você ter câmera embarcada se você tem um policial totalmente despreparado. Eu acho que nós estamos muito atrasados no campo da segurança pública, muito atrasados. Mas, mesmo com tudo isso, eu acho que aqui no Rio de Janeiro nós fizemos muita coisa. A mesma polícia que tem problemas, onde alguns são corruptos, essa polícia que cometeu barbaridades é, surpreendentemente, a mesma polícia que diminui a taxa de homicídio, que pacificou alguns lugares e que realizou grandes investigações. Isso nos dá esperança e nos estimula a continuar. A tarefa não é fácil, mas vemos um horizonte e vamos em frente.

A BRIGADA MILITAR NO PÓS-DEMOCRACIA

Luiz Antônio Brenner Guimarães

Pelo menos nos últimos 30 anos vivemos no Brasil um processo crítico sobre a atuação, o desempenho e o papel da polícia. Vivemos uma crise da polícia brasileira. Nesse período, em diferentes instâncias, quer governamental, quer na academia, nas entidades e nos movimentos sociais e, inclusive, no interior das corporações policiais, têm ocorrido avaliações e diagnósticos críticos, propostas, ações e tentativas de mudanças do sistema policial. Neste período, participei dessa crise como policial militar. Neste texto registro reflexões, compreensões e posicionamento do processo vivido na polícia, especialmente no período pós-redemocratização do país, a partir de percepções e concepções pessoais em relação aos fatos ocorridos.

A polícia está, hoje, na agenda pública pela sua importância para a vida da sociedade brasileira. Essa situação decorre da crise da segurança pública instalada no país, produzida, por um lado, pelo grande crescimento da violência e da criminalidade que atingem, mais ou menos, todos os segmentos sociais e, por outro, pela inadequação e incapacidade do modelo atual de justiça e polícia para enfrentá-las.

Vivi intensamente esse período como polícia militar; convivi com os processos de transformações da Brigada Militar[1] do Rio Grande do Sul, ou suas tentativas, especialmente na década de 1990 e nos primeiros anos de 2000. O exercício aqui proposto está sustentado nas reflexões sistemáticas e pessoais sobre os fatos que foram se

---

1   A Brigada Militar do Rio Grande do Sul é a instituição responsável pelo policiamento ostensivo e corresponde à Polícia Militar da maior parte dos estados brasileiros.

sucedendo ao longo de minha história profissional (1971-2003), quer como instrutor dos diferentes cursos da instituição, quer como comandante de unidades operacionais, ou, ainda, como diretor e chefe de instâncias administrativas e estratégicas, incluindo o comando da Academia de Polícia Militar, a chefia do estado-maior e o subcomando geral da corporação.

As reflexões relatadas neste texto estão organizadas em três partes: o contexto histórico da Brigada Militar; a situação da polícia ao final da ditadura civil-militar; e os processos ocorridos pós 1985.

A Brigada Militar

O contexto atual da Brigada Militar tem relação direta com sua a história. A corporação, ao longo do tempo, constituiu valores corporativos que alicerçaram sua tradição, que ainda hoje norteiam as ações dos policiais e a condução da entidade.

Trata-se de uma instituição que completou 177 anos de existência em 2014. Seu marco histórico de nascimento é a criação do Corpo Policial da Província de São Pedro, em 18 de novembro de 1837. Isso ocorreu no período em que a província estava envolvida na Revolução Farroupilha, e a sua lei de criação estabelecia, como finalidade, a manutenção da boa ordem e da segurança pública na capital da província e demais comarcas.

É possível, no aspecto didático, dividir a história da Brigada Militar em cinco períodos distintos. O primeiro é o período imperial, no qual a instituição recebeu as denominações de Corpo Policial e Força Policial, quando participou da Guerra do Paraguai. O segundo período, compreende a Primeira República (1889-1930), no qual ocorreu a sua reorganização, recebendo o nome de Brigada Militar. Nesse momento, teve papel atuante nos diversos conflitos armados que eclodiram no Rio Grande do Sul, como a Revolução Federalista de 1892, a Revolução de 1923 e a Revolução Constitucionalista de 1932.

O terceiro período, que se inicia com o Estado Novo, em 1937, e se estende até a promulgação da Constituição de 1967, é considerado de transição da fase bélica para a atividade predominante de polícia ostensiva. Pode-se afirmar que até essa fase, a Brigada Militar era eminentemente um exército estadual, a serviço dos governos da província, cultivando os valores bélicos da guerra, a tomada e ocupação de espaços, os confrontos pessoais (a infantaria, a cavalaria), valorizando a força física, a coragem inconsequente, as ações robotizadas, o despreparo cultural e o não questionamento das ordens. Mas, a partir da década de 1950, vislumbraram-se iniciativas para avançar no exercício das atividades de preservação da ordem e da segurança pública. A instituição implantou no interior do Estado o policiamento rural montado, nos moldes da Polícia Real do Canadá, os "Abas-Largas", e criou a Companhia de Policiamento "Pedro e Paulo", que realizava policiamento especial na capital, com ênfase na estação rodoviária e nos arredores de escolas. Também nessa década intensificou a presença junto aos Distritos Policiais, em apoio à ação da autoridade policial judiciária.

O quarto período inicia-se a partir da ditadura civil-militar, especialmente com a edição da Constituição de 1967, quando a atuação das polícias militares foi redirecionada e elas passaram a exercer com exclusividade a atividade de policiamento ostensivo, o que foi ratificado mais tarde na Constituição Federal de 1988.

Por fim, o período atual se inicia na segunda metade da década de 1980 e vem até os nossos dias.

Durante a ditadura civil-militar, as polícias brasileiras tiveram sua formação e sua constituição influenciadas pelo acordo de cooperação técnica na área policial entre o governo brasileiro e o norte-americano. Esse acordo, assinado no auge da Guerra Fria, consistia em uma estratégia da política externa dos Estados Unidos para controlar os países latino-americanos, através da ajuda aos organismos policiais. Nesse período a classe dirigente das polícias (delegados e oficiais), em sua grande maioria, participou de cursos de formação e especialização nos EUA. Em muitos casos, os locais de realização dos cursos para policiais brasileiros eram os mesmos em que os norte-americanos estavam treinando seus efetivos para a guerra do Vietnã ou, ainda, na Academia Internacional de Polícia no Panamá, criada para este fim.

O programa norte-americano tinha como objetivo central a identificação de subversivos e estava sustentado no rompimento da identidade do policial com a comunidade de onde saiu e onde vivia como cidadão. Essa política de "formação" da área policial institucionalizou a tortura e induziu a ação violenta como método de atuação da polícia; deu ênfase à figura do inimigo do regime na segurança pública; aprofundou a repressão política; e estabeleceu como prioridade policial a ordem interna. É importante destacar que no período da ditadura toda a estrutura, modelo de gestão e formação da Brigada Militar foi voltada para instrumentalizar a mesma como força de repressão do regime, tendo como centralidade a ordem interna e a caça aos subversivos, ficando a segurança pública extremamente secundarizada.

Foi no auge desse período, no ano de 1971, que ingressei na Brigada Militar e convivi, especialmente como aluno do Curso de Formação de Oficiais (1971-1975), com os efeitos da formação policial orientada pelos interesses da política externa dos Estados Unidos, incorporados pela ditadura militar. O curso era realizado em cinco anos, em um regime de internato (com muito pouco tempo semanal para a convivência social externa aos muros da academia), com participação em escalas de serviços em horários diferentes das aulas, pela manhã e à tarde (10h/a dia) – somavam-se aproximadamente 5.000 h/a entre exercícios práticos e aulas expositivas. As disciplinas com maior carga horária eram ordem unidade, operações de defesa interna e territorial e os conteúdos de direito, em uma perspectiva positivista e legalista. As experiências práticas eram atividades no campo (rural), treinando exercícios de enfrentamento à guerrilha. As disciplinas relacionadas à administração, sociologia, filosofia e policiamento tinham uma carga horária pequena e insuficiente. Os principais manuais de referência eram fornecidos pelo Exército brasileiro (comando e operações) e os trazidos pelos norte-americanos no bojo do acordo de cooperação, que misturavam conteúdos de controle da ordem interna e os conceitos da polícia dos EUA da "lei e da ordem" (década de 1950), que privilegiavam o afastamento dos organismos policiais de suas comunidades e eram essencialmente técnicos, "frios", afastados da comunidade. No Brasil, traduziam-se em tortura na investigação e violência nas operações policiais.

Predominava a perspectiva behaviorista, de estímulo-resposta, na qual todos os problemas e seus encaminhamentos são conhecidos. A figura do professor e/ou superior pode ser descrita como aquela que domina todo o conhecimento e na sala de aula/atividade é uma autoridade inquestionável: sabe tudo e seu papel é transmitir esses conhecimentos. Ao aluno/subordinado cabe escutar o professor e memorizar os conhecimentos transmitidos, sendo as relações professor–aluno caracteristicamente autoritárias, formais e rígidas. A atividade na formação de policiais militares trabalhava uma conduta eminentemente motora e comportamentos reflexos. Os rituais dentro e fora da sala de aula continham humilhação e sofrimento, pois a compreensão dos formadores policiais-militares era de que somente exacerbando os esforços físicos e o desconforto psicológico é que haveria a possibilidade de forjar vigorosos e valentes agentes policiais.

Esse cenário inibia o desenvolvimento da reflexão crítica e não preparava o educando/policial para conviver com a sua realidade sociopolítica. Desenvolvia, com maior frequência, alienados, submissos e robôs, fáceis de serem manipulados por grupos com pretensão de estabelecer domínio. Dificultava a formação de policiais no aprofundamento da cidadania. Os alunos eram instrumentalizados para obedecer incondicionalmente. Nesse modelo, a força (e a violência que passa a ser considerada um recurso legítimo no controle da sociedade) é o primeiro e quase único instrumento de intervenção, sendo usada frequentemente da forma não profissional, desqualificada, inconsequente e à margem da legalidade.

O período final da ditadura civil-militar

Os meados dos anos 80 do século passado encontraram o sistema policial brasileiro, em geral, desaparelhado e despreparado. A atividade policial era considerada simples, dependente da força física e da quantidade de policiais, podendo ser executada por amadores. A questão segurança pública enquanto sistema policial, nessa compreensão, não necessitava de grandes investimentos e preocupações dos governantes e dos governados.

Do ponto de vista das políticas públicas, não estava contemplado investimento na modernização e qualificação das polícias. Em síntese, pode-se atribuir esse contexto ao processo histórico da polícia brasileira, que foi criada para a proteção das elites, isto é, para assegurar a proteção de uma minoria contra agressões de uma maioria. Tradicionalmente, toda a filosofia policial foi sustentada como instrumento de opressão, com predomínio dos conceitos positivistas e legalistas.

Assim, o ofício de polícia, nos inícios dos anos 1980, continuava a ser considerado um mecanismo meramente de contenção dos maus cidadãos (numerosas classes dominadas) na proteção dos bons cidadãos (classes dominantes). Ora, nessa percepção, a atividade policial pode até ser representada metaforicamente por uma barreira, bastando tão somente quantidade, presença e força física para sustentação da posição. Suas qualidades essenciais eram o vigor físico e a coragem inconsequente, e a principal habilidade para as intervenções era a capacidade de realizar a repressão física, com o predomínio da violência. Essa percepção encontrava sintonia com os tipos policiais existentes na literatura ficcional brasileira, especialmente nos roteiros de novelas e nos filmes, onde quase sempre aparece o policial com uma imagem de subserviente, desleixado, violento e com pouca instrução.

Esse período, o final da ditadura civil-militar, também se caracterizou pelo aprofundamento da militarização da política de segurança pública, somando-se então aos conceitos já existentes, a estratégia belicista de ocupação e eliminação do inimigo como forma de controlar a violência e a criminalidade. As Secretarias Estaduais de Segurança Pública, em geral, foram administradas por militares oriundos das Forças Armadas, que se portavam e se pronunciavam como se estivessem comandando uma guerra orientada pelos princípios arcaicos das lutas do corpo a corpo, tendo como prioridade a "ordem interna" e uma busca incessante de encontrar subversivos entre os delinquentes comuns.

Culturalmente essa situação facilitou a difusão de valores que fortaleceram um modelo policial baseado na metáfora do super-herói, do justiceiro social e do vingador da sociedade (os "Rambos" policiais). Essa concepção dominante produziu uma prática amadora, a partir da valentia inconsequente, estimulando a violência contra os "maus" da sociedade. O herói policial foi materializado por homens corajosos inconsequentes, capazes de ações agressivas e violentas contra os "delinquentes". A lógica desse herói traz como características ações descontroladas que priorizam a emoção, nas quais os preconceitos e os estigmas predominam. Atirar a esmo; investir sem proteção e controle da situação; expor-se a perigo, descuidando-se das regras de segurança; privilegiar a prisão de criminosos com grandes riscos aos demais participantes; desrespeitar as garantias individuais: entre outras, são ações amadoras e danosas.

A Brigada Militar e a redemocratização

Na segunda metade dos anos 1980 o país vive o início da redemocratização. Em 1986, a oposição ao regime militar vence as eleições ao governo de quase todos Estados brasileiros. Os novos governadores prometem dar outro rumo para área da segurança pública e procuram escolher comandantes das polícias militares e chefes de polícia com uma visão mais progressista, na perspectiva de romper com o modelo tradicional. E isso não foi diferente na Brigada Militar.

No entanto, nesse momento, a grande preocupação da corporação estava voltada para a Assembleia Nacional Constituinte, no sentido de manter o *status quo* e, se possível, avançar na desqualificação da polícia civil e tomar-lhe as suas atribuições. Isso era um movimento nacional das polícias militares. Movimento semelhante e contrário acontecia na polícia civil. Predominantemente, a PM estava focada em manter a condição de militar, a exclusividade do policiamento ostensivo (somente pensado nos modelos tradicionais, sem qualquer preocupação com alternativas mais adequadas ao novo momento do país), sendo a única mudança aceitável a diminuição de ingerência das Forças Armadas, mas sem perder todos os vínculos, pois um número significativo de policiais militares (oficiais) se orgulhava desse vínculo e de ser força auxiliar do Exército.

No entanto, havia uma corrente de policias militares, um grupo minoritário, que concebia a necessidade de qualificação da PM, adequando-a aos desafios e às necessidades que estavam se apresentando, estabelecendo a perspectiva de uma atividade policial complexa, difícil, a ser executada por profissionais qualificados, nos seus diferentes níveis – operacional, tático, estratégico e político. Uma corrente que defendia a necessidade da ampliação dos estudos e das pesquisas sobre o tema da segurança pública e a atividade da polícia. Esse movimento conseguiu repercussão junto ao comando da corporação e ao governo do Estado, contribuindo para a criação, em 1988, do Instituto de Pesquisa da Brigada Militar (IPBM), vinculado ao seu sistema de ensino. Essa ação pode ser considerada um símbolo na busca das transformações, saindo da compreensão da atividade simples, eminentemente prática e sem necessidade de grandes teorias, para a atividade complexa que demanda um processo contínuo de construção intelectualizada e acúmulo de conteúdo teórico para orientar a atividade da gestão e da prática da polícia.

É importante destacar que tradicionalmente, no âmbito corporativo em geral, o ensino policial militar foi extremamente secundarizado, pois a atividade era considerada eminentemente prática e não necessitava de teoria e qualificação. Isso inclusive ocorria na gestão estratégica e política da corporação, representada por um segmento de oficiais superiores que, com frequência, repetiam o chavão "sou oficial operacional e não de gabinete". Esse chavão, pronunciado com orgulho profissional, pois afirmava que o autor era um verdadeiro policial, um policial de rua, de enfrentamento, escondia, no entanto, um dos principais problemas da instituição policial, uma vez que aqueles profissionais que foram formados e promovidos para atuarem nos níveis de comando, gestão estratégica e política da corporação, respondendo pela administração, planejamento, formação e comando da instituição e suas estruturas organizacionais, abdicavam desta responsabilidade, para ocupar uma função no nível operacional. As experiências e avaliações mostravam, com resquícios até nossos dias, que a gestão policial contemplava muito amadorismo. A realização dos cursos de formação e especialização somente era valorizada como condição necessária às promoções, onde o que menos interessava eram os conteúdos. Com o IPBM não foi diferente: a grande maioria da corporação o considerava um espaço de desperdício.

Nesse contexto, não por acaso, o sistema de justiça e polícia brasileiro é uma caricatura daquilo que é descrito na nossa legislação. Na prática, o sistema de justiça e de polícia funciona com muita fragilidade, com cada organismo atuando quase isoladamente, estabelecendo intervenções fragmentadas e com um baixo nível de auxílio mútuo, ações desqualificadas, além de distanciado dos problemas e da realidade social e das comunidades. Até hoje ainda são muito insuficientes as informações sobre a intervenção da polícia e dos demais órgãos do sistema. A falta ou a insuficiência das estatísticas e dos registros gerenciais constitui um indicativo do histórico de amadorismo da gestão policial.

Entre 1989 e 1990, o IPBM elaborou o projeto "Brigada Militar 2000", que concebia o fortalecimento dos cursos de especialização necessários à promoção a major e a coronel, com ênfase no trabalho de conclusão, considerando o acompanhamento de professores doutores oriundos dos quadros das universidades. Além dessa ação, o projeto previa a realização de cursos de especialização na área da segurança pública por policiais militares, a partir do ano de 1990, mestrados a partir de 1995 e doutorados a partir de 2000. Em 1990, os integrantes do instituto conseguiram a aprovação do projeto pelo comando da corporação e governo do Estado, sendo assinado um convênio com a Pontifícia Universidade Católica do Rio Grande do Sul (PUC/RS), para o início dos cursos de especialização na instituição. Em novembro de 1990, foram iniciados os cursos previstos, entre os quais o de especialização em segurança pública, nas dependências da PUC em Porto Alegre. Éramos uma turma de 30 oficiais da Brigada Militar que, de novembro a abril de 1991, estivemos naquela universidade.

Em 1992, quando os cronogramas dos cursos estavam aprovados, inclusive alguns com turmas selecionadas e o convênio em vigência, o comando da corporação e o governo do Estado decidiram romper o convênio e arquivar o projeto. Fiquei com o sentimento de que mais uma vez prevalecia a ideia da atividade policial como prática e simples, que não precisava de qualificação. Essa decisão representou um atraso para a Brigada Militar, cuja dimensão é difícil materializar. Do projeto, ficou o acompanhamento dos trabalhos finais dos cursos de especialização realizados na Academia de Polícia Militar por professores doutores, na época, oriundos da PUC/RS. As razões do rompimento do convênio e do arquivamento do projeto nunca foram bem esclarecidas.

Aparentemente, a polícia militar saiu do processo constituinte de 1988 fortalecida – manutenção e fortalecimento do *status quo* –, mas o início da década de 1990 começou a apresentar evidências e indícios da insatisfação da sociedade com as suas polícias. A década mostrou grandes escândalos policiais (Carandiru, Vigário Geral, Rota, Rambo e outros), com grande audiência e discussão nacionais. Começava o reconhecimento da "crise da segurança pública brasileira", aumento da violência e da criminalidade, insatisfação com o desempenho da polícia.

Esse contexto começava a exigir mudança de compreensão e postura; o poder político começou a ser cobrado para apresentar soluções; a universidade começou a dedicar tempo ao estudo e análise do tema, com ampliação dos núcleos de pesquisas universitários voltados à área da segurança pública e da polícia. No interior das corporações policiais ampliaram-se as reflexões sobre as situações, as contradições e os desconfortos; e começaram a surgir experiências pontuais sobre modelos alternativos capazes de darem uma resposta mais adequada aos questionamentos publicamente postos.

Em 1996, o comando da Brigada Militar constituiu um grupo de oficiais, do qual participei, para elaborar um projeto estratégico que respondesse aos desafios da corporação, adequando-a às exigências sociais.

O trabalho iniciou-se por um diagnóstico da situação, a partir de grupos focais, que orientou o projeto elaborado. O diagnóstico realizado mostrou um quadro da prestação de serviços da Brigada Militar no cenário do Rio Grande do Sul. Verificou-se que, apesar dos esforços empreendidos e do trabalho realizado, havia muitas críticas e questões a serem consideradas em um projeto de evolução institucional. A sociedade responsabilizava a instituição policial, de forma quase exclusiva, pela insegurança sentida. Apontava como causas a falta de policiamento, a corrupção policial e a ineficácia na prestação do serviço. A polícia, por sua vez, aceitava passivamente o fato de ser indicada como responsável pelo aumento da criminalidade, não esboçando qualquer reação na busca de alternativas de solução e incapaz de fazer uma discussão considerando os demais elementos desse problema social – a insegurança pública.

No exercício da polícia ostensiva observou-se uma dissonância entre os anseios da comunidade e o desempenho da Brigada Militar. Essa dissonância era gerada por motivos de várias ordens, entre os quais se destacavam: o fato de não se encontrar um policial quando necessário; divergências quanto às prioridades de emprego de recursos disponíveis; o tipo de relacionamento estabelecido no atendimento aos cidadãos; a violência policial; as soluções dadas na prestação dos serviços; e a falta de espaço de participação da comunidade nas discussões dos problemas de segurança pública.

No âmbito interno, identificou-se um importante conjunto de questões relativas às relações da organização com o seu pessoal, que interferia na eficácia organizacional. O diagnóstico realizado mostrou que havia insatisfações com: a insuficiência de recursos materiais, a carga de trabalho, a não valorização do profissional, o salário, a postura do comando em relação aos problemas internos, os privilégios existentes e a insatisfação em relação ao tratamento que a corporação recebia da mídia.

A identificação dessas questões indicou a política institucional a ser seguida, que foi orientada para responder, prioritariamente, aos três problemas a seguir: a) insatisfação da sociedade em relação aos serviços prestados pela Brigada Militar; b) insatisfação dos componentes da corporação com o seu funcionamento; e c) a atribuição à PM da questão da insegurança pública.

O projeto de evolução institucional, construído no âmbito da Brigada Militar, observada essa orientação geral, teve como marco a edição de quatro leis. A proposta levada pelo comando da corporação, depois de um processo de discussão, foi recepcionada pelo governo estadual, que considerou que a mesma tinha sintonia com a sua proposta de mudança estrutural. Os projetos de leis foram exaustivamente analisados pelo governo do Estado e pelo poder legislativo rio-grandense entre novembro de 1996 a julho de 1997. Em 18 de agosto de 1997 foram sancionadas pelo governador do Estado as leis: nº 19.991 (Organização Básica da Brigada Militar); nº 10.990 (Estatuto dos Servidores Militares do Estado); nº 10.992 (Carreira dos Servidores Militares do Estado); e nº 10.993 (Fixação do Efetivo da Brigada Militar). Esse conjunto de leis representava medidas interligadas com vistas a fornecer a base para a implementação dos instrumentos necessários à evolução da corporação, de maneira a possibilitar a prestação do serviço mais ágil, qualificada e próxima do cidadão. Buscou-se uma nova concepção de administrar a polícia militar gaúcha e de fazer policiamento, cuja sustentação macro estava na filosofia de tratar a questão da segurança pública e da violência de forma multidisciplinar e multissetorial, a partir de uma visão sistêmica e holística.

A elaboração do projeto foi realizada a partir da percepção da falência do modelo de tratamento da questão da segurança pública, cujo esforço prioritário está no sistema policial. A concepção puramente jurídica, na qual a criminalidade e a violência são tratadas somente com os instrumentos existentes na persecução penal, não estava apresentando resultados satisfatórios. Aumentar a repressão penal ou aumentar os recursos à disposição dos organismos policiais, na prática, não representava mais segurança ou tranquilidade.

A complexidade do problema exigia que a polícia exercesse o seu papel dentro de uma concepção social, utilizando-se da metodologia de resoluções de problemas, em uma abordagem contingencial e sistêmica, em que as soluções dependem da ambiência e do envolvimento de todos os segmentos da sociedade organizada na área considerada. Nessa perspectiva, o carro chefe que sustenta a atividade policial é a ideia de segurança, a partir do comprometimento e da participação de todos, com respeito aos direitos humanos e a promoção da cidadania. As soluções para os problemas da segurança pública extrapolam o sistema de persecução penal e são encontradas em um universo maior, correspondente ao sistema de proteção social.

Nessa direção, as bases do projeto de reestruturação constituíram-se nos seguintes tópicos: 1) uma estrutura organizacional com menos níveis de decisão e mais ágil; 2) centralização das atividades administrativas "macros" nos comandos regionais e a descentralização das atividades operacionais, ficando a administração do policiamento com base nos municípios ou nos distritos – conjunto de alguns bairros – nas grandes cidades; 3) diminuição dos níveis hierárquicos, agilizando as comunicações internas e melhorando todos os níveis de execução do serviço à comunidade; e 4) fortalecimento da carreira do servidor militar, com base na qualificação e no desenvolvimento profissional, possibilitando ao policial maior capacidade de decisão na gestão política e estratégica e no atendimento da ocorrência, estabelecendo uma outra relação com a comunidade tomadora de serviços, sustentada na cidadania e no respeito aos direitos.

Até então a responsabilidade territorial na execução do policiamento poderia estar submetida até a seis níveis de decisão: o comando geral, o comando regional, o batalhão, a companhia, o pelotão e o grupo. A Lei de Organização Básica alterou a estrutura militar tradicional para uma mais moderna, ágil e descentralizada, diminuindo os níveis de decisão de seis para três, ficando somente a relação: comando da corporação-comando regional-comando do município ou distrito.

Os comandos regionais permaneceram com os estados-maiores para desenvolver a administração policial-militar na sua plenitude e concepção "macro". Os comandos municipais ficaram com a incumbência de operacionalizar o exercício da polícia ostensiva, desenvolvendo as atividades "micros" de treinamento, planejamento local, supervisão e execução propriamente dita. O efetivo de cada município e seu grau de comando é fixado considerando-se os indicadores de segurança pública da respectiva área territorial, especialmente o populacional.

A Lei da Carreira do Servidor estabeleceu duas carreiras policiais militares, com a ascensão do servidor de nível médio (de soldado a 1º tenente) e do nível superior (de capitão a coronel) e unificou os quadros masculinos e femininos. O Plano de Carreira do Servidor Militar foi todo orientado para o desenvolvimento do profissional, com uma visão contextual da sua entidade dentro da sociedade, buscando um policial mais capacitado para discutir com os cidadãos e a sociedade a questão da tranquilidade pública, para interagir com a sua comunidade, recebendo informações, críticas e sugestões e transmitindo esclarecimentos e orientações. Um policial com maior capacidade de decisão e compreensão no atendimento de cada ocorrência e na implementação dos programas.

O servidor de nível médio passou a depender da realização de cursos profissionalizantes: curso básico de formação policial militar para o iniciante; curso técnico em segurança pública para a promoção a sargento; e curso básico de administração policial para a promoção a tenente. Todos cursos pós-ensino médio. O servidor de nível superior passou a depender da realização de cursos de especialização, pós-graduação: curso superior de polícia militar para a promoção a capitão; curso avançado de administração policial para o posto de major; e curso de especialização de políticas de segurança pública para chegar a coronel.

Esse processo, na época, foi realizado através de uma parceria entre o ensino interno da organização e as entidades externas, especialmente no nível superior, o qual por mais de dois anos foi fruto de um trabalho conjunto com a Universidade Federal do Rio Grande do Sul – Instituto de Filosofia e Ciências Humanas, para a reestruturação dos cursos, no tocante ao conteúdo programático. Os novos currículos elaborados por esse grupo de trabalho aumentou substancialmente as disciplinas nas áreas da sociologia, filosofia, psicologia e administração.

Em 1998 os professores da referida universidade começaram a ministrar disciplinas em cursos oferecidos pela corporação. Com a mesma instituição foi realizado o Curso de Especialização em Prevenção e Peritagem de Incêndio, voltado para oficiais bombeiros. Junto à Universidade de Passo Fundo foi contratado o Curso de Especialização em Policiamento Comunitário. O Instituto de Pesquisa da Brigada Militar continuou mantendo professores doutores como consultores de metodologia científica para a orientação de todos os trabalhos de conclusão.

Todo o projeto de ensino buscava um profissional que agregasse não só os conceitos específicos da organização, mas, principalmente, os conceitos de sociedade e sua relação com a atividade policial. Um sistema de ensino policial-militar capaz de formar policiais com uma visão multidisciplinar da sua atividade no âmbito da segurança pública, de forma a exercê-la com eficiência e eficácia.

Em relação à exigência do curso de ciências jurídicas e sociais para a carreira de nível superior, cabe destacar que o projeto encaminhando pelo comando da corporação ao governo estadual e transformado em projeto de lei, remetido à Assembleia Legislativa do Estado, previa a manutenção do Curso Superior de Formação de Oficiais, com ingresso via vestibular, mantendo o sentido de fortalecer a carreira policial profissional. Isto é, tínhamos a compreensão de que os desafios atuais e futuros exigiam o fortalecimento de uma carreira própria policial, com formação específica, como as demais áreas profissionais (por exemplo, engenharia, medicina e direito) e que nenhum curso superior (direito, sociologia, administração e outros) era suficiente para formar o profissional de polícia. No entanto, vivíamos uma época de muitas disputas nas polícias, especialmente em relação à remuneração. Assim, no período em que a lei estava em discussão no legislativo ganhou forma um movimento da Associação de Oficiais da Brigada Militar sustentado na ideia de constituir a carreira de nível superior como carreira jurídica, pois, assim, estaríamos dando um passo para buscar a equivalência salarial com as categorias consideradas nesta carreira. Os delegados das polícias civis já tinham conseguido, pelo menos no nível legislativo, essa equiparação. O movimento conseguiu a adesão de quase toda oficialidade, garantindo uma emenda ao projeto de lei e o compromisso do governo estadual de não a vetar. E ficamos sozinhos na compreensão de que essa medida no médio e longo prazo não traria o benefício esperado e prejudicaria uma proposta que tinha a grande possibilidade de ser um diferencial no futuro para as transformações necessárias na polícia. No dia de votação do projeto as galerias da Assembleia Legislativa estavam lotadas por oficiais da Brigada pressionando a aprovação da emenda. O que, afinal, ocorreu.

Os graus hierárquicos ficaram limitados em quatro para cada nível. O médio possui o soldado, o 2º sargento, o 1º sargento e o 1º tenente. O nível superior, o capitão, o major, o tenente coronel e o coronel. Foram suprimidas as graduações de cabo, 3º sargento, subtenente, aspirante e 2º tenente.

A Lei de Fixação de Efetivo redimensionou a distribuição do efetivo de forma a corrigir disparidades entre municípios, através da utilização de critérios técnicos, baseados em indicadores de segurança pública. Possibilitou também que os PM mais graduados e mais qualificados executassem as atividades de polícia ostensiva junto à comunidade, ampliando o número de vagas nas graduações de maior hierarquia, especialmente a de sargento.

O Estatuto do Servidor buscou a modernização das relações de trabalho e a adequação com a legislação vigente. Redefiniu, entre outras, as condições de ingresso, hierarquia, disciplina, ética policial-militar, deveres, direitos, prerrogativas e condições de inatividade. Entre as saudáveis melhorias, o texto fortaleceu a garantia do contraditório e da ampla defesa no processo disciplinar administrativo.

Esses processos, realizados entre 1995 e 1998, aconteceram no momento em que o Estado gaúcho (então gerido pelo PMDB) implementava uma política agressiva neoliberal. Se, por um lado, o governo recepcionou o projeto elaborado pela corporação, por um grupo de trabalho designado por seu comandante geral, por outro, não foi possível demovê-lo de estender à polícia as políticas do Estado mínimo, especialmente, através do plano de demissão voluntária que retirou da Brigada Militar aproximadamente três mil brigadianos. Em dezembro de 1994 o efetivo da corporação era de 28.560 policiais e em dezembro de 1998 era de 24.958. Isso foi extremamente prejudicial à atividade policial. E, considerando também o processo de defasagem criado entre inclusão de novos policiais e a saída de agentes pela aposentadoria, até hoje não foi conseguida uma recuperação adequada; ano após ano, o déficit de policiais continua na pauta. Agregam-se a isso, os cortes no orçamento da polícia em diferentes projetos e a não contemplação de investimento na sua modernização e manutenção, que acarretaram grandes prejuízos na prestação de serviço à comunidade e no processo de construção de outro modelo policial, mais adequado às exigências da realidade.

Nesse período, ainda cabe destacar, os movimentos grevistas iniciados nas PM a partir do ano de 1997, que representam um indicativo desses processos de mudanças. Os servidores militares começaram a se agrupar e organizar em grupos de interesses, buscando força coletiva, estruturas e formas de intervenção em decisões da corporação, em especial, das que lhes atingiam. No interior das organizações esses eventos representaram um rompimento com a forma tradicional e autoritária de liderança, mantida a partir de instrumentos fortes de repressão. A não percepção do novo cenário, em que as diferenças e insatisfações precisavam de espaços de visibilidade, criou as condições para o surgimento de lideranças informais, que emergiram da própria base, com capacidade de mobilização de grandes grupos e com habilidade para ser a voz dos descontentamentos de muitos.

Em 1999, a oposição ganhou as eleições e assumiu o governo do Estado, o Partido dos Trabalhadores, com uma proposta de política pública para a área da segurança pública, que buscava superar o processo histórico existente rompendo com seu modelo tradicional. Durante esse período atuei como comandante de unidade operacional na cidade de Caxias do Sul, comandante da Academia de Polícia Militar e diretor do Departamento de Ensino da corporação, chefe do estado-maior e subcomandante geral da Brigada Militar.

A política contemplava uma mudança significativa no sistema de formação e qualificação dos servidores da área (Brigada Militar, polícia civil e Superintendência dos Serviços Penitenciários – Susepe), definindo currículos novos e mais abrangentes da compreensão da sociedade e da função social da atividade, implementado em parceria com universidades e realizado com a integração do corpo diretivo, docente e discente dos órgãos policiais integrantes da Secretaria Estadual de Justiça e Segurança. Os cursos de formação para agentes na área de segurança pública foram unificados, sendo constituída uma primeira parte com um currículo básico comum a todos e a segunda, com um currículo técnico específico. A primeira parte era executada nas escolas das organizações policiais, com turmas integradas por policiais militares, civis e agentes penitenciários. O corpo docente era constituído por professores da Universidade Federal do Rio Grande do Sul (UFRGS), da Academia da Polícia Militar, Academia da Polícia Civil e Escola da Superintendência dos

Serviços Prisionais. Para a coordenação do processo foi constituído um Comitê Gestor, coordenado pela secretaria e integrado pelos dirigentes das academias das polícias e Escola da Susepe. Durante os quatro anos o processo de formação dos agentes da segurança pública no Rio Grande do Sul foi realizado nessa concepção, com resultados muito satisfatórios, com a formação de agentes com a perspectiva de ensino reflexivo e contextualizado. Infelizmente, esse processo foi encerrado em 2003, no primeiro ano do novo governo.

Para a área operacional, a política contemplava quatro movimentos significativos. Primeiro, a coordenação única das organizações, retirando das mesmas uma autonomia desproporcional ao modelo sistêmico proposto e criando a possibilidade de ações complementares e sincronizadas, o que já se começava a vislumbrar no último ano de governo. O ato mais simbólico dessa medida foi caracterizado pela exigência de colocação no mesmo espaço físico da Secretaria de Justiça e Segurança, o comando da Brigada Militar, a Chefia da Polícia e a Superintendência dos Serviços Prisionais. Medida que enfrentou muitas reações das "corporações", especialmente a Brigada Militar.

O segundo movimento significativo foi uma declaração pública e propositiva de uma ação policial e prisional mais técnica e respeitosa da dignidade humana, com menos discriminação, menos privilégios, mais igualdade e mais cidadania. Essa ação era representada tanto pela normatização do uso da arma e da força como pela relação com os movimentos sociais, no reconhecimento de um espaço da ordem pública construída socialmente no cotidiano, pela preocupação com o tratamento dos presidiários e a mediação de conflitos, como instrumento primeiro e principal da ação dos policiais. Essa declaração pública, extremamente importante para orientar a atividade policial, foi muito criticada no interior das polícias e pela mídia gaúcha, de forma muito irônica, passando a mensagem de que a política estava privilegiando a criminalidade e prejudicando a corporação. Mas, na verdade, a declaração somente reafirmava a atuação policial dentro dos limites da lei, do respeito aos direitos e da execução técnica apurada que, se aplicada, qualificava a intervenção policial e o resultado da ação.

O terceiro movimento corresponde à confecção, pelas duas polícias, do termo circunstanciado e do Boletim de Ocorrência Único, que trazem como decorrências um sistema tecnológico de informações único, áreas de responsabilidade conjunta, atendimento unificado (telefonia e plantão policial) e diagnósticos, planejamentos e atividades sincronizados, coordenados e integrados. Esse processo contribui para a integração do atendimento e da ação das polícias, com a qualificação das informações estatísticas sobre os indicadores de segurança pública, trazendo, ainda, uma melhoria no atendimento à sociedade, já que o Boletim Único de Ocorrência, pode ser realizado pela PM no local da ocorrência e ser encaminhado para a delegacia competente, evitando que as pessoas atendidas, na maioria das ocorrências, precisassem ir fazer o registro na Delegacia.

No quarto movimento houve o investimento na modernização, sobretudo, na área do Instituto Geral de Perícias, com a digitalização das carteiras de identidade e modernização dos laboratórios de exames periciais, com a tecnologia de identificação do DNA. Nas organizações policiais esse processo deu-se via informatização tanto da Brigada Militar como da polícia civil e da Susep, com o banco de registro de apenados.

Na área da correição, além do debate sobre a necessidade de ser criada uma corregedoria única, foi instituída a Ouvidoria da Segurança Pública, ligada ao gabinete do governador, também estimulada uma ação conjunta entre as polícias e o Ministério Público, criando uma força tarefa que não só trouxe resultados satisfatórios ao enfrentamento de criminalidade organizada, como também representou um reforço ao combate da corrupção policial.

Por fim, nesse período, em relação aos policiais militares, o governo do Estado, após um grande processo de discussão interna, instituiu um novo regimento disciplinar da Brigada Militar, com mudanças significativas, fortalecendo o processo da ampla defesa, adequando e atualizando as transgressões disciplinares, mas, principalmente, eliminando a prisão e a detenção administrativa como pena a ser aplicada.

Em 2003, ao assumir, o novo governo do Estado (PMDB) fez um movimento contrário. Primeiro, publicamente, apontou para a retomada da autonomia das organizações. O que aprofundou a fragmentação e a falta de coordenação do sistema de justiça e polícia, com organizações cada vez mais fechadas e estanques, pouca sincronia, baixa complementaridade e frágil coordenação. Depois, estabeleceu um discurso que estimulou a violência policial, recriando "publicamente" as categorias das pessoas do bem e do mal, fortalecendo a ideia da intervenção policial como uma atividade de justiceiros sociais a defender as classes "boas", a qualquer custo, em uma luta em que o mocinho deve vencer.

Todas as ações que conduziam a uma proposta integradora foram desconstituídas ou no mínimo estagnadas, como o projeto do termo circunstanciado e o Boletim

Único de Ocorrência e suas decorrentes, banco de dado único, atendimento integrado, áreas de responsabilidades conjuntas, cursos de formação ou qualificação separados. Em resumo, se estabeleceu uma volta ao modelo tradicional, fragmentado e com grande ênfase no sistema de repressão da justiça criminal. O discurso público do governo estadual, com grande repercussão pela mídia gaúcha, apontava para a volta da "verdadeira polícia", com grandes ações repressivas, com independência organizacional, "autoestima policial" elevada e gestão despartidarizada, que estaria produzindo um enfrentamento mais qualificado e com resultados cada vez mais satisfatórios. No entanto, as evidências mostravam que o quadro piorava, com a ampliação do sentimento coletivo de insegurança e o agravamento da insatisfação popular com os serviços prestados nessa área.

Outro elemento dessa política de segurança foi a proposta apresentada e aprovada pela Assembleia Legislativa, ainda em 2003, do Programa de Militares Estaduais Temporários da Brigada Militar, que previa o ingresso de policiais por tempo determinado e com uma formação/qualificação fragilizada para exercer determinadas atividades policiais, entre as quais a guarda externa de estabelecimento penal. Minha avaliação foi que a proposta tinha sua centralidade na precarização do exercício da profissão policial, não só não auxiliando na busca de solução para melhorar a polícia, como estabelecendo uma perspectiva de prejuízo ao interesse público, pelos desperdícios em uma alternativa com nenhuma eficiência/eficácia na melhoria da segurança e que tinha grandes probabilidades de produzir efeitos colaterais, como o aumento das atuações desastrosas, individuais e coletivas, desses servidores, com danos muitas vezes irreversíveis. Ou, ainda, a possibilidade de disseminação dessa proposta para os mais diversos usos da prática policial em todos os níveis de atuação, estabelecendo uma alta rotatividade de pessoal sem que se estabelecesse um aprofundamento da qualificação profissional e um vínculo funcional, que deveria contemplar uma atividade exclusiva do Estado, como a polícia. Foram selecionadas e constituídas turmas de policiais militares temporários, mas, atualmente, esse programa não está sendo utilizado.

Considerações finais

Os últimos 30 anos mostraram uma crise na segurança pública brasileira e, em consequência, nas polícias. Em vários momentos, crises produziram movimentos nacionais que pressionaram os legisladores federais a iniciarem propostas de mudanças, sem que até o momento, efetivamente, algo de significativo tenha sido realizado. Esse processo nos últimos anos funcionou como uma sanfona, ora elevando o debate e a discussão, sem efetivações, ora fora de pauta e esquecido. Muitas experiências foram realizadas, algumas trouxeram resultados satisfatórios, outras foram abandonas pelo caminho, ou porque não deram certo ou porque os novos dirigentes tinham outra concepção.

Essa crise atual foi sendo construída a partir políticas públicas dissociadas das reais causas da insegurança, o que produziu, no que era para ser o sistema de justiça e polícia brasileiro, entre outras consequências, a falta de investimento público, o distanciamento da comunidade, a fragilidade do controle social, o amadorismo, a fragmentação, a desorientação coletiva e o isolamento das organizações.

Posso afirmar que as condições da polícia brasileira e, em especial, da Brigada Militar, hoje é muito melhor que nos anos 1980 e 1990, no que se refere às condições de serviço e ao processo de qualificação e valorização. No entanto, tenho o sentimento de que os valores predominantes na sua formação e atuação ainda são aqueles oriundos do modelo tradicional, vigente no início da década de 1980, orientado principalmente pela concepção jurídica positivista e militarista.

Continuamos no centro da crise e na busca por soluções adequadas. Buscamos encontrar elementos para a elaboração de uma nova política de segurança pública, baseada na democracia e cidadania, que defenda e garanta direitos. A partir dessa nova política de segurança pública, também buscamos constituir um novo modelo de polícia, que tenha o seu eixo centrado na garantia de direitos e na prestação de serviço à sociedade.

Precisamos mudar a polícia, mas isso somente tem sentido a partir da elaboração de uma política de segurança pública adequada ao contexto atual do país. Uma política alternativa de segurança pública que passe pela compreensão ampliada do conceito de prevenção, em que se agregue às ações repressivas representadas pelo sistema de justiça e polícia uma proposta de intervenções adequadas e qualificadas, cada vez mais próxima das comunidades locais e de suas peculiaridades. Ações preventivas, representadas por políticas públicas nas áreas sociais e atividades comunitárias direcionadas ao fortalecimento da inclusão social e coesão comunitária. Uma política que realmente seja realizada a partir de um processo que contemple uma coordenação, integração e complementação entre as diferentes esferas da segurança pública, a partir da qual possamos redefinir a polícia, saindo da perspectiva de uma atividade simples e amadora e evoluindo para a condição de profissão complexa, que necessita de qualificação, técnica apurada nas intervenções do cotidiano e de uma gestão especializada. Consideramos que esses são elementos básicos para a prática policial em um cenário político e social democrático e de pleno exercício da cidadania.

OS POLICIAIS CIVIS DE LINHA DE FRENTE NA NOVA ORDEM DEMOCRÁTICA

Ludmila Mendonça Lopes Ribeiro
David Marques
Samira Bueno
Sara Prado

Catia Simone Gonçalves Emanuelli é agente da Polícia Civil de Sergipe desde 2002. Nascida em 1971, desde criança queria ser investigadora. Orgulha-se de pertencer à instituição que, mesmo reconhecendo problemas importantes, acredita que está em franco processo de mudança para melhor.

Luís Fernando Coradini nasceu em 1983. Filho e irmão de policiais, é agente da Polícia Civil de São Paulo desde 2000. Tendo iniciado como motorista, hoje é investigador e se diz apaixonado pela polícia desde o primeiro dia de trabalho.

Nascido em 1971, Erivaldo Marques Pereira é escrivão da Polícia Civil do Mato Grosso do Sul desde 2003. Sente-se realizado como profissional, mas acredita que a formação dos policiais ingressantes deveria ser mais longa e aprofundada, tendo aprendido muito do seu ofício na prática, com os policiais mais velhos.

Jaqueline Silva de Oliveira nasceu em 1971. Carcereira da Polícia Civil de Minas Gerais desde 1991 e detetive desde 2001, lembra-se de ver, durante sua formação, algumas delegacias que tinham pau-de-arara e diz não sentir nenhuma saudade do tempo da academia, instituição que na época "cheirava ainda muito ao militarismo".

Assim como Jaqueline, Paula Luciana Barbosa da Silva – nascida em 1971, carcereira da Polícia Civil de Minas Gerais desde 1991 e detetive desde 2001 – também sentiu os resquícios do autoritarismo militar nos tempos de formação.

Apresentação

A proposta deste capítulo é abordar o funcionamento da polícia civil na ordem inaugurada após a transição democrática completada em 1985, a partir da visão de seus protagonistas de linha de frente. A ideia não é realizar uma análise do modelo de polícia judiciária e sim apresentar ao leitor uma reflexão sobre os profissionais que trabalham na delegacia, exercendo funções de menor visibilidade.

Tradicionalmente, a República dos Bacharéis[1] tem na figura do delegado a representação mais imediata da polícia civil, o que termina por relegar a segundo plano atores como agentes policiais, investigadores (ou detetives), escrivães e carcereiros, que se encontram nas posições mais baixas do organograma de uma delegacia (Figura 1).

---

1 Forma de denominação dos bacharéis em direito, que compunham a elite política brasileira do primeiro reinado. Nesse sentido, ver Castro (1995).

Figura 1 – Organograma tradicional da distribuição de funções dentro de uma delegacia de polícia.

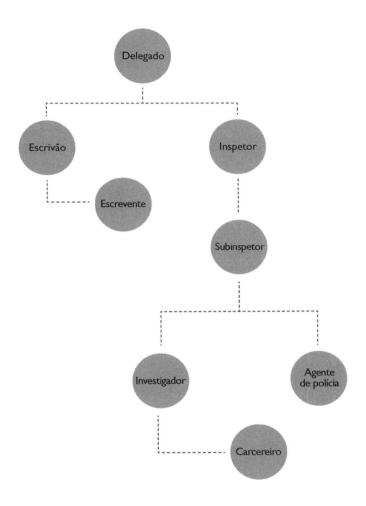

Fonte: Paixão (1982, p. 72)

Assim, aumentar a visibilidade dos profissionais que exercem a função de linha de frente, que atuam atendendo os cidadãos, registrando depoimentos, investigando a dinâmica de delitos, conduzindo suspeitos encarcerados para audiências e guardando os sujeitos presos, é algo premente quando se apresenta um diagnóstico das forças policiais no contexto democrático.

As falas apresentadas neste capítulo são oriundas de entrevistas com os agentes de polícia Luís Fernando Coradini e Catia Simone Gonçalves Emanuelli; o escrivão Erivaldo Marques Pereira e as carcereiras Jaqueline Silva de Oliveira e Paula Luciana Barbosa da Silva, posteriormente transformadas em detetives.[2] O critério que orientou a escolha desses interlocutores foi a preocupação com a inclusão de todos os níveis organizacionais, além da diversidade de gênero e naturalidade, com vistas à produção de uma reflexão essencialmente múltipla, em termos de percepções acerca da instituição e do significado do trabalho de um policial civil.

Os agentes foram ouvidos em separado, com exceção das carcereiras, que optaram por um diálogo coletivo. O roteiro que norteou a conversa foi organizado em quatro seções, com o objetivo de identificar mudanças e permanências na corporação com o avanço do próprio entrevistado na profissão,[3] bem como mapear as percepções dos entrevistados com relação aos resquícios de autoritarismo em uma instituição qualificada como democrática.

Como a ideia é dar voz a esses atores, serão apresentados os discursos dos próprios policiais que "[...] estruturam os significados que conformam a ação policial, em grande parte independendo de estruturas organizacionais, tantas vezes reformadas sem alcançar resultados" (BRETAS, 1997, p. 81). O que se pretende elucidar é como, apesar da mudança de regras formais, alguns resquícios do autoritarismo se fazem presentes tanto na forma de condução do trabalho como na dinâmica de relacionamento entre delegados e demais policiais civis. Desse modo, suas falas serão apresentadas sem maiores edições ou questionamentos, sendo entrecortadas por explicações pontuais sobre as atividades da instituição e seus desenvolvimentos após a transição democrática.

---

2   A partir dos anos 2000, quando a transferência dos presos sob guarda da Polícia Civil foi finalmente concluída e passada para a Subsecretaria de Administração Prisional (SUAPI), a carreira de carcereiro foi automaticamente absorvida pela de detetive. Nesse sentido, ver Emenda Constitucional Estadual Nº 52/01.

3   A metodologia utilizada foi a história oral, a partir da realização de uma entrevista em profundidade com a função de retratar as experiências vividas por determinadas pessoas com a finalidade de reconstituir eventos históricos. Nesse sentido, ver Alberti (2004).

A escolha pela profissão

Entender quem é o sujeito foi o ponto de partida dos diálogos com os policiais civis de linha de frente. O mote foi a reconstituição do conjunto de eventos que marcaram a constituição do indivíduo em um profissional de linha de frente. Nesse sentido, a primeira pergunta versou sobre a escolha da carreira policial, com vistas a verificar se foi a vocação que empurrou os entrevistados para a instituição, posto ser este o motivo comumente apresentado pelos policiais como determinante da escolha pela profissão (BRITO *et al.*, 2004).

LUÍS FERNANDO CORADINI (PCSP): Olha, eu não tinha aspiração por ser policial. Eu decidi entrar porque era uma das últimas chances que eu tinha de conseguir um emprego estável. Por ter passado por vários empregos, apesar de nunca ter sido mandado embora, eu não conseguia me estabelecer. Então, veio a ideia. Meu irmão me chamou a atenção que era um emprego. Ser funcionário público é ser estável, e eu acabei assumindo isso. Acabei prestando concurso e passando no ano de 1997. Em 1999 eu fui chamado e em 2000 eu assumi, já vindo para Pirassununga. Para mim foi bom, porque pelo menos eu me estabilizei naquele momento.

CATIA SIMONE GONÇALVES EMANUELLI (PCSE): Chegando em Sergipe, em 2001, eu vi que tinha um concurso aberto para o nível médio. Como eu ainda não estava formada, era o único concurso que eu poderia fazer, e, por incrível que pareça, era algo que desde criança eu tinha uma vontade muito grande. Eu queria ser policial, ser investigadora, não era da PM. Eu sempre tive um tino para a investigação, desde criança. Meu pai tinha um amigo inspetor da Polícia Civil do Rio Grande do Sul e eu achava o máximo a atividade dele e tudo. Eu vi o edital e falei: "Vou fazer esse concurso". Fui, fiz, passei; passei muito bem colocada.

ERIVALDO MARQUES PEREIRA (PCMS): Na realidade, em princípio, eu não tinha planos. Nunca idealizei essa meta de entrar na polícia civil. Ocorreu a situação em que apareceu o concurso público, eu falei: "Ah, vou entrar nesse concurso". Quando eu vi, estava lá dentro da academia, fazendo academia de polícia, para trabalhar como escrivão. E gostei, não posso reclamar de jeito nenhum daquela atividade.

JAQUELINE SILVA DE OLIVEIRA (PCMG): Bom, eu era muito nova. Quando entrei na polícia civil eu ia completar 20 anos. Tinha dois anos que eu trabalhava no comércio, e um primo lá na família já era policial. Ele acabou me incentivando, inclusive ele que fez a minha inscrição. Eu fiz para um cargo que exigia um nível de escolaridade bem abaixo do que eu já tinha. Então, não foi difícil. Eu passei no concurso para o nível médio.

PAULA LUCIANA BARBOSA DA SILVA (PCMG): Na verdade, eu era noiva e nós estávamos programando casar. Eu não tinha emprego e o meu noivo tinha acabado de entrar para polícia militar, como soldado. Eu fui fazendo vários concursos: eu fiz auxiliar de nutrição, eu fiz da polícia e fiz uns outros também, porque eu ia casar e tinha que arrumar emprego rápido. Na verdade, eu passei como auxiliar de nutrição, mas também passei na polícia, só que para a polícia eles me chamaram primeiro. Eu acabei, realmente, entrando como opção.

Os entrevistados apontam para o quão falacioso pode ser o discurso da vocação em um país marcado pela desigualdade social, em que os indivíduos com ensino médio têm opções limitadas de ocupação, sendo a mais atraente delas o emprego público. Para alguns deles ser policial significa ter uma renda previsível ao longo do tempo, o que se constitui em garantia de uma vida tranquila, do ponto de vista da sobrevivência. Para outros, a entrada na polícia, além de tranquilidade financeira, foi um acaso, por não fazer parte das possibilidades de escolha previamente disponíveis para o ingresso no mercado de trabalho. Apenas em uma situação a entrada na polícia civil foi algo pensado anteriormente e, por isso, relacionado ao discurso da vocação. Exatamente por isso a reação da família e dos círculos mais próximos de relacionamento foi de surpresa à decisão do entrevistado de se conformar em um policial de linha de frente.

LUÍS FERNANDO CORADINI (PCSP): O meu pai já era falecido. O meu irmão ficou muito feliz, minha família ficou muito feliz. A minha mãe detestou porque ela achou que, como eu sou atirado, gostando do que faria, ela ficou muito preocupada por [eu] ser policial. A minha família, a minha esposa também gostou dessa situação.

CATIA SIMONE GONÇALVES EMANUELLI (PCSE): O meu marido nunca mediu esforços para que eu conquistasse os meus ideais; ele, para mim, é o meu maior admirador e incentivador, eu não posso reclamar.

ERIVALDO MARQUES PEREIRA (PCMS): É, a reação da minha família foi de surpresa, porque eu não tinha esses planos e, de repente, estava lá integrando os quadros da polícia. No primeiro momento foi de surpresa, mas, enfim, nada contra por parte deles.

JAQUELINE SILVA DE OLIVEIRA (PCMG): Pelo fato de ter sido aprovada em concurso público meus familiares ficaram felizes, por eu ter saído do comércio. Sempre havia aquelas falas de que comércio não dava futuro a ninguém, era escravizador. Eles ficaram bastante felizes.

PAULA LUCIANA BARBOSA DA SILVA (PCMG): Meu pai procurou e viu que eu que tinha passado e não ficou muito animado, porque eu não tinha nada a ver. O meu perfil não tinha nada a ver com a polícia, porque eu era muito fresca. A minha mãe me deu os parabéns, mas também foi aquela coisa... O incentivo do meu noivo, na época, foi uma coisa maravilhosa: ele me deu os parabéns e a reação dele era uma coisa mais animada.

Em nenhum dos discursos a reação à escolha da carreira de policial civil foi negativa, mesmo que o serviço não fosse aquele com o qual o indivíduo se identificava ou a profissão que o interlocutor aspirava. A escolha pelo emprego público é, entre os familiares dos entrevistados, algo que merece aplausos e não vaias, independentemente da natureza da ocupação.

O tornar-se policial

A constituição da polícia civil como instituição responsável pela condução do inquérito policial, instrumento administrativo que serve de base para a denúncia oferecida pelo promotor de justiça, remonta à chegada da família real ao Brasil, quando um incipiente sistema de justiça criminal foi formado para processamento dos conflitos (BRETAS, 1998). Desde então, diversas foram as mudanças nas atribuições dessa organização, bem como em sua estrutura e funções.

De certa maneira, foi com a Constituição Federal de 1988 que o papel tão somente de investigação foi atribuído à polícia civil.[4] Todavia, é consenso entre os especialistas remeter à existência de certa nuvem cinzenta sobre os limites da ativi-

---

4   Constituição Federal de 1988, Art. 144, § 4º – às polícias civis, dirigidas por delegados de polícia de carreira, incumbem, ressalvada a competência da União, as funções de polícia judiciária e a apuração de infrações penais, exceto as militares.

dade de polícia judiciária, em razão da própria natureza do serviço de policiamento (MINAYO; SOUZA, 2003). Isso ocorre porque na atividade de policiamento "[...] se misturam as ações da polícia ostensiva (local do crime), investigação (Polícia Civil) e denúncia (Ministério Público), o julgamento e a sentença (justiça propriamente dita)" (CERQUEIRA, 1992, p. 12). Logo, ser policial civil pode significar o desempenho de quase todas as atividades que compõem o sistema de justiça criminal.

Se a Constituição de 1988, por si só, não foi capaz de delimitar de maneira fática as funções da polícia civil, o mesmo pode ser dito em relação à mudança de culturas – autoritária para democrática. As carcereiras de Minas Gerais, que ingressaram na polícia no início da década de 1990, destacaram a continuidade de práticas autoritárias durante o curso de formação, que ocorreu em pleno contexto democrático.

JAQUELINE SILVA DE OLIVEIRA (PCMG): Eu me lembro que o país cheirava ainda muito ao militarismo. Durante o curso de formação, a gente fez visita a algumas unidades que tinham o famoso pau-de-arara. As histórias que os policiais da época contavam remetiam na cabeça da gente ao militarismo. Eu cheguei a pensar que havia entrado para a polícia militar – até o nosso curso de formação teve algumas situações que se assemelhavam bastante à polícia militar.

PAULA LUCIANA BARBOSA DA SILVA (PCMG): Naquela época muito da visão passada na academia era militar realmente. Às vezes até alguns professores eram militares. A gente seguia realmente uma linha meio militar. A chefia não se preocupava com julgar e chamar atenção na frente de todo mundo. Era todo mundo na formação de ordem unida: como os militares, mãos para trás. Ordem unida é quando coloca os policiais em formação militar, sentido, marchar, marchar da academia até ao IML [Instituto Médico Legal], marchar da academia até o conjunto habitacional que tem lá atrás. Eu não esperava esse tipo de tratamento: gritar com a gente, expor a vexame, falar palavras que eram palavras bem duras inclusive. Eu não esperava. Eu estava entrando para uma polícia investigativa, e que eu queria entrar para uma polícia que não me fizesse parecer policial, porque eu entendia que o serviço investigativo, quanto menos eu parecesse um policial, melhor. E ali não, eu estava entrando para uma polícia militar.

O contexto político é relevante para o entendimento da formação policial por conceder as nuances que irão perpassar o processo de socialização que visa transformar indivíduos em seres policiais; que pensem, sintam e ajam como policiais civis em quaisquer contextos da vida cotidiana. Ocorre que, mesmo para os policiais que ingressaram nos anos 2000, o curso de formação não foi estruturado visando tamanha transformação do sujeito. São poucos meses (entre dois e seis) com disciplinas essencialmente técnicas, focadas somente no exercício de determinadas dimensões do trabalho policial, impedindo uma visão geral do serviço de polícia judiciária, o que contribui para que o indivíduo chegue à delegacia sem qualquer preparação para ser policial de linha de frente.

LUÍS FERNANDO CORADINI (PCSP): Olha, o curso para agente policial, por ser a nomenclatura de motorista de viatura da época, foi muito focado nos trabalhos específicos de motorista, foi focado no trabalho de você ter um conhecimento sobre motores, você ter conhecimento sobre o trabalho específico de agente policial. Não foi um curso como o de investigador, abordagem, rua, essas coisas. Como eu sou um pouquinho mais além do que comum, porque faz parte da minha personalidade, eu procurei ir aprendendo algumas coisas. Mas, especificamente, o curso foi baseado em agente policial, que é a nomenclatura de motorista de viatura.

ERIVALDO MARQUES PEREIRA (PCMS): Na verdade, o curso de formação foi bom, embora eu creio que ainda foi pouco. Acho que o policial hoje, para ele ser muito bem formado, ele precisa de uma formação mais intensiva, mais prolongada, enfim, uma série de questões que precisavam ser revistas. Mas foi um curso bom.

JAQUELINE SILVA DE OLIVEIRA (PCMG): Foram seis meses. Tinha umas disciplinas que eram gerais, para todos os policiais. A nossa aula de tiro foi deficiente porque o carcereiro não podia usar arma dentro do presídio, só fora. Enquanto os detetives tinham treinamento de armas pesadas, nós só tivemos de armas de porte pequeno. No geral, o curso de formação foi bem específico dentro da carreira. Eram carcereiros, na maioria, que davam aula, que ensinavam a função na prática. E tinha outras funções gerais, área do direito, ensinavam algumas coisas assim. Inclusive, eles disseram para a gente que sentiríamos saudade da academia. Eu não sinto nenhuma.

PAULA LUCIANA BARBOSA DA SILVA (PCMG): Foram quatro meses na academia e dois de estágio. Existia uma equipe de carcereiros, para te dar uma noção, para fazer você aprender vocabulários de cadeia, maldades de cadeia, coisas para você usar no seu profissional.

Se, em tese, "[...] o acesso às diversas carreiras policiais se dá através de concurso públicos, cada carreira exigindo requisitos mínimos de escolaridade e a socialização se completa em cursos formais, realizados nas Academias de Polícia" (PAIXÃO, 1982, p. 68), as falas dos policiais apontam para um cenário muito distinto do previsto pelas regras formais, reforçando o saber prático aprendido com os mais velhos em detrimento de cursos de formação expressos. Nem por isso os entrevistados avaliam a formação como ruim.

Existe uma visão compartilhada pelos policiais de que "[...] nenhum tipo de formação conseguirá abranger todos os conhecimentos e habilidades, porque grande parte do que é requerido de um profissional virá da prática, das estratégias e dos modos operatórios que a realidade exige" (MINAYO; SOUZA, 2003, p. 98-99). As rotinas das delegacias são entendidas como as responsáveis por ensinar ao indivíduo como ser policial, sendo os instrumentos utilizados nesse empreendimento, muitas vezes, atributos que o policial deve trazer consigo, como a intuição.

LUÍS FERNANDO CORADINI (PCSP): Nós tínhamos o nosso armamento, que eu tenho até hoje. Nós tínhamos uma viatura, que era um Opala, na época [19]85, mas um carro muito bom, que a gente procurava manter sempre em pé, como a gente diz na gíria policial. Fora isso, era mais na base da raça, porque a parte técnica, mesmo, a gente não tinha. Às vezes a gente tinha mais vontade, a gente ia à capital, conhecia um, conhecia outro, conseguia algumas coisas que, depois, você vai ver mais à frente, que a gente vai conversar, vou dar algumas informações sobre isso. A gente era mais na base da raça; você conseguia informações pelo que você era na rua.

CATIA SIMONE GONÇALVES EMANUELLI (PCSE): Quando eu cheguei na delegacia a algema que eu tinha era minha; a gente não tinha colete. A minha mestra, mentora, a primeira delegada com quem trabalhei, eu devo a ela tudo que eu aprendi. Todos esses bons valores que eu cultivei dentro da instituição da polícia civil, eu devo a ela. Isso é muito importante na formação do policial; se ele pegar alguém que não tem esse mesmo viés, ele pode destruir a sua carreira, porque é a ponta, é você que está executando. Nunca vai chegar em quem mandou, sempre vai chegar em quem está executando. O policial, às vezes, não tem esse tino para perceber isso: "Pêra aí! Tudo bem, eu tenho um chefe, ele manda, mas ordem manifestamente ilegal eu não vou cumprir". E tem gente que cumpre, porque entra na pilha de "eu sou o máximo, eu resolvo tudo". E não é assim.

ERIVALDO MARQUES PEREIRA (PCMS): Bem, eu fui lotado, após minha nomeação, na 1ª Delegacia de Polícia de Campo Grande, uma delegacia extremamente puxada, com um número de boletins de ocorrência (BO) muito grande, que eram registrados diariamente, ou seja, muito trabalho. Os meus colegas eram aqueles policiais mais antigos que estavam ali, com exceção de uns dois, três novatos, que foram comigo. Os demais eram policiais bem mais antigos, que eram quem nos ensinavam ali algumas coisas, porque estávamos iniciando.

JAQUELINE SILVA DE OLIVEIRA (PCMG): Na época, lá no interior, era o olho e o tato, não tinha mais nada. A gente não dispunha de luva, de detector de metal, não dispunha de nenhum tipo de equipamento. Eu tinha que dar revista nas mulheres dos presos, era na mão mesmo, sentir mesmo; era tato e olho, não tinha outra ferramenta.

PAULA LUCIANA BARBOSA DA SILVA (PCMG): Na verdade, nós não éramos aquela turma que chegava de manhã com a marmita dentro da mochila; porque não tinha aquela estufa, já de início, porque o carcereiro é considerado uma pequena coisinha na delegacia. Na verdade, o carcereiro era tratado como militares. Mas tinha uma grande diferença: nós éramos colocados para catar guimba de cigarro nos campos, nós éramos colocados para lavar banheiro nos campos. Na verdade, nós éramos empregados daquela turma de detetives. Isso criou muita revolta, naquela época, a ponto de ter brigas entre carcereiros e detetives, a ponto dos delegados prestarem atenção. Realmente, no início do meu trabalho eu fiquei muito revoltada com a diferença.

A formação prática dos policiais de linha de frente envolve o conhecimento dos repertórios de ação dos mais antigos e a cristalização de atributos como bravura ou raça, que incluem a capacidade de trazer recursos pessoais para dentro da instituição, a partir da aquisição de insumos básicos, do acionamento das redes de relacionamento pessoais para esclarecimento do caso. São experiências que indicam a capacidade do indivíduo em se moldar de acordo com as regras que estruturam o papel social de policial civil. Entre essas, destacam-se o aprendizado de regras de hierarquia não especificadas nos organogramas formais e a sujeição aos comandos dos delegados de polícia, autoridade máxima de uma delegacia, bem como aos investigadores ou detetives, que seriam os responsáveis pelo desempenho da função fim da polícia civil, o inquérito policial.

A vivência nas delegacias de polícia informa aos recém-ingressos que as regras aprendidas na academia, durante o curso de formação, podem ganhar novos contornos e interpretações. Do ponto de vista prático, é possível alterar a classificação funcional de determinados sujeitos sem que isso implique questionamentos ou qualquer tipo de formalização. Há um aparente desprezo pelas regras formais, que são a todo tempo ressignificadas na atividade cotidiana dos distritos, mesmo que uma parte dos policiais resista a essa imprevisibilidade.

LUÍS FERNANDO CORADINI (PCSP): Eu fiz concurso para agente policial. Eu prestei o concurso, no ano de 1997, específico para a função de agente policial. Mas hoje sou investigador. Eu ia de motorista, porque eu sempre gostei de dirigir. Às vezes os detetives estavam conversando alguma coisa, as pessoas investigativas [aquelas que realizam a função de investigação], e eles me pediam para pegar alguma coisa. Eu pegava o carro e ia, pegava a viatura. Foi o começo. A mudança de motorista para investigador foi uma transição tranquila, foi com esse começo mesmo.

CATIA SIMONE GONÇALVES EMANUELLI (PCSE): Quando a nossa turma entrou fazia muitos anos que não tinha concurso, grande parte das pessoas que exerciam a função policial não eram policiais. Eles atuavam como policiais, foram reenquadrados como policiais. Mas originalmente eles trabalhavam na conservação e limpeza da delegacia; e, por estarem numa delegacia, foram enquadrados como agentes de polícia, auxiliares de polícia. Eu me lembro que o pessoal dizia: "Ah, mas o pessoal era faxineiro outro dia e agora é policial". Eu falei: "Mas a partir do momento que você enquadra uma pessoa e diz que ele é policial, ele tem que agir como tal; e ele está certo, ele vai querer a arma dele, a algema dele, a carteira e o salário que ele tem direito. Você não pode tratar de maneira diferenciada. Ele não vai, talvez, ter o conhecimento necessário para aquela atividade, naquele momento, mas, a partir do momento que teve uma lei que disse que você não é mais faxineiro, você é auxiliar de polícia, por exemplo, a pessoa vai ser. E a gente tem que respeitar". Você está tendo essa questão assim, de verificar que não é o agente, o escrivão, o delegado; é a competência profissional daquela pessoa, é a formação profissional que ela tem para desempenhar aquela função, não interessa o cargo que ela ocupa de concurso público.

JAQUELINE SILVA DE OLIVEIRA (PCMG): Eles não se conformam de a gente [carcereiro] ter sido transformado em investigador. Eles não falam das outras duas carreiras que também foram transformadas, só falam do carcereiro. Para eles é em pé de igualdade, mas o carcereiro sempre foi considerado aquém. Na verdade, a polícia tinha raiva de ter que tomar conta de preso e atribuía isso aos carcereiros. Os carcereiros existiam porque tomavam conta de presos, mas eles tratavam como se fosse o contrário, era muito rechaçado, era muito humilhado. O cargo em si era preterido em várias situações, várias, inúmeras situações, era muito preterido. Isso fez com que o carcereiro se especializasse em muitas coisas, e superasse em muitas atividades o detetive, razão pela qual alguns carcereiros foram trabalhar no serviço de investigação e detetives foram trabalhar na carceragem.

Fazer concurso para uma determinada ocupação não significa realizar a função, pois tudo depende dos recursos que o indivíduo traz consigo (como o faro policial) e dos que ele é capaz de adquirir com a vivência em um distrito policial (expertise e rede de influências). Além disso, a ausência de recursos humanos na delegacia pode ser determinante para a natureza da atividade que o recém-ingresso irá realizar. Por exemplo, se a delegacia pede à chefia da polícia civil um investigador e, tempos depois, recebe um carcereiro, este será treinado para a realizar as funções do primeiro, investigando o caso e cumprindo diligências típicas dessa ocupação. Portanto, parte da ausência de diferenciação real entre pessoas pertencentes às carreiras distintas dentro da rotina policial deve-se à insuficiência de recursos humanos naquela função.

Como existe um intercâmbio muito grande entre os policiais de linha de frente, eles se percebem, em algumas dimensões, como um grupo cuja identidade é definida pela oposição ao delegado de polícia. Afinal, essa é a única instância que permanece bloqueada aos demais funcionários da delegacia, sendo acessível por bacharelado em direito e concurso público específico para a função. O problema é que na República dos Bacharéis o delegado é entendido como o único responsável pelo serviço de polícia judiciária. Com isso, os segmentos hierárquicos mais baixos tendem, em seus discursos, a reforçar a percepção de que o verdadeiro trabalho da polícia civil só é possível se eles existirem, diminuindo a centralidade atribuída ao delegado de polícia pela instituição e pela própria sociedade.

LUÍS FERNANDO CORADINI (PCSP): Eu não vejo diferença, não. Eu acho que talvez estejam querendo dar um pouquinho mais de visibilidade para o delegado. Então é delegado aqui, e agente aqui, mas agente inclui investigador, escrivão, carcereiro, agente de telecomunicações, papiloscopista; tem tanto nome de ocupação dentro da polícia civil que talvez se chame tudo de agente ou de delegado. Eu acho que delegado pode ser agente, agente pode ser delegado, dentro do que tiver de peculiar.

CATIA SIMONE GONÇALVES EMANUELLI (PCSE): O verdadeiro trabalho de polícia, dentro da delegacia, são os agentes e escrivãs, na sua grande maioria não querendo denegrir a imagem de delegado nenhum; esse trabalho mais pesado é o pessoal que faz. Até porque o delegado não tem tempo de fazer tudo; se ele sozinho parar para pegar todos os inquéritos que dez agentes de polícia e escrivãs fazem, eles não vão dar conta. Eles precisam de ajuda, e os policiais de ponta fazem a diferença.

ERIVALDO MARQUES PEREIRA (PCMS): Na verdade, todos fazem o verdadeiro trabalho de polícia. Geralmente, tem-se aquela coisa de dizer que não, sou eu, o escrivão; quem trabalha dentro da delegacia é o escrivão. E não é. Às vezes a gente até comete essa besteira de dizer isso, mas, na verdade, é um conjunto de coisas, até porque o escrivão não faria nada ali se outros não tivessem feito chegar aquele procedimento ali. Quem faz o verdadeiro trabalho de polícia são todos os policiais. Não basta ser policial, tem que ser o policial que veste a camisa realmente, esse policial que está imbuído desse trabalho profissional, que é desenvolver o seu trabalho. É o delegado de polícia, é o escrivão, é o investigador, enfim, todos os demais profissionais, o perito, o papiloscopista, que estão envolvidos no trabalho policial.

JAQUELINE SILVA DE OLIVEIRA (PCMG): A polícia hoje investe mais na formação do investigador, tanto que o delegado se sente um investigador. O delegado é um investigador, o que o diferencia é autoridade dele em relação aos demais. Hoje a polícia já está conseguindo diferenciar bem isso e profissionalizar mais o investigador, que é quem faz o verdadeiro trabalho da polícia.

PAULA LUCIANA BARBOSA DA SILVA (PCMG): Na verdade, são os agentes, os detetives que fazem o trabalho, porque nós é que saímos para a rua. O delegado, geralmente, determina o que ele quer, mas na linha investigativa você vai colocando cada pauta. E você mesmo redige e você entrega para o delegado; ele lê e depois faz a matéria para a imprensa, porque a equipe entregou. Mas a equipe não aparece, só aparece as prioridades. Mas quem fez toda aquela investigação foram os agentes.

Os depoimentos reforçam a dicotomia nós *versus* eles, representada pelo embate entre os policiais de linha de frente *versus* os delegados de polícia. Essa dimensão pode ser explicada pela ossatura do modelo de polícia civil que, "[...] sendo responsável pela investigação criminal, estrutura-se em torno do inquérito policial em uma unidade policial (delegacia) cujo centro lógico é o cartório" (RATTON *et al.*, 2011, p. 154), espaço ocupado por agentes, investigadores e antigos carcereiros enquadrados em outras funções que não a chefia da delegacia.

Por outro lado, a tensão produz uma nova categoria ocupacional dentro das delegacias: o policial que não é delegado, que deve estar preparado para qualquer tipo de função, missão ou atividade, independentemente de sua formação e do seu enquadramento funcional dado pelo concurso que foi prestado. Ser policial de linha de frente é, sobretudo, aprender a sentir e a agir como os demais que não são delegados, independentemente da formação que a academia de polícia oferece e, especialmente, dos recursos (in)disponíveis para o cumprimento da missão. Ou seja, "[...] ser policial é, sobretudo, uma razão de ser" (MUNIZ, 1999, p. 1).

Para expressar o significado dessa maneira de agir, pensar e sentir os policiais remetem a sentimentos amorosos, destacando como o seu relacionamento com a polícia possui uma dimensão familiar. Ser policial é uma identidade que se sobrepõe a todas as demais, fazendo com que qualquer mudança na instituição seja sentida como uma violência ao sujeito que dela faz parte. Com isso, as mudanças em curso na atualidade, em termos de maior valorização dos procedimentos em detrimento do saber prático, contribuem para o desgaste de uma relação que é, acima de tudo, afetiva.

LUÍS FERNANDO CORADINI (PCSP): O dia em que eu entrei na polícia me apaixonei por ela. Amo a polícia de paixão, mas eu estou com um pequeno litígio com ela. Esse pequeno litígio é como as coisas que acontecem num casamento, coisas que acontecem numa vida a dois; e eu tenho vida a dois com a polícia, porque a minha vida de policial sempre foi uma vida realmente a dois, eu considerei a polícia sempre a minha parceira, minha mulher, minha tudo. Eu adoro, adoro o trabalho policial, principalmente a investigação, eu amo de paixão investigar. Mas eu estou com um pequeno litígio porque é a vida, as coisas vão acontecendo, você não vai conseguindo mais fazer tal coisa, a papelada aumenta, não existe a reposição de pessoal. Se falasse assim "Vão hoje lá dez investigadores, e você vai comandar a equipe nova lá para investigar", mesmo com 51 anos, com problema de coluna, eu vou, eu vou investigar. Mas hoje não se consegue fazer isso. Eu não estou falando que é errado, que é certo; eu estou falando que não se consegue. A polícia não é mais um atrativo para o jovem que se forma, não tem mais atração ser policial.

CATIA SIMONE GONÇALVES EMANUELLI (PCSE): Depois de entrar para a polícia nunca mais falam seu nome, você sempre vai ser policial. A Catia não existe mais, o que existe é a policial Catia, policial civil Catia. Então, se eu xingar alguém na rua, foi a policial que xingou, não foi a Catia. Ninguém consegue mais dissociar a pessoa física do profissional. Se xingar alguém, se matar alguém, não num momento que está atuando, mas como pessoa, como ser humano, é a instituição que vai ser colocada em primeiro plano. Como a gente vê, às vezes acontece. Brigou no trânsito: "Onde já se viu policial brigando no trânsito?". Mesmo que você tenha razão, você não vai poder nem exercer o seu direito de reclamar. Você nunca mais terá vida própria, você vai estar sempre ligada à sua instituição. Por isso que até na sua vida privada, no seu final de semana, na sua folga, você tem que tomar cuidado com aquilo que você faz, porque a instituição está sendo representada por você naquele momento.

ERIVALDO MARQUES PEREIRA (PCMS): Ser policial civil, na verdade, é um desafio, como é para qualquer outra profissão. Claro que tem toda uma especificidade dentro do trabalho da polícia, mas, para mim, ser policial civil é justamente procurar fazer o objetivo maior da polícia civil, da polícia judiciária. É cumprir aquilo que a Constituição prevê, no sentido de proporcionar a segurança ao cidadão. Ser policial civil hoje é justamente tentar, enquanto profissional, contribuir naquilo que eu faço, escrivão, fazer da melhor forma possível, para que a nossa polícia, ela atenda realmente a sua finalidade. Assim, em termos profissionais, é isso. Em termos pessoais também eu me sinto realizado dentro daquilo que eu faço; não posso reclamar de jeito nenhum. E sempre aquilo que eu faço, eu procuro fazer com o maior zelo, porque acho que independentemente do tipo de profissional, você tem que fazer muito bem feito aquilo que você faz. No trabalho com os colegas, eu sempre falo: "Acho que no trabalho você tem que deixar a sua marca. Se eu posso deixar uma marca positiva, por que é que eu vou fazer o contrário?" Eu, quando faço um trabalho, na verdade é o meu trabalho, eu não posso fazer um trabalho de qualquer jeito; tenho que procurar fazer o trabalho da melhor forma possível.

JAQUELINE SILVA DE OLIVEIRA (PCMG): Eu diria que ser policial civil é ser mágico. Eu me sinto angustiada, no sentido de que, talvez, justamente porque nós estamos na era da tecnologia, a sociedade assiste muita televisão e espera da gente uma investigação no estilo CSI,[5] embora a gente saiba que muitos daqueles recursos lá existem, mas a gente não tem. Eu acho que a sociedade olha para mim e espera que vá sair um coelho da minha cartola. E isso me causa angústia.

PAULA LUCIANA BARBOSA DA SILVA (PCMG): Eu não sei o que é ser policial civil. Antigamente eu não gostava tanto, porque não foi uma opção. Hoje eu gosto muito de ser uma policial; eu gosto, gosto do que eu faço, me sinto orgulhosa. Mas existem alguns problemas. Eu, particularmente, me valorizo, eu me acho uma ótima profissional, esforçada. Mas a questão da polícia te valorizar é complicado. Muitos já te tratam meio diferente e, por isso, eu gostaria de ser delegada, para ter o poder e a regalia que eles [delegados] têm. Às vezes eu tenho até muito mais autonomia e muito mais valores que muitos delegados.

Contudo, essa razão de ser do policial encontra na sociedade o seu maior obstáculo. Os estudos existentes sobre o tema demonstram que os policiais percebem o ajuizamento da sociedade acerca do seu trabalho como "negativo e preconceituoso" (MINAYO; SOUZA, 2003; p. 170), transformando-o em uma espécie de "lixeiro da sociedade" (PONCIONI, 2007, p. 156). Os entrevistados reforçam essa percepção, indicando que a prestação do serviço de polícia é, muitas vezes, mal vista pelos próprios cidadãos e demais instituições do sistema de justiça criminal, o que contribui para a sua desvalorização.

LUÍS FERNANDO CORADINI (PCSP): Eu não tenho problema nenhum, todo mundo me vê como uma pessoa que trabalha, todo mundo me vê como uma pessoa que corre atrás. Mas a população não dá o devido valor para a polícia civil. Eu não vou saber falar para você, mas a gente vê muita coisa, muita gente que fala: "Ah, os caras não fazem nada, só andam de viatura o dia inteiro". Mas para cada saída você tem uma situação, você cria uma situação. Eu acho que a polícia civil faz um trabalho mais nas entrelinhas. Por exemplo, fica difícil a pessoa ficar sabendo quem foi condenado, mas fica

---

5 Sigla de Crime Scene Investigation série criada pela rede de televisão norte-americana, exibida pela TV brasileira, centrada nas investigações de um grupo de cientistas forenses de departamento de criminalística da polícia.

fácil a pessoa saber quem foi preso. O trabalho da polícia civil é de formiguinha. Essas pessoas acham que o nosso trabalho é elas virem aqui fazer o boletim de ocorrência e a gente resolver o problema para elas, independentemente de você ter um funcionário ou 50. Só que se esquecem que para resolver o problema delas tem todo um trâmite, tem todo um inquérito policial que vai e volta do fórum, tem toda uma investigação que vai porque não acha fulano, sicrano, beltrano. Talvez ela não dê esse valor porque ela não conhece essa situação. Essa desvalorização talvez seja por falta de conhecimento. Que, infelizmente, o brasileiro tem essa péssima mania de desvalorizar ou valorizar as coisas que ele não conhece. O que aparece na mídia é valorizado; o que não aparece, não é valorizado. Se eu não colocar nenhum trabalho meu na mídia, não é valorizado.

CATIA SIMONE GONÇALVES EMANUELLI (PCSE): Eu tenho muito orgulho da minha instituição, por mais que falem; por mais que a gente saiba que tem uma resistência grande da própria sociedade, que a sociedade, ela tem um problema sério, e é o Brasil inteiro, com a questão da autoridade. Eu acho que já vem também por todos os problemas que nós tivemos anteriormente. Mas eu brinco que o brasileiro é meio que transgressor nato. O policial, quando chega, se ele não tem uma formação mais tranquila, uma formação de valores de pai, de mãe, de família, ele pode se perder no meio do caminho, porque a população tenta te corromper. Eu acho que a gente tem alguns veículos de comunicação, jornais, que deixam isso muito claro. A população pede que a polícia torture, que a polícia mate; ela quer que a polícia resolva o problema, porque não entende que a justiça, depois, vai dar um tipo de encaminhamento.

ERIVALDO MARQUES PEREIRA (PCMS): Como escrivão, eu sinto que sou valorizado, sou respeitado dentro daquela minha qualificação. Mas, sem sombra de dúvidas, dentro de uma sociedade que tem estereótipos e com aquela visão de *status*, de enquadramento profissional, sem sombra de dúvida, o delegado teria um outro tratamento. Isso pelo próprio costume da nossa sociedade, que é assim: "Ah, o que é que você é?"

JAQUELINE SILVA DE OLIVEIRA (PCMG): Na minha opinião, eu acho que a sociedade nem vê o policial civil, porque toda vez que a gente diz que é policial civil os outros perguntam se a gente usa farda. Tem um delegado que tinha uma frase: "Frente ao perigo, a sociedade se lembra de Deus e chama a polícia. Passado o perigo, ela esquece Deus e amaldiçoa a polícia".

PAULA LUCIANA BARBOSA DA SILVA (PCMG): Eu não sei se é porque muita gente sabe que eu sou polícia, por eu ficar muito na rua, mas se alguém fala "o que é que você faz?", você fala que é polícia, [e] ninguém acredita que a gente só usa roupa normal. Vê que você é polícia quando está numa operação, que você está de uniforme. Mas a sociedade vê o polícia assim: entre polícia militar e polícia civil, as abordagens da polícia militar, de uns tempos para cá, elas estão sendo muito brutas. E, por isso, às vezes eu escuto comentários como: "Polícia civil chega e resolve, chega e faz". A visão da sociedade é assim: a polícia chegou, sabe entrar numa favela, sem aquela truculência de abordar aquela sociedade, de tapa antes de perguntar seu nome, então ela é boa. Eu acho que a sociedade vê a polícia civil assim: muitos, eu já escutei, respeitam muito mais a polícia civil do que a PM; a PM chega e vai logo dando na cara, sem perguntar o nome da gente.

Se para os entrevistados ser da PC é adquirir uma roupagem que não pode ser despida, nem mesmo no âmbito privado, para a sociedade, segundo os profissionais de linha de frente, ser policial civil é ter uma ação distinta da empreendida pela polícia militar; é conseguir resolver conflitos de pessoas que sequer sabem da existência da justiça de maneira justa; é conseguir construir um paralelo com as demais instituições do sistema de justiça criminal, mas se sobrepor a todas elas.

O balanço: a polícia civil na ordem democrática

A transição para a democracia foi algo marcante para os cidadãos brasileiros em geral e para as instituições do sistema de justiça criminal em especial. Desde o início do processo, com a distensão lenta, gradual e segura promovida pelo general Ernesto Geisel, havia uma forte expectativa de que a mudança de regime "[...] trouxesse grandes alterações éticas, administrativas e políticas [...]" no âmbito das práticas policiais, sendo grande "[...] a esperança de mudanças efetivas na polícia" (MINGARDI, 1992, p. 16-17).

Para transformar as expectativas em realidade, diversos programas de ação foram formulados para tornar a atividade de polícia civil algo mais condizente com os princípios de um regime democrático, no qual a tortura como forma de obtenção de informação é rechaçada, o aprisionamento de indivíduos dentro das carceragens é proibido e as práticas ilegais de trocas de favores como mecanismo de sucesso para o esclarecimento de casos é impedido.

No entanto, desde as primeiras análises sobre os impactos desses programas, ficou evidente que a reforma não alcançaria os objetivos pretendidos (MINGARDI, 1992, p. 20). A forte "[...] disjunção entre formalização e atividade prática" (PAIXÃO, 1982, p. 76), que caracteriza a ação dos policiais civis desde tempos imemoriais (BRETAS, 1997), demonstrava que a alteração de regras não seria capaz de, por si só, mudar o cerne as práticas dos agentes. Democratizar a polícia civil significava, acima de tudo, democratizar os seus atores – tanto os de linha de frente como os em posição de comando.

Para contextualizar essa dimensão, os entrevistados foram indagados sobre o significado de ser policial hoje e o momento em que eles entraram na corporação. Muitos mencionaram que a transição para a democracia contribuiu para a alteração das práticas policiais e da própria imagem da corporação, mas não deixaram de antever que um longo caminho precisa ser percorrido para que a instituição, de fato, se consolide em uma prestadora de serviço público. Nesse sentido, foram diversas as falas sobre a premência de a instituição (re)pensar a própria identidade policial.

LUÍS FERNANDO CORADINI (PCSP): Hoje é diferente, no sentido de que está sendo modificada a situação da polícia civil; ela está se transformando numa polícia que procura algumas coisas além da função de investigar. Ela quer mudar um pouquinho a cara, mas infelizmente esbarra em problemas, como em qualquer outro lugar. Tem falta de pessoal, problema aqui, problema ali. Mas eu vejo que quem entrou na polícia civil, há 5, 6 anos atrás vê uma situação dessa. Só que hoje você tem muito concurso, hoje você tem muita coisa. O que a gente vê que está acontecendo é um trampolim: a pessoa entra, trabalha seis meses, um ano, prestou concurso para lá, vai embora e larga a polícia civil. Eu vou falar uma besteira, mas não é uma besteira muito grande: o concurso para investigador é nível superior. Por quê? No meu pensamento, porque na minha época você tinha concurso com 20 mil pessoas, em razão do nível de ensino ser o médio. Hoje você tem 5 mil, 6 mil; e esse cara tem ensino superior, ele vem aqui, ele trabalha um mês, mas ele prestou dez concursos. Isso aconteceu várias vezes aqui: escrivão chegar, depois sair para outro investigador chegar, depois sair para lá. Eu sou do ensino médio, eu não tinha outra coisa, tinha que agarrar aquilo lá. Os que têm ensino superior têm outra coisa. A polícia civil está mudando, vai demorar um pouco, mas está de mudança. Quando eu entrei aqui, ela mudou bastante, eu sinto isso, eu vi essa mudança, mas ela está servindo de trampolim para um monte de coisas, e ela está ficando para trás. "Ah, mas como que vai ser atrativa?" Não sou eu que tenho que dizer. Para mim, o atrativo da polícia é a investigação. Eu vou ser honesto e sincero: eu detesto fazer escolta, porque atrapalha toda a investigação, mas eu tenho que fazer escolta. Vamos lá, vamos fazer escolta, mas atrapalha a investigação. Só que na hora que aperta existe a cobrança: por que é que não investigou, por que é que não cai o índice da criminalidade? Mas a semana inteira fazendo escolta, como é que vai cair o índice de criminalidade? Impossível! Mesmo assim, aqui a polícia militar está atuando bastante na rua, e nós estamos atuando bastante no nosso trabalho de investigação, que culmina com a condenação. Para que isso continue, a gente precisa ter uma coisa a mais; e essa coisa a mais está indo embora, que são as pessoas que prestam concurso e vêm e vão embora. "Ah, mas se fosse de nível médio, dificilmente..." Claro, mas de nível médio não tem concurso, não tem concurso de nível médio. Vamos fazer uma comparação: você tem um concurso de nível médio que paga R$ 1.700,00; na polícia ganha um pouco mais do que isso, ganha mais do que isso; [então] você tem um [concurso] nível superior que paga R$ 7.000,00, a polícia ganha menos do que isso, por que é que eu vou prestar para a polícia? Agora, longe de mim estar falando que está errado ser nível superior. Eu acho que atrapalhou, mérito para quem conseguiu o nível superior. Mas [a exigência] atrapalhou.

CATIA SIMONE GONÇALVES EMANUELLI (PCSE): De 2002 até agora, falando em termos de polícia civil e segurança pública, mudou muito, muito mesmo, para melhor; a gente está evoluindo e eu acho que isso é interessante. Que é tão desgastante e deprimente quando você está numa carreira que você vê tudo estagnado. O que ainda precisa é o policial estudar, interagir, radiografar melhor o que está acontecendo, porque, senão, ele cai num limbo, ele não consegue se achar nesse turbilhão, que é a sociedade. É um turbilhão de sentimentos e de emoções porque uma hora o policial é bom, outra hora ele é ruim; uma hora a sociedade quer que mate, outra hora quer que só prenda. Ele precisa ter uma formação. Eu acho que o que está faltando para o profissional é a valorização da parte de saúde do policial, de cuidar do policial, de proporcionar programas de saúde, de valorização profissional, não em termos só de salário, mas de atendimento psicossocial, enfim, para ele poder exercer a sua atividade com maior eficiência.

ERIVALDO MARQUES PEREIRA (PCMS): Eu creio que mudou o significado de ser policial porque, na verdade, nós estamos dentro de um processo de construção de identidade, identidade de polícia, e, a nível de Brasil, nós estamos dentro de construção de uma identidade de brasileiro. Acabamos de sair de um regime militar, embora tenha acabado em 1985 formalmente, mas a gente ainda está dentro de um processo que estamos construindo. Então, ser policial hoje, sem sombra de dúvidas, é diferente do que foi quando eu entrei, assim como certamente vai ser diferente daqui a 20 anos. O que a gente tem que fazer é tentar, dentro desse ônus que nos cabe, desenvolver da melhor forma possível o nosso trabalho.

JAQUELINE SILVA DE OLIVEIRA (PCMG): Eu acho que o Estado esvaziou muito aquele policial antigo, aquele policial com um pensamento muito autoritário. Mas ele não trouxe instrumentos que possam fazer com que o policial de hoje exerça a sua função sem extrapolar, sem incorrer em algum crime, sem deixar de observar o direito da pessoa. A gente hoje tem que viver essa angústia de ter que fazer certo, mas não tendo instrumentos suficientes para fazer certo. Eu acho que a lei que poderia dar força, proteger mais o policial, ela é muito falha, mas eu não diria só o policial. Por exemplo, se alguém desobedece um juiz, ele dá voz de prisão por desobediência. Mas você já viu a pena por desobediência? Não arrepia ninguém, ela não traz nenhuma educação. Só que quem vai desobedecer o juiz é um gerente de um banco, que se ele tiver que responder um processo por desobediência para ele, talvez, realmente pese. Ele não vai ser bem visto nem na instituição dele. Mas para gente que dá uma voz de prisão para um cidadão que está acostumado a cometer crime, ou a gente que dá uma ordem para ele, no exercício da nossa função, e ele diz que não vai fazer, que outro instrumento você tem para fazer? O uso progressivo da força?

Outra dimensão que mudou muito, e eu não concordo, é a forma como os delegados veem a instituição. Eu acho que a magistratura avançou muito, assim como a promotoria, nesse sentido. Para você se tornar um magistrado tinha que ter dois anos no exercício da carreira jurídica, porque ninguém concebia que um cara que saiu da faculdade agora, passou num concurso para juiz, seja juiz, pois ele não tem nenhuma experiência. Depois isso aumentou para três anos, salvo engano ainda é três anos. Você não sai de uma faculdade de direito e faz um concurso para juiz ou para promotor; você precisa ter trabalhado em qualquer carreira jurídica. Mas você sai da sua faculdade e faz um concurso para delegado. Eu não condicionaria isso ao exercício da carreira jurídica, mas ao exercício da atividade policial, qualquer que seja ela. Você pode ter sido PM, guarda municipal, da atividade de segurança pública. Porque o que a gente tem na polícia hoje? Muitos delegados que usam a polícia como trampolim. Não há uma formação de carreira dentro da polícia civil, e ela é de suma importância. Nós temos situações como a do delegado que tem medo absoluto de ser policial e o delegado que tem medo de ser policial; ele entrou para o lugar errado, mas ele fala que entrou para o lugar errado, que ele fez um concurso porque ele quer estudar para promotor. Então, se o delegado tem medo, você vai fazer o quê?

PAULA LUCIANA BARBOSA DA SILVA (PCMG): Tudo mudou, desde a forma que nós entramos até a questão de valores. Eu acho que a visão de valores agora é totalmente diferente; eu acho que ficou um pouco mais fácil. Pode melhorar, mas ficou um pouco mais fácil. O que não pode continuar é a forma de seleção dos delegados. Só porque ele é formado em direito ele acaba tendo uma autoridade de ser um delegado, só por ser bacharel em direito.

Se os entrevistados concordam que as regras que conduzem o exercício da atividade policial mudaram desde a redemocratização, o mesmo não pode ser dito em relação à valoração dessas transformações. As alterações em termos de exigências para ingresso na carreira e a não transformação da dupla entrada na instituição, com o início do regime democrático, aliadas à inexistência de uma política de formação continuada que permita aos policiais substituir as técnicas de trabalho autoritárias por outras mais condizentes com os direitos humanos são pontos que precisam ser repensados pela corporação. Para eles, as mudanças tornaram a polícia civil menos atrativa do ponto de vista de identidade profissional, e, por isso, os indivíduos que podem escolher a sua ocupação tendem a usá-la como um degrau para galgar um posto de maior prestígio no sistema de justiça criminal, o que compromete o trabalho daqueles que aprenderam a amar a instituição.

Outra forma de se identificar as mudanças ocorridas na polícia civil, em termos de construção de uma corporação mais democrática, é analisando o tratamento concedido às mulheres. Mesmo porque foi com a Constituição Federal de 1988 que várias polícias civis passaram a admitir profissionais do sexo feminino em seus quadros, devendo, teoricamente, dispensar a ambos os sexos o mesmo tratamento. De certa forma, os depoimentos confirmam a transição incompleta nessa dimensão e reforçam os resultados da pesquisa sobre relações de gênero, recentemente divulgada pelo Fórum Brasileiro de Segurança Pública.[6]

LUÍS FERNANDO CORADINI (PCSP): Eu tenho bom relacionamento com todo mundo, inclusive com as mulheres. Eu nunca trabalhei com uma investigadora ao meu lado, mas trabalhei com delegada e trabalhei com as escrivãs. Quer dizer, a gente prendia, a gente trazia, quando eu ia fazer flagrante, e eu nunca tive problema no trabalho só com mulheres. Aqui nunca aconteceu do policial homem ter problema com a policial mulher, em delegacia ou fora da delegacia. Os problemas que têm são comuns, são de uma empresa; a polícia é uma empresa, e isso é comum: é um desentendimento aqui, uma coisa ali. Mas o relacionamento é muito bom. Da minha parte, pelo menos, eu nunca tive problema. E também não distingo investigador de escrivão, de delegado, para mim é tudo a mesma coisa. Eu acho que você tem que respeitar, desde que eles também te respeitem: ele é delegado, ele está num patamar acima, eu respeito, mas ele tem que me respeitar porque eu tenho também conhecimento. Pode não ser o conhecimento teórico, mas eu tenho de rua; o escrivão fica só aqui dentro, ele não sai. Assim, dou meus berros de vez em quando. Eu tenho uma fala de que eu não preciso amar ninguém, eu preciso respeitar, eu preciso respeitar quem trabalha comigo, preciso respeitar o meu companheiro. Eu sofri muito com isso porque muita gente não entendia o que eu era, por ser individualista. Mas esse individualista não é porque eu queria ser o melhor dos melhores, é porque quando eu olhava ninguém queria ir, eu ia mesmo assim. Era um ponto fraco meu. Mas hoje eu vi que alguma coisa faltou nesse individualismo, não ficou legal. Mas aqui, em Pirassununga, problema com mulher nunca existiu, tanto que nós temos bastante mulheres trabalhando.

CATIA SIMONE GONÇALVES EMANUELLI (PCSE): Eu acho que todas as mulheres, em determinados momentos, têm aquela questão: um pouco de discriminação, às vezes acabam sofrendo um pouquinho de assédio. Tem que ter muito jogo de cintura para poder levar a situação. Mas eu acho que quando a mulher entra para a instituição policial, ela ameniza um pouco essa situação extremamente grotesca que a gente vive. Eu vejo aquelas mulheres que não esquecem de ser mulheres, que trazem essa coisa da maternidade, que já é meio intrínseca ao ser mulher, aquela

---

[6] Nesse sentido, ver http://www.forumseguranca.org.br/files/files/MulheresInstituicoesPolicias_final.pdf acesso em 24 de abril de 2015.

coisa de agregar. A mulher, ela gosta muito de agregar, ela é prática, ela tem várias soluções para determinados casos, ela age com bastante emoção. E eu acho que ela consegue levar bem a questão do relacionamento interpessoal dentro dessas unidades policiais. Ela tem mais sensibilidade. Com raras exceções, eu tenho visto mulheres agindo com aquela coisa mais grotesca, de homem, no nosso meio policial, que às vezes faz isso para também ser forte, para sobreviver na carreira. A gente não tem mais isso hoje em dia, de você ter que provar que é forte, ter que chutar a porta, você ter que dar uns cascudos numa pessoa para dizer: "Eu sou polícia, eu sou a mulher, não sei o que lá". Hoje as mulheres vêm com salto alto, com batom, cheirosas; elas são competentes, elas galgam os cargos maiores dentro da polícia. Aqui em Sergipe, a nossa última delegada geral foi uma mulher, foi durante anos; a gente já teve secretária de Segurança Pública. A gente sabe que existe ainda essa questão do machismo, e de não confiar na mulher por achar que a mulher é frágil. Mas ao mesmo tempo já existe um respeito muito grande, porque a gente demonstra no trabalho. A Delegacia de Homicídios aqui, até o início deste ano, era comandada por uma mulher. Tem várias mulheres atuando e elas são extremamente bem-sucedidas nos casos que elas atuam; a Delegacia da Mulher, a mesma coisa. Eu acho que a sociedade passou a respeitar a mulher na carreira policial, porque a gente demonstra, em trabalho. Mas num trabalho bastante diferenciado, não preocupado somente com o inquérito policial, em prender, mas também preocupada em tentar trabalhar com a parte da prevenção, resgatar na Delegacia da Mulher o diálogo, pelo menos entre os casais ou entre as famílias, porque têm vários casos que são problemas familiares. Eu acho que nós trouxemos uma leveza para se trabalhar com a questão de segurança pública. Mas existe resistência, como existe no mundo inteiro, com relação ao papel das mulheres. Pelo menos em termos de salário, todo mundo ganha igual.

ERIVALDO MARQUES PEREIRA (PCMS): Pensando na minha vivência como policial dentro da instituição, percebo que por parte da turma, de um modo geral, sempre foi um tratamento igualitário, não havia um tratamento diferenciado pelo fato de ser mulher. É claro que havia o respeito pelo fato de ser mulher, mas em nenhum momento houve qualquer menosprezo pelo simples fato de ser mulher. Eu sempre tive o maior respeito, até por conta da minha formação, que sempre foi no sentido de respeitar todos, independentemente de gênero, de sexo. Enfim, nunca tive nenhum problema; sempre tive boas amizades, sempre tive respeito com as mulheres, sejam elas policiais, delegadas, presas, enfim, as próprias cidadãs que iam lá para serem ouvidas ou registrarem ocorrência. Eu nunca tive nada que pudesse desapontar a minha atitude ali de policial.

JAQUELINE SILVA DE OLIVEIRA (PCMG): Havia muito assédio, chegava a ser nojento. Por parte dos colegas, até que não. Houve muitos relacionamentos entre colegas, mas não foi nada de assédio. Esse era por parte dos delegados, que chegaram a fazer propostas públicas, perto de todos. O que não havia era uma *forçação* de barra, isso não havia. De querer forçar a gente a atender aos apelos sexuais deles, mas que faziam as cantadas publicamente, ofereciam alguns alívios do regime no qual a gente era tratada, faziam comentários dos envolvimentos deles com outras meninas. Eu diria que a relação nossa é a relação de qualquer profissional feminina com a masculina, ainda há muito preconceito. Até hoje a maioria dos inspetores e subinspetores é homem. Já tem inspetora, já tem subinspetora – nós temos, por exemplo, uma subinspetora na delegacia, mas o inspetor é homem, ele jamais pensaria o contrário, da mulher ser a inspetora. Isso ocorria só em delegacias, por exemplo, de crimes contra a mulher, que, mesmo assim, era um inspetor, mas teria chance de ter uma inspetora. Eu diria que a polícia civil ainda é uma instituição machista. A gente vê pelos critérios de promoção: a gente parece nunca alcançá-los, embora tenhamos às vezes a mesma formação. O salário é o mesmo? É o mesmo, mas as vantagens que eles vão obtendo na nossa frente acabam diferenciando. O fato, por exemplo, dele ter sido nomeado inspetor e não ter uma mulher que ganhe igual a ele lá dentro, porque ele tem um cargo de comissão. Ainda tem muito isso.

PAULA LUCIANA BARBOSA DA SILVA (PCMG): A questão da mulher é aquela mudança bem lenta. Tem umas chefias delegadas, mas em questão de inspetoria é aquele tabu: é o homem que tem que comandar os agentes, os detetives. Ainda tem aquele machismo, mas para mim, que lido mais com a tiragem, os detetives me tratam com um pouco de zelo: "Paula, cuidado!" Mas em questão de tratamento, me tratam normalmente. Mas existe aquele poder de: "Nossa, a Paula não pode ser inspetora!", porque fulano está de olho na inspetoria. Nessa questão chefia, existe ainda muito preconceito, mas entre nós, detetives, nós somos muito unidos. Os homens são muito cavalheiros, quando a gente está num local.

As falas dos policiais de linha de frente têm nuances de gênero distintas que merecem ser destacadas. Os homens entendem que a instituição tem um viés hierárquico e, por isso, a diferença tende a se concentrar nos delegados *versus* os demais profissionais, não importando o sexo do indivíduo. Já as mulheres acentuam a cultura machista, relatando casos de assédio sexual que, muitas vezes, têm como base a relação de poder entre superiores e subordinados. Em última instância, verifica-se nos discursos masculinos certa incapacidade em perceber que o machismo tem como ossatura as ideias de hierarquia e dominação e, por isso, é difícil desconstruí-lo em instituições que resistem à democratização das relações sociais, a uma perspectiva de horizontalidade em detrimento da verticalidade característica da hierarquia.

Por fim, os entrevistados foram convidados a fazer um balanço acerca dos impactos da mudança de regime sobre a polícia civil, passadas três décadas desse acontecimento. Mais especificamente, eles foram instigados a apontar a continuidade de práticas autoritárias em seu cotidiano. Nesse quesito, um argumento que entrecortou os discursos foi a dimensão geracional, indicando que as transformações estariam muito mais nos novos sujeitos, socializados em valores e práticas democráticas, do que na mudança da política organizacional.

LUÍS FERNANDO CORADINI (PCSP): Olha, eu sempre disse que com essa entrada de policiais novos, delegados novos, investigadores novos, escrivães novos, com novos pensamentos, mais jovens, as coisas fossem, assim, tomar um rumo diferente. Eu acho que a polícia civil, ela está tomando um rumo diferente, algumas entidades da polícia civil, algumas pessoas que estão lá em cima da polícia civil estão com alguns pensamentos de transformar a polícia em alguma coisa mais comunitária, uma polícia menos porrada e mais conversa. Eu vejo alguma coisa nesse sentido, mas eu não sinto a mudança. Talvez seja em função do que realmente acontece no dia a dia, porque realmente eu não posso reclamar da população – eles sempre me trataram muito bem, sempre respeitaram policial igual a mim; alguns falavam mal porque era pai, mãe, avó e irmão de bandido, mas tem muita pessoa que eu prendi, que até hoje me procura e me agradece pelo trabalho que eu fiz corretamente, com lisura, dentro do que eu sempre achei que eu tinha que ser. Porque eu tenho um nome, Coradini não é um nome qualquer. Meu pai foi policial 30 anos, e se aposentou na polícia, não achou no lixo. Meu irmão também foi um policial que se aposentou na polícia. Eu passei por um acidente em que acabei sendo "absolvido", mas condenado. Fui condenado a um certo período de coisa, mas eu fui absolvido no criminal, mas consta lá. Meu pai nunca teve isso, meu irmão nunca teve aquilo. Então, eu vejo que tem algumas pessoas que querem mudar e não estão conseguindo. Houve mudanças? Houve, sim. Eu fui uma das mudanças: eu passei a entender um pouquinho mais a população, eu passei a entender um pouquinho mais o trabalho policial, eu vi que dava para fazer a mesma coisa sem tanta pressão, sem tanta coisa que acontecia naquela época. Eu vi que existe uma mudança. Agora, o que a gente ouve falar da polícia civil de antigamente era muito complicado: repressão, um troço, outro; se fosse mediante isso, eu já ouvi bastante reclamação. Hoje dificilmente acontecem coisas na polícia civil que sejam, assim, problemáticas. Ah, problema de um policial que fez um acerto, isso tem em toda empresa. Mas eu acho que a polícia civil evoluiu bastante. Quando eu entrei, já era assim. Está certo, quando você entra, novo, tem vontade de resolver o problema do mundo, mas a evolução da polícia civil... não vou dizer para você quem, como, quando, mas existe desvio, a gente vê isso toda hora. Eu acho que o brasileiro não está pronto para tanto direito. Quem sou eu para falar isso? Mas eu vou falar: eu acho que o brasileiro não está pronto para tanto direito, ele não sabe absorver, ele tem que aprender um pouco mais, ele tem que estudar, escutar um pouco mais. Foi o que eu tentei fazer a minha vida inteira na polícia, escutar mais do que falar. Eu acho que o brasileiro tem muito direito hoje. A partir do momento que ele tem aquele direito, ele não está sabendo lidar com o policial, então, ele xinga o policial e o policial é um ser humano também. "Ah, mas o cara lá é truculento". Eu vou ser honesto, sincero com você: se você sair na rua e perguntar do Corradini lá, vão falar que ele batia, que ele arrebentava, vão falar, vão falar, sim. Mas tem respeito, eles não vão falar mal de mim, entendeu? Mas essa situação quem cria são aqueles que não gostam de você. Eu não estou na polícia para bater em ninguém; eu estou na polícia para fazer a lei. Esses direitos que eles têm, eles não estão sabendo lidar com isso. O policial também não sabe lidar com o que ele tem. Você é um cidadão comum, você passa para a polícia, você entra, você ganha uma arma, você ganha um distintivo e você ganha um poder. Difícil e eu duvido quem assume essa responsabilidade, qualquer um cria uma situação em volta de si. Eu acho que a evolução da polícia civil passa por aí.

CATIA SIMONE GONÇALVES EMANUELLI (PCSE): Eu acho que a maior mudança é justamente essa consciência. Porque a gente não pode ser hipócrita de dizer: "Todo policial tem consciência do seu papel e sabe qual é o seu papel". Essa consciência que se tem hoje, de se garantir a liberdade e os direitos do cidadão para qual a gente é pago para trabalhar e para proteger, isso não quer dizer que todo mundo age dessa forma. Para que a polícia trabalhe de acordo com os princípios democráticos é preciso controle. Eu não digo só da população, porque se eu tenho uma população que me cobra uma atitude violenta vai depender muito de quem é o sujeito que é o chefe. O controle externo do Ministério Público em alguns Estados é pífio; ele não faz o papel que ele deveria fazer. Ouvidorias, quase não existem, [e] quando existem, algumas delas estão atreladas à própria estrutura da segurança pública, com funções gratificadas, que você não tem o resultado que você quer. E as corregedorias? Uma para cada órgão, com os próprios policiais cuidando dos outros policiais. Eu acho isso um pouco complicado. Eu acho que a gente precisa ter um controle externo diferenciado, corregedorias unificadas, ouvidorias de polícia de verdade. E uma sociedade também que, além de cobrar, saiba qual é o seu dever e não só qual é o seu direito. Eu acho que a questão da democracia no Brasil ainda está muito deturpada por alguns segmentos. Democracia é você exercer com liberdade os seus direitos, mas também cumprir com os seus deveres. E as pessoas estão achando, em determinados momentos, que elas só têm direitos e não têm deveres a cumprir. Eu acho que a gente tem que amadurecer muito a sociedade brasileira com relação ao que é democracia. Viemos de um momento muito fechado, de muita restrição, enfim, de muita violência, daí a gente partiu para um momento de extrema liberdade, mas, ao mesmo tempo, não é bem assim. Você tem por trás as instituições que agem daquela mesma maneira. É muito confuso.

ERIVALDO MARQUES PEREIRA (PCMS): Pelo que a gente ouve, porque não vivenciei esse momento do regime militar no Brasil que, historicamente, se deu de 1964 a 1985, mas eu acredito que as mudanças, pelo que a gente ouve falar, elas são bastante grandes. Porque hoje a gente tem uma polícia muito mais democrática, com mais respeito; não é aquela polícia truculenta, como se diz que era antigamente. Eu acho que a polícia, hoje, ela tem mais essa cara cidadã, até porque hoje para ingressar na Polícia Civil do Estado requer ensino superior. E isso faz um diferencial. Os policiais, boa parte, conhecem bem quais são os direitos e quais são as obrigações deles; têm bem clareado esse limite. Eu acho que hoje a polícia nossa, ela está muito mais avançada que em outros tempos. Na minha opinião ainda existe autoritarismo. Não é a regra, são exceções, mas existe. Porque às vezes o policial, investido nessa condição, se não tomar cuidado e deixar o ego dominar, quer tirar vantagem disso, e acaba extrapolando e sendo autoritário. Então, tem. Não é regra, mas é algo que a própria instituição tem acompanhado. Enfim, eu creio que já não é como era em outros tempos, com certeza.

JAQUELINE SILVA DE OLIVEIRA (PCMG): Quando eu entrei a polícia trazia muitos resquícios do militarismo. E como a gente era maltratada por ser carcereiro, o detetive também era maltratado por não ser delegado. O perito sempre se sentia preterido em relação ao serviço investigativo, e o serviço investigativo também deixava o perito de lado, por "não ser polícia". Todo mundo acabou sofrendo um pouco por causa desse contexto autoritário. O delegado se posicionava como o dono da polícia; ele tinha frases que a gente criticava, quando diz assim: "Minha delegacia, meus policiais, minhas viaturas"; "O que é que minha viatura está fazendo estacionada ali?"; "Os meus policiais vão aí"; "Não, na minha delegacia..." Eles tinham essas frases bem vivas, e eles viviam dentro desse contexto, porque eles se impunham totalmente, eles eram donos do poder; e a gente não podia falar nada. Isso mudou demais, mudou muito, inclusive foi normatizado, porque a Constituição já previa, foi colocado em lei, foi constitucional. E acabou dando vida a esse novo contexto, em que as carreiras não se sobrepõem umas às outras mais; todas cooperam para o serviço investigativo. Muitos dos mais antigos reclamam dizendo que hoje eles não têm autoridade, mas o que eles chamam de autoridade era autoritarismo. É que eles não têm autoridade mais, que o polícia fala com eles em pé de igualdade. Hoje a gente discute, a gente fala: "Não, mas eu não vou fazer isso, não"; "Ah, não vai fazer, não? Então, o senhor coloque no papel que não vai fazer". Hoje a gente já tem argumento legal para fazer valer a nossa opinião, e também para exigir alguns posicionamentos deles; a gente tem isso como prática. Hoje eles têm que andar mais, eles têm que conversar mais. Eu diria que hoje a polícia está mais inteligente, ela não está mais na base da força. O delegado precisa ser inteligente, ele precisa ser capaz, ele precisa ter um nível de inteligência emocional, que ele consiga reunir uma equipe e essa equipe precisa ser uma equipe na qual ele confia, essa equipe precisa confiar nele, ele precisa ter relacionamento. Hoje, se você chegar na minha delegacia, nós temos um delegado que você vai custar a saber se ele é delegado, porque ele já entrou dentro desse contexto; ele é um cara simples, ele senta e conversa em pé de igualdade, ele brinca, ele ri, ele discute uma situação, ele pergunta opinião: "O que você acha? Você que está mais acostumada com menores, com crianças, você acha que vale a pena fazer isso?" Antes não, antes era: "Eu estou mandando e você faz". E a gente: "Ah, ordem ilegal não se cumpre". Ele dizia: "Não cumpre, não, para você ver".

Hoje a gente diz: "Ordem ilegal não se cumpre". Ele: "Ah, desculpe, eu não vi que tinha uma ilegalidade, não". Então, já mudou bastante.

PAULA LUCIANA BARBOSA DA SILVA (PCMG): Eu acho que a Acadepol está dando oportunidade de várias palestras, em várias situações; todo mundo está conhecendo o trabalho do outro e se respeitando, porque os mais antigos tinham aquela autoridade. Agora, com o passar do tempo, querendo ou não, você discorda. Antes tinha aquela mania, a gente que saía mais para rua: "Aqui, faz isso"; "Mas, doutor, cadê a OS, a ordem de serviço?"; "Não, vai lá e traz o cara". Chegava e o cara machucava. A responsável era a equipe que buscou. Agora, não.

As narrativas apresentadas não deixam dúvidas sobre como o processo de democratização das práticas policiais já se iniciou nas instituições às quais os entrevistados encontram-se vinculados. No entanto, em determinadas circunstâncias a violência é o mecanismo utilizado por alguns para reafirmarem a sua autoridade perante seus subordinados e suspeitos de crimes, sendo duas as justificativas empregadas para esse padrão de comportamento. Por um lado, tem-se a incapacidade da sociedade brasileira em lidar com as regras e os recursos que não podem ser objetos de negociação. Por outro, tem-se a ausência de treinamento para o uso da força dos policiais, que terminam por extrapolar o seu mandato em algumas situações.

A tentativa de mudar essas práticas está muito ancorada em novos conteúdos e metodologias de ensino, além da criação de mecanismos de controle interno (corregedorias) e externo (ouvidorias e supervisão do Ministério Público), que operam de forma altamente seletiva e corporativa. Resta saber se a mudança dos quadros, do ponto de vista geracional, não será cooptada pelas práticas violentas que têm lugar em algumas delegacias e terminam por formar o sujeito policial. Em resumo, se as práticas de alguns distritos não forem repensadas, corre-se o risco de transição rumo a uma polícia efetivamente democrática continuar indefinidamente incompleta.

Considerações finais

A proposta deste capítulo foi compreender as mudanças operadas com o início do regime democrático no âmbito da polícia civil. Mais do que problematizar o modelo de trabalho da instituição, o objetivo era entender como os profissionais de linha de frente se percebem enquanto atores, como veem a receptividade da sociedade ao seu trabalho e, especialmente, quais são as práticas de que se utilizam em seu cotidiano.

Desde o início dos estudos sobre a polícia civil (enquanto instituição) e dos atores que a compõe "[...] se notou que a 'lógica em uso' do policial implica normalmente inversões dos formalismos legais de processamento dos criminosos" (PAIXÃO, 1982, p. 64). Os entrevistados reforçam esse entendimento, afirmando que se tornar policial civil de linha de frente é aprender a usar a intuição como forma de identificação de suspeitos, é trabalhar em situações muitas vezes conflituosas e para as quais as academias não preparam os recém-ingressos e, acima de tudo, é se mostrar como relevante para a própria corporação, que muitas vezes enxerga no delegado a sua razão de ser.

Os depoimentos dos policiais indicaram a continuidade da "[...] tensão entre burocracia e profissionalismo, estrutura formal e atividades práticas, controle e autonomia" (PAIXÃO, 1982, p. 66), constatada por parte da literatura sobre o tema há décadas. Para os entrevistados, o fim do regime militar, ao contrário do que se esperava, não democratizou o acesso à polícia civil, cuja entrada continuou estruturada de forma altamente seletiva, com requisitos diferenciados para cada dimensão da carreira, reforçando a dualidade existente entre os delegados de polícia, bacharéis em direito, e os demais funcionários da delegacia, que possuem a escolaridade restrita, muitas vezes, ao nível médio, o que não os torna menos importantes para a execução da função de polícia. O agravante, nesse caso, foi a proliferação de estudos e debates sobre a necessidade de se extinguir a dupla entrada na polícia militar como forma de adaptar essa instituição ao novo regime, sem qualquer reflexão mais profunda sobre os impactos dessa desigualdade de acesso à corporação civil.

Também no quesito continuidade constata-se o tratamento pouco igualitário dispensado às mulheres, que muitas vezes são vistas como objeto de assédio sexual, notadamente por seus superiores hierárquicos. Nesse item, políticas que visem a educação para o respeito à igualdade de gênero são peremptórias.

As falas indicam que os resquícios do antigo regime são profundos demais para serem apagados com cursos de formação expressos, que duram poucos meses. Por isso, os entrevistados veem as reformas com vistas à promoção da democratização da polícia com certo ceticismo; como algo que tem democratizado algumas práticas, mas incapaz de democratizar os indivíduos. Para eles, a transição se completaria na instituição com a mudança geracional, quando indivíduos nascidos e criados no regime democrático assumiriam a chefia das delegacias e poderiam reconhecer o trabalho dos policiais de linha de frente como razão de ser da instituição, além de negociar com os cidadãos a constituição de uma polícia efetivamente democrática.

Na dimensão mudança merece destaque a percepção de que o estereótipo negativo da polícia e dos policiais tende a estar concentrado na polícia militar e, deste modo, não é preciso mais convencer a sociedade de que o papel desempenhado pela polícia civil é tão importante quanto o da prevenção de delitos, feito por aquela instituição policial. Ocorre que a população, na visão dos entrevistados, não está preparada para uma polícia cumpridora dos dispositivos constitucionais e continua a apoiar ações ilegais, violentas ou, até mesmo, tenta corromper os policiais em troca de alguma vantagem. Com isso, muda-se a linguagem, mas as práticas continuam essencialmente as do antigo regime.

Portanto, para os entrevistados, a polícia civil encontra-se diante do seguinte dilema: democratizar a polícia ou democratizar a sociedade? Para alguns, é a democratização da sociedade que se reflete na polícia; para outros, é urgente a necessidade de estratégias que democratizem a polícia para que essa seja um agente do atual regime. Para resolver esse enigma talvez fosse interessante a realização de mais estudos desvelando o sistema de crenças, valores e atitudes dos policiais de linha de frente desta instituição.

REFERÊNCIAS BIBLIOGRÁFICAS

ALBERTI, Verena. *Manual de história oral*. Rio de Janeiro: FGV Editora, 2004.

BRETAS, Marco Luiz. "A Polícia carioca no Império". *Revista Estudos Históricos*, Rio de Janeiro, nº 22, vol. 12, 1998, p. 219-234.

_____. "Observações sobre a falência dos modelos policiais". *Tempo Social*, São Paulo, nº 1, vol. 9, mai., 1997, p. 79-94.

BRITO, Alexandre Sant'Ana, SOUZA, Lídio de. "Representações sociais de policiais civis sobre profissionalização". *Sociologias*, Porto Alegre, nº 12, vol. 6, jul./dez., 2004, p. 304-327.

CASTRO, Celso. *Os militares e a República: um estudo sobre cultura e ação política*. Rio de Janeiro: Zahar, 1995.

CERQUEIRA, Carlos Magno Nazareth. "Apresentação". In: RICO, José Maria; SALAS, Luis (Org.). *Delito, insegurança do cidadão e polícia*. Rio de Janeiro: Imprensa Oficial, 1992.

GOMES, Romeu; SOUZA, Edinilsa Ramos. "A identidade de policiais civis e sucessivos espelhamentos". *Revista Ciência & Saúde Coletiva*, n° 3, vol. 18, mar., 2013, p. 601-610.

MINAYO, Maria Cecília; SOUZA, Edinilsa Ramos. *Missão investigar: entre o ideal e a realidade de ser policial*. Rio de Janeiro: Editora Garamond, 2003.

MINGARDI, Guaracy. *Tiras, gansos e trutas: cotidiano e reforma na polícia civil*. São Paulo: Scritta Editorial, 1992.

MUNIZ, Jacqueline. *Ser policial é sobretudo uma razão de ser: cultura e cotidiano na Polícia Militar do Estado do Rio de Janeiro*. Tese (doutorado) – IUPERJ, Rio de Janeiro, 1999.

PAIXÃO, Antônio Luiz. "A organização policial numa área metropolitana". *Dados*, Rio de Janeiro, n° 1, vol. 25, 1982, p. 63-85.

PONCIONI, Paula. "A 'Feijoada': negociação e violência nas práticas policiais de mediação de conflitos". *Revista Praia Vermelha*, Rio de Janeiro, ESS/UFRJ, n° 14-15, 2007, p. 130-154.

RATTON, José Luiz; TORRES, Valéria; BASTOS, Camila. "Inquérito policial, sistema de justiça criminal e políticas públicas de segurança: dilemas e limites da governança". *Sociedade e Estado*, Brasília, n° 1, vol. 26, jan./abr., 2011, p. 29-58.

O PÓS-REDEMOCRATIZAÇÃO (1985-2015) NA VISÃO DE PRAÇAS DA POLÍCIA MILITAR:
AVANÇOS, RUPTURAS E PERMANÊNCIAS POLÍTICAS NA SEGURANÇA PÚBLICA

Alan Fernandes

O coronel Maurozan Cardoso Silva ingressou na Polícia Militar do Mato Grosso (PMMT) em 1984 e trabalhou como soldado até 1992, quando iniciou o Curso de Formação de Oficiais, realizado em São Paulo. Formou-se em 1994 e aposentou-se em 2014. Foi o único com o qual não houve entrevista pessoal, mas resposta a questionário. Seu depoimento possibilita apresentar uma visão além do estado de São Paulo; contudo, mesmo a partir de uma perspectiva diversa, suas reflexões coincidem em grande parte com aquelas dos demais entrevistados paulistas.

O 2º tenente Josué Leandro de Araújo ingressou como soldado na Polícia Militar do Estado de São Paulo (PMESP) em 1986, chegou a sargento em 1992 e aposentou-se como oficial em 2014. Alternou sua vida policial entre unidades operacionais de policiamento de área (radiopatrulha), policiamento de choque, policiamento ambiental (florestal), unidades administrativas e de ensino.

O subtenente Ivanildo Terra ingressou na PMESP como soldado em 1979; foi a sargento em 1993 e aposentou-se em 2006. A não ser por um breve período, de cerca de dois anos, trabalhou todo o tempo em um batalhão de policiamento de área da região central da cidade de São Paulo.

O 3° sargento Hamilton Bueno ingressou como soldado da PMESP em 1985; foi a cabo em 2007, graduação em que permaneceu até 2013, quando aposentou-se na condição de sargento. Durante toda a sua carreira atuou em unidades operacionais da Zona Norte da capital paulista, oportunidade em que trabalhei com ele. Após ter se formado no curso de soldados, Hamilton foi classificado no 18° Batalhão Metropolitano da Polícia Militar, que atendia os bairros da Brasilândia, Jardim Elisa Maria, Jardim Carumbé e Freguesia do Ó, dentre outros. Já em 1987 foi trabalhar no 5° Batalhão Metropolitano, que atendia ao Jaçanã, Jardim Brasil, Parque Novo Mundo, Tremembé e outros; em 1988 foi convidado a integrar o Pelotão de Tático Móvel desse mesmo batalhão. O "Tático Móvel" já existia antes disso, mas não enquanto um único batalhão – antes era distribuído por companhias, o que dificultava a formação de coesão, indispensável nas ações policiais, a chamada "doutrina". A partir de 1988 as viaturas e o efetivo e foram reunidos em cada batalhão da PM.

Compreender o ofício de policial é um tema por si só bastante desafiador, haja vista estar presente nesse objeto a materialização, em sua face mais sensível, das políticas planejadas para a segurança pública, que, pelas potencialidades que trazem, repercutem não somente nesse campo, mas, de maneira muito mais ampliada, na própria construção da cidadania. É no fazer desse "político de esquina"[1] que se evidencia o poder estatal na sua forma mais direta e capilar. A presença geográfica da polícia e sua capacidade de exercer o uso da força (inclusive letal) são a objetivação do Estado em sua face mais intrusiva. Não sem razão, os termos "política" e "polícia" confundem-se em sua etimologia.[2] Essa análise torna-se ainda mais complexa na medida em que a

---

1 Sobre a dimensão do trabalho policial como operacionalizador da política, recomendo MUNIZ e SILVA, 2010.
2 A palavra *polícia* deriva do grego *polis*, usado para descrever a constituição e a organização da autoridade coletiva. Tem a mesma origem etimológica da palavra *política*, relativa ao exercício dessa autoridade coletiva. Assim, a ideia de política está intimamente associada à

lançamos no panorama histórico dos últimos 30 anos, período em que as instituições policiais passaram por significativas transformações, fruto de suas elevações a um protagonismo (nefasto!) nas políticas de segurança pública e de uma maior demanda por formas mais democráticas, menos violentas e mais eficazes de atuação. Tais exigências, raramente satisfeitas no Brasil pós-1985 (final da ditadura civil-militar), esgarçam, no seu limite, a crença no próprio processo de construção de nossa democracia.

Tais conjunturas, em princípio ligadas a uma dimensão política mais distante das vivências de nossos policiais, mostraram-se, pelo contrário, determinantes sobre as maneiras como os policiais colocaram-se dentro de todo esse processo. Assim, compreendê-lo do ponto de vista dos operadores de segurança pública que estiveram em contato direto com as dinâmicas da polícia – aqueles que, na PM, são chamados de "praças" – permitiu exibir como esse grupo repercutiu mudanças nas esferas políticas, como ele se colocou frente a elas e quais mudanças sobre suas maneiras de, também a seu modo, promover avanços em nossa sociedade. À medida que busquei dar voz a esses grupos mais ligados ao "chão de fábrica" das práticas da polícia, tentei retratar as visões de mundo desses indivíduos, comumente negligenciados nos estudos sobre o tema, e, desse modo, apresentar elementos novos ao debate.

Assim, recorri a depoimentos de praças da polícia militar – ainda que muitos deles tenham se tornado oficiais ao longo de suas carreiras – que trabalharam em batalhões operacionais entre 1985 e 2015. Com esse recorte busquei trazer as experiências desses policiais militares em face de suas práticas cotidianas nas ruas. Atualmente, todos eles estão aposentados.

É certo que, para todos, foram evidenciadas as razões da entrevista. Esse detalhe se revela especialmente importante, pois, ao contrário do que eu acreditava, todos concordaram prontamente em dar os depoimentos, bem como com a publicação de seus nomes. Inicialmente, julguei que, haja vista os poucos espaços de manifestação de que gozaram durante os períodos em que trabalharam na polícia militar, suas disposições para entrevista seguiriam suas práticas enquanto estavam na ativa.

Foi utilizada a técnica de entrevista semiestruturada, razão pela qual cada um dos depoimentos segue diferentes ritmos: em alguns, as perguntas-chave foram respondidas como uma entrevista, em outros, serviram de guia para uma conversa.

---

noção de polícia. Para uma discussão sobre a relação da polícia com a política, recomendo REINER (2004, p. 19-34).

De início, um conjunto de perguntas abordou questões sobre as mudanças desde os anos 1980, suas trajetórias, os fatos marcantes, as condições de fazer polícia, modernização e identidade.

JOSUÉ LEANDRO DE ARAÚJO: Ocorreram mudanças políticas e estruturais, entre eles o radiopatrulhamento padrão (RPP), que tinha a promessa de novas tecnologias, equipamentos modernos, viaturas, nova dinâmica de serviço. Porém, foi pobre na manutenção, ficando mais uma promessa frustrada e descrédito da tropa, a qual sofria mais ainda. Outra mudança foi a exigência do aumento do nível de escolaridade; o que foi um estímulo para todos estudarem mais, o que foi também uma evolução cultural. O aumento da carga horária, com currículo mais estruturado para o curso de soldado, mas em algumas matérias ou lugares ficou o caos, devido ao descaso dos instrutores mal formados ou desinteressados.

MAUROZAN CARDOSO SILVA: Entrei na polícia militar em 1984, no final dos governos militares, e até o ano de 2014, quando fui transferido para a reserva remunerada, não vi mudança significativa na forma de se fazer polícia. Durante esse período, o policiamento continuou da mesma forma: o policiamento dito preventivo, consistente na distribuição de policiais no terreno, o atendimento de ocorrências policiais, depois do crime ocorrido e a prestação de assistências diversas. Simplesmente prender infrator e distribuir policiais numa área específica e chamar tal conduta de policiamento preventivo é um grande equívoco. Quando muito, tal procedimento pode gerar uma dissuasão na conduta de criminoso eventual, que procurará outro local para agir ou aguardará uma melhor oportunidade para praticar a infração, sem, contudo, deixar de cometer crimes. Penso que a verdadeira prevenção da criminalidade deve ter como foco a criança e o adolescente, e que a intervenção seja feita tão logo estes apresentem comportamento social indesejado. No programa denominado Rede Cidadã, encabeçado pela PMMT, já são feitas ações nesse sentido, porém de forma bastante acanhada. Outro equívoco é pensar que prevenir a criminalidade se faz apenas com ação policial. Sabemos que diversos atores sociais influenciam no comportamento das pessoas, daí a necessidade de política de governo para trabalhar o contexto social de maneira ampla para atingir o objetivo final, que é a segurança pública. Esse trabalho, penso, deve contemplar o ensino e a prática de valores morais, valores cívicos, oportunidades econômicas, religiosidade, cultura e lazer.

Hamilton, que não respondeu ao questionário de forma estruturada, mas conversou livremente comigo, trouxe uma fala mais centrada nas dificuldades do fazer policial, que teriam se acentuado ao longo do tempo. Ele comparece ao local marcado para a entrevista com uma dezena de recortes de jornais e fotos de quando pertencia à Força Tática.[3] Para ele, pertencer ao Pelotão de Tático Móvel (posterior Força Tática) representava mais que um serviço: era uma devoção, um referencial de correção em um mundo caótico. Narra que o turno de serviço começava às 13 horas, mas seu pelotão entrava às 10 horas para "mexer" nas viaturas. Cita o grande líder daquele grupo – subtenente [Eduardo] Rhormens. "A vida dele era a polícia". Rhormens foi morto a tiros de fuzil em uma perseguição a criminosos que haviam roubado um grande mercado. O tiroteio ocorreu no meio da Rodovia Fernão Dias. Além de tê-lo "ensinado a trabalhar", Rhormens tinha conhecimento de mecânica de veículos, e, assim, congregava todos os demais policiais na manutenção e conserto das viaturas.

Sobre o horário de entrada e saída de serviço, Hamilton diz que "não tinha esse negócio de horário. Se tinha ocorrência pendente, a gente permanecia trabalhando." Rhormens morreu em 1995, época em que as viaturas do Tático Móvel voltaram a ser distribuídas para as companhias, desfazendo o pelotão, que foi retomado em 1998 com outro nome – Força Tática. Se por um lado algumas regiões teriam se tornando menos violentas – "O Parque Novo Mundo era igual 'cangaceiro', as pessoas andavam com pistola na cintura, espingarda" –, outras dificuldades emergiram. Hamilton pondera: "Hoje tem um monte de recruta no celular, tá pior, mais armamento pesado. Muita coisa mudou depois do Carandiru [data que ele faz questão de citar com exatidão] e piorou muito depois da Favela Naval, porque a polícia não queria mais trabalhar. Em [19]87, os caras eram tudo doido [referindo-se aos policiais] [risos]. Hoje não se vê mais isso. A polícia é mais social. Até o fardamento mudou. A boina era agressiva. Hoje em dia tem mais pontos de tráfico. Até [19]92 tinha um pouquinho de respeito, depois a coisa começou a mudar." E completa: "hoje o menor faz o

---

3   Força tática é uma modalidade de policiamento da PMESP dedicada ao patrulhamento de áreas com maiores índices criminais. É caracterizada pelo uso de viaturas de grande porte e equipes com no mínimo três policiais.

que quer [...] Após a Favela Naval, qualquer coisa, 'iria fazer denúncia, ligar para a reportagem'. A polícia militar era menos equipada, mas tinha mais poder." Hamilton permeia o seu discurso sempre com um sentimento de falta de reconhecimento por parte da sociedade, que não valorizou o que se fazia no passado: "[...] dei meu sangue pela sociedade". E prossegue: "Pouca coisa mudou em termos de 'fazer polícia'. Se não tem o patrulheiro, a abordagem, não se prende ninguém. Hoje em dia, o patrulheiro patrulha muito mal". Passa a narrar experiências recentes em que ficava por horas ou por turnos de serviço esperando o momento em que o traficante ficasse desatento, não percebesse a chegada de sua equipe e pudesse ser preso.

O ofício de policial dá tons, em sua fala, de um universo bastante próprio, com suas próprias moralidades, redes de relacionamento e formas de trabalho. Narra com ares pitorescos o dia em que, após uma perseguição a pé a um criminoso que acabara de roubar um carro, precisou assumir o volante do carro roubado para dar apoio à sua equipe, já que seu parceiro havia levado consigo a chave da viatura.

Hamilton, em várias partes do diálogo, disse que ser polícia não é ser funcionário público. Perguntei-lhe qual a diferença: "A diferença é a responsabilidade, a honestidade, o risco de vida, é não saber se vai voltar para casa. Eu tinha orgulho de usar a farda; hoje a polícia é [para os atuais policiais] um emprego".

O subtenente Terra é desenvolto em sua fala, como se esperasse há um bom tempo uma oportunidade para ser ouvido. Narra que a partir dos anos 1980 o policial perdeu muito de sua autoridade: "O PM era ameaçado, quem mandava era a polícia". Terra sempre viveu na Zona Leste da cidade de São Paulo, em um bairro muito violento. Por essa razão, narrativas de ameaças sofridas por policiais, tentativas de assalto e um constante receio de ser morto perpassam, em vários instantes, a narrativa do entrevistado, ao mesmo tempo em que revelam certa rede de relações de vizinhança que permitiam aos policiais protegerem-se mutuamente. Essas redes ganharam ainda mais importância no decorrer dos últimos 30 anos, nos quais ele vê o policial muito mais desprotegido pela instituição, já que nos anos 1980 e 1990 o policial, quando era ameaçado por algum criminoso do bairro, possuía "apoio" – nem sempre "adequado" aos dias atuais – da corporação.

Terra parece ter vivenciado o que de há mais tenso em viver em um bairro violento da periferia. Narra que, em meados de 1980, encontrava-se em um ponto de ônibus perto do local em que residia e notou que um policial militar, mais novo que ele, chorava. Foi até ele e perguntou o que havia ocorrido: "Todos os dias em que passo em frente àquele bar, os caras me ameaçam, me xingam, não aguento mais". Terra respondeu: "Então vamos lá resolver isso". Voltaram, abordaram e repreenderam a todos e, dali por diante, não mais afrontaram aquele ou outro policial. E acrescenta: "A polícia saía na rua pra caçar bandido. Tirava de circulação por vadiagem. Hoje não pode fazer mais isso".

O subtenente Terra é um pessimista, não vê perspectiva de melhora. São constantes suas citações ao aumento do poder das armas dos criminosos: "Tinha mais o cara que 'vestia a camisa'. Agora tem mais o pessoal correndo com coisa errada. O pessoal está acuado. Se trocar tiro, a vida pessoal dele é prejudicada".

Em outra camada da entrevista abordei questões relativas à democratização que se deu no país a partir de 1985 e o significado disso para os atores.

JOSUÉ LEANDRO DE ARAÚJO: Penso que a verdadeira essência da palavra "democratizou" não está sendo empregada como "tem que ser" e "como é", porque a verdadeira democracia no Brasil ainda não foi estabelecida. Vejo que foi alterada a forma política de governar, porém a verdadeira cidadania democrática está sendo manipulada de forma indireta e discreta. Mudou-se para pior. Com a mudança houve distorção de boa parte da sociedade [no sentido de] que democracia é sinônimo de libertinagem, ou "agora posso tudo". Dizem alguns historiadores que o povo de Israel, quando saiu do Egito, uns dos motivos de ficar andando e rodeando no deserto por quarenta anos foi porque ainda precisava aprender a viver em liberdade, e por isso que teve a grande demora, até chegar à terra prometida. O Brasil tem vivido algo semelhante, enquanto não se aprende a viver em democracia, morre-se no deserto.

MAUROZAN CARDOSO SILVA: Penso que no Brasil nunca houve uma ruptura de poder. Os donos do poder sempre se mantiveram no comando, por mais que se mudasse a roupagem. Depois de superado o governo militar, não se observou significativa mudança nas estruturas governamentais; adotou-se, simplesmente, o discurso de cidadania e de mais liberdade para o povo. Porém, estamos experimentando uma escalada da violência. No caso da polícia miliar, por exemplo, a "democratização" não provocou mudanças imediatas, pois se manteve a mesma estrutura organizacional e foram mantidos os mesmos comandantes, que, naturalmente, não mudaram sua forma de pensar da noite para o dia, mantendo a mesma metodologia da prática policial. O novo discurso de cidadania e de liberdade popular vem gerando conflitos ao longo dos anos e, à medida que vão surgindo buscam-se soluções paliativas para enfrentá-las, enquanto a criminalidade, com maior liberdade de ação, a cada momento reinventa sua maneira de agir, surpreendendo as autoridades policiais, já que estas não estão preparadas e nem equipadas para antever e prevenir ações criminais. Concluindo, penso que a "democratização" [a partir] de 1985 serviu para expor a incapacidade das forças policiais de fazer frente à criminalidade, num ambiente de maior liberdade e de garantias de direitos civis.

Uma parte das entrevistas abordou mudanças e eventos específicos que poderiam ter impactado a vivência dos interlocutores como policiais.

JOSUÉ LEANDRO DE ARAÚJO: [sobre a mudança de cor do fardamento da Polícia Militar de São Paulo do cáqui para o cinza-bandeira, em 1990] – Ao entrar na PM em [19]86 meu uniforme era o 8º, coturno e boina; depois, cinza-bandeirante e outras letrinhas e números mais. O [Batalhão de Polícia de] Choque manteve a tradição por alguns tempos, após a criação do [uniforme] camuflado urbano. No patrulhamento houve a criação de várias bombetas[4] brancas, pretas, cinzas, casquete, alguns momentos a liberação de não usar a cobertura em algumas situações. As tentativas foram válidas quanto a um tecido de melhor qualidade, mais resistente, mais adequado ao clima. Porém, no peso da balança, cada vez mais prejudicial, perdendo a identidade e confundindo a população em identificar o policial militar, devido às constantes mudanças, isso sem falar nos gastos públicos e onerar o policial, que muitas vezes teve que comprar seu fardamento devido à ineficiência da distribuição, pela qual o soldado patrulheiro era o mais afetado. O PM só usa farda em horários obrigatórios.

Para Josué, o policial militar perdeu sua identidade. Sobre a implantação da polícia comunitária, ele e Maurozam ponderam a respeito da sua efetividade.

JOSUÉ LEANDRO DE ARAÚJO: Muito importante e válido programa, porém sem estrutura e investimento adequados. Quantos PM e comandantes tiveram que ir atrás de material para manter ou construir as bases?

---

4 "Bombeta" é o termo coloquial para designar o boné que a PM adota como fardamento.

MAUROZAN CARDOSO SILVA: Quando se fala em implantação de polícia comunitária as referências que vêm à cabeça são Japão e Canadá. No Mato Grosso existem, apenas, os famosos cursos de preparação dos policiais para a atividade de polícia comunitária, financiados com recursos da Senasp [Secretaria Nacional de Segurança Pública]; porém, na implementação da política, apesar de inauguradas várias "companhias de polícia comunitária", ainda não se implantou a verdadeira doutrina de polícia comunitária.

Outro tema crítico para os entrevistados são os ataques do Primeiro Comando da Capital (PCC),[5] em São Paulo, em 2006 e 2012.

HAMILTON BUENO: O Estado deixou eles [PCC] crescerem.

MAUROZAN CARDOSO SILVA: O ataque do PCC, para mim, representou o auge da incapacidade das forças policiais de prevenir e combater as organizações criminosas. O PCC é apenas uma das modalidades de organização criminosa com as quais convivemos. Fora ele, existem muitas outras que atuam em nosso território, que vão desde organizações que se dedicam a furto e desmontagem de veículo, para suprir o mercado de peças usadas, passando pelas organizações especializadas em crimes contra a administração pública, milícias formadas por membros da própria estrutura da segurança pública, até as organizações que atuam no tráfico internacional de armas e drogas. Como já tenho afirmado, nossas polícias não têm acompanhado as evoluções da criminalidade, pois ainda estamos presos a um sistema compartimentado no qual temos de um lado a polícia militar e do outro a polícia civil. E, enquanto a criminalidade avança, ambas podem arrumar desculpas para dizer que o caos instalado na segurança pública não é de sua responsabilidade.

JOSUÉ LEANDRO DE ARAÚJO: Socialmente foi o grito de sobrevivência e desespero de um povo carcerário que vivia sufocado devido à falta dos seus direitos como presos. Estavam se estruturando marginalmente, politicamente, presos porque não respeitaram as leis e, por sua vez, a lei não os respeitou como detentos. Sinal de alerta devido

---

5   Organização criminosa com origem nos presídios paulistas. Em 2006 comandou ações de grande magnitude dentro e fora dos presídios, com ataques a diversos alvos ligados à segurança pública.

às extorsões de policiais, enfim deram "rugir do leão", o qual intimidou e perceberam a força que tinham para acuar integrantes da corporação, sociedade e governo.

Por fim, os entrevistados retomaram uma questão que tende a permear constantemente a fala dos operadores da segurança pública no país: a diferença entre a situação do passado e a atual.

Na visão de Hamilton: "Hoje morre mais policial [dá a entender que, sobretudo, durante a folga]; hoje os policiais são jurados de morte, o PCC mata o PM como prêmio. O PM que prende muita gente fica marcado". Ele sugere como forma de melhorar esse estado de coisas uma nova aposta no patrulhamento: "Se todos [os policiais militares] fizessem o patrulhamento, a gente teria menos criminalidade". Para Hamilton, "fazer o patrulhamento" significa a disposição de estar atento ao ambiente em que se está, monitorando riscos e condutas suspeitas e, sobretudo, realizando abordagens policiais.

Para Josué: "A quantidade de policiais que tinham a mente voltada para combater o crime era muito maior. Hoje estão se preservando e ao seu emprego, ao não ser patrulheiro, pois se tornou muito mais confortável permanecer anônimo ou omisso a ter que responder processo ou permanecer na delegacia. Existe, sim, muita diferença em fazer polícia no passado: antes o polícia batia; hoje ele está apanhando, em alguns casos. Os comandantes eram mais rigorosos, mas defendiam muito mais seus policiais". Ele deixa entrever que há uma falta de amparo legal que pudesse substituir a segurança que a corporação oferecia na vida privada. Um processo de burocratização da instituição, no qual os procedimentos passaram a ser muito mais consentâneos com o Estado de direito, sem uma contrapartida garantidora da segurança policial.

Ivanildo Terra lembra: "Até 1985 a polícia dava segurança para a sociedade. Não tinha justiceiro". Como mudança – considerada negativa, pois implicou a perda da autoridade da polícia –, ele cita as mudanças nas cores das viaturas e as mudanças no uniforme. Daí então, na sua opinião, passaram a existir os justiceiros, tendo como marcos objetivos a "política", o PROAR[6] e o desarmamento da população. A justiça privada dos justiceiros começou com a falência da polícia, segundo ele.

---

6   Programa de Acompanhamento de Policiais envolvidos em Ocorrências de Alto Risco.

Sua entrevista mostra o processo de transformação de uma ética guerreira que não foi além em face da violência a que o policial estava exposto, sobretudo em seus ambientes fora do serviço, deixando o indivíduo no meio do caminho entre abandonar sua ética passada e perder sua capacidade de preservar suas condições de segurança e respeito. Assim, para Terra, a redemocratização não trouxe os ganhos prometidos uma vez que debilitou as garantias de direitos prometidas. Em outras palavras, o pós-1985 uniu o pior dos mundos: falta de liberdade para agir e falta de segurança em sua vida privada. "Quando o ladrão ameaçava, quem se mudava era o ladrão, e não como agora, pois quem se muda é o policial. O polícia tem que se 'virar'."

Conclusões

Todos os policiais militares entrevistados foram mais eloquentes do que eu supunha. Terra possui um olhar atento ao "subterrâneo". Algo como estar no meio, viver nesse meio, mas sem pertencer a ele. Ser alguém que, de dentro, consegue olhar por cima. Também ele aceitou prontamente o convite para narrar sua história de policial e suas impressões desses últimos 30 anos. Assim como o sargento Hamilton, o subtenente Terra não se desvencilhou das atividades de segurança – agora privada. Ser segurança, policial e exercer profissões afins vai além da experiência profissional que os anos na corporação proporcionaram, o que, por si só, permite boa colocação no mercado de segurança privada: constitui um conjunto de moralidades que compõe a sua própria identidade. São pessoas que "nasceram para ser policiais". Obviamente, a despeito da essencialização que a expressão traz – não se "nasce para", mas se "aprende a" –, é possível dizer que não se pode pensar sua identidade sem que todo referencial ético do ser policial seja acionado – e isso faz toda a diferença quando falamos de tentativas vigorosas de alterar padrões éticos dos policiais.

A vida de Hamilton, sempre ligada à parte mais operacional da PM, carregou em seu discurso uma série de relato de mortes (de policiais e criminosos), prisões, apreensões de armas e drogas. "Quantas armas você já apreendeu Hamilton? Mais de cinquenta?" Com um riso no canto da boca, respondeu: "Acho que mais que isso".

Apesar das cautelas que os policiais militares costumam ter ao analisar a atual situação da segurança pública, o que leva a uma falta de manifestações públicas sobre o assunto, eles, mais do que narrar suas histórias, fizeram uma defesa política de suas concepções de mundo e das transformações ocorridas no Brasil durante o período. Suas posições permitem questionar o que significaram os chamados "avanços democráticos" para esses trabalhadores, cuja limitação às suas atuações mais violentas deixou-os, por seu lado, sem as ferramentas que lhes asseguravam as condições de segurança, ao mesmo tempo em que foram também vítimas do aumento da criminalidade e, sobretudo, dos homicídios, que os atingiram com maior intensidade. Paradoxalmente, eram afetados em relação à garantia legal – a segurança – para a qual se dedicavam. Por essa razão, também nota-se certo sentimento de abandono em relação aos governos. Essa insegurança, sobretudo em suas vidas fora da corporação, traz a eles um profundo questionamento dos "ganhos" obtidos com a democracia – noção que, aliás, faz-se presente nos julgamentos de imensa parcela da população. Em outras palavras, a segurança pública eleva-se ao fiel da balança para se julgar as mudanças por que passou o Brasil nessa redemocratização pós-1985.

Seus depoimentos também nos prestam a enxergar o alcance das políticas de segurança implementadas no período analisado. São, afinal, os operadores diretos dessas políticas. Questionei-os diretamente sobre a implantação do radiopatrulhamento padrão (1988) e do policiamento comunitário (1992), criação de programas de policiamento (1998) e, até mesmo, quaisquer alterações promovidas pelo Estatuto da Criança e do Adolescente (1989). As respostas foram semelhantes: tais políticas não representaram quaisquer mudanças para suas práticas profissionais cotidianas, o que, nas palavras do coronel Maurozan, constitui-se uma carência, pois que as formas de se "fazer polícia" não avançaram mesmo após tais marcos. Para todos, os paradigmas centrados nos modelos de patrulhamento e prisão de criminosos perduram desde o período anterior.

Um terceiro ponto que destaco é a dimensão estruturante das relações sociais, sob o ponto de vista moral e ético, que a polícia militar (nos depoimentos dos policiais paulistas) tem a potência de constituir. Sobretudo nos depoimentos do subtenente Terra e do sargento Hamilton – não por acaso os que mais tempo trabalharam nos batalhões de policiamento – percebe-se que seus relacionamentos, amigos e visões de "certo e errado" apresentam como linha divisória o universo de relações promovidas pela PM (como o fato de que todos os amigos são da própria corporação), como o referencial ético que ela proporciona.

Como conclusão, trago as respostas da questão final que lhes fiz: "Você gostaria de deixar alguma mensagem sobre o que é fazer polícia no Brasil? Tem alguma diferença com o "fazer polícia" no passado?"

MAUROZAN CARDOSO SILVA: Quando ingressei na polícia fui preparado para trabalhar com foco no crime. Ou seja, quando escalado, deveria posicionar-me de forma ostensiva numa rua comercial, fazendo o que se chama equivocadamente de "policiamento preventivo", afugentando os delinquentes; ou, quando escalado para trabalhar nas viaturas, deveria circular por determinadas vias em determinados horários e também atender aos chamados do COPOM [Centro de Operações da Polícia Militar] para atender ocorrências de diversas naturezas e encaminhar os envolvidos em delitos para as delegacias da Polícia Civil, "para as providências legais cabíveis". Lamentavelmente, em muitas corporações policiais militares ainda é assim que funciona. Não me foi ensinado a trabalhar com a comunidade nem com os conflitos sociais que levam à criminalidade. Experimentei trabalhar com conflitos sociais somente no final da carreira, já no posto de tenente coronel, quando tive oportunidade de trabalhar no Programa Rede Cidadã, que se propõe a desenvolver ações para promover a integração e o resgate da cidadania de crianças, adolescentes e jovens excluídos dos processos de desenvolvimento socioeconômico ou que também estejam em situação de vulnerabilidade, com a finalidade de prevenir o ingresso dessas pessoas na criminalidade. Com metodologia apropriada, fundada em educação, oportunidade e responsabilização, tivemos oportunidade de prevenir o ingresso de muitas pessoas no mundo do crime. Acredito que para prevenir a criminalidade é necessário trabalhar a formação do cidadão, pois depois que a pessoa se torna criminosa o dano social já ocorreu e alguém já sofreu a violência, e eventual imposição de penalidade contra o criminoso não reverterá o trauma.

JOSUÉ LEANDRO DE ARAÚJO: Hoje, fazer polícia é apenas atender aos pedidos de socorros e não ser preventivo, da forma que está. A corporação se envolveu em vários setores, como bombeiro, trânsito, resgate, ambiental, aéreo, criminal, assessorias, social. Porém em nenhum deles contempla com perfeição ou disponibiliza o efetivo adequado, os equipamentos necessários e/ou as instalações primordiais. E, com isso, gera outros problemas.

HAMILTON BUENO: Não saberia explicar. Tão difícil... A polícia deveria ter um pouquinho mais de poder... ser amparado pelos governantes [nesse momento, o sargento passa as mãos nos olhos, num movimento de pesar].

Assim, em resumo, podemos concluir que o trabalho do policial pouco se alterou nos últimos 30 anos. As próprias formas de pensar segurança pública se mantiveram durante o período, apesar de ensaios que, muitas vezes, não passaram de meras embalagens cujo conteúdo era o mais do mesmo. Se para a maioria dos entrevistados isso não se revela propriamente um problema, por outro lado nos indica que a segurança pública é, de fato, uma das áreas em que menos se avançou desde a redemocratização, o que repercute tanto na falta de legitimidade das instituições policiais quanto num crescente sentimento de insegurança. Pelo lado dos policiais, significa também um sentimento de perda e desamparo por parte do sistema político. As tensões nas falas e a insegurança que os policiais sentem evidenciam um dilema que sociedade e Estado ainda não ajustaram: a conciliação de avanços democráticos, respeito aos direitos humanos e formas menos violentas de exercer o controle social. Em outras palavras, o que se mostra é um dos problemas fundamentais de segurança pública: como promover avanços na garantia dos direitos humanos abandonando práticas autoritárias por parte da polícia e, por isso, violentas, ao mesmo tempo em que se enfrenta a criminalidade e a violência? Decerto que quaisquer iniciativas não podem esquecer um dos principais operadores de tais mudanças: os próprios policiais.

REFERÊNCIAS BIBLIOGRÁFICAS

MUNIZ, J. D. O.; SILVA, W. F. D. "Mandato Policial na prática: tomando decisões nas ruas de João Pessoa". *Caderno CRH*, Salvador, nº 60, vol. 23, set./dez. 2010, p. 449-473.

REINER, R. *A política da polícia*. Trad. Jacy Cardia Ghirotti e Maria Cristina Pereira Cunha Marques. São Paulo: Edusp, 2004.

DIÁLOGOS SOBRE MULHERES POLICIAIS

Barbara Musumeci Mourão

Luciene Magalhães de Albuquerque foi a primeira mulher a comandar uma tropa militar masculina no Brasil. Ingressou em 1981 na Polícia Militar de Minas Gerais e assumiu a subchefia do estado-maior em 2007. Atualmente é coronel da reserva da mesma instituição.

Tânia Pinc é major da reserva da Polícia Militar do Estado de São Paulo, organização que integrou de 1987 a 2012. Mestre e doutora em ciência política pela Universidade de São Paulo, realiza pesquisas sobre políticas públicas de segurança, tendo prestado consultoria para o PNUD. Participou da implantação do policiamento comunitário no estado de São Paulo.

Jéssica Almeida é delegada e diretora da Academia de Polícia do Rio de Janeiro (Acadepol/RJ). Ingressou na polícia civil em 1997 e por 11 anos ocupou cargos de assessoria na Secretaria de Segurança do Rio de Janeiro, onde alcançou o posto de subsecretária na área de educação. Coordenou o Programa Nacional de Segurança Pública com Cidadania (Pronasci) no Estado.

Este capítulo aborda o tema "ser mulher policial hoje", tomando como referência os 30 anos do processo de redemocratização no Brasil. Não se trata de uma análise das condições atuais de trabalho das mulheres,[1] mas de reflexões singulares, elaboradas por três policiais femininas que se destacaram por participações marcantes em suas respectivas corporações. O texto, que se apresenta no formato de uma conversa, convida o leitor a conhecer um pouco da experiência feminina nas polícias através das trajetórias de duas policiais militares, já aposentadas: a coronel Luciene Albuquerque, que, quando na ativa, foi subchefe do estado-maior da Polícia Militar de Minas Gerais; a major Tânia Pinc, que pertenceu à PM de São Paulo; e de uma policial civil, ainda em atividade, a delegada Jéssica Almeida, atual diretora da Academia de Polícia Civil do Estado do Rio de Janeiro.

Cada uma das três policiais foi entrevistada em separado, mas suas narrativas foram aqui dispostas de forma a compor um diálogo imaginário que, pela diversidade das perspectivas individuais, revela as diferenças regionais e institucionais que distinguem as nossas polícias, a despeito de seus traços comuns.

As perguntas dirigidas às entrevistadas buscaram uma conexão com alguns dos estudos que, nos últimos anos, focalizaram as mulheres policiais, convocando indiretamente suas autoras (todas também do sexo feminino) a participarem da conversa. O texto procura, assim, engendrar um campo de escuta e interlocuções, a partir do qual certos temas relativos ao gênero nas polícias, como o modelo de incorporação de mulheres e o papel que lhes cabe nas polícias, sejam revisitados, com base em experiências e pontos de vista particulares.

Sem a pretensão de produzir sínteses, conclusões ou generalizações, procurou-se evidenciar, pela voz das três policiais, os vínculos entre a incorporação da força feminina e as ressonâncias do processo de redemocratização nas organizações policiais. O pressuposto, expresso também na avaliação das entrevistadas, é de que a maneira como as polícias civil e militar acolheram as mulheres e como vêm lidando com suas aspirações e potenciais indica tanto um olhar institucional sobre as diferenças de gênero quanto o emprego da gramática de gênero como dispositivo de abertura ou de resistência às mudanças estruturais exigidas pela ordem democrática.

BARBARA MOURÃO: Em diversos países as polícias abriram-se à presença feminina em momentos de crise institucional e de transformação social, com o propósito

---

1 Esses dados podem ser encontrados em *Mulheres nas instituições de segurança pública* (SENASP, 2013)

de modificar sua imagem repressiva em favor de uma atuação preventiva. No Brasil, embora as mulheres tenham sido, originalmente, incorporadas às forças policiais na década de 1950, o momento de maior fluxo de entrada feminina nas polícias coincide com o processo de redemocratização do país, nos anos 1980. Aos poucos, as policiais deixaram de integrar unidades exclusivas e foram sendo incorporadas ao conjunto do efetivo, pelo processo de unificação dos quadros masculino e feminino. Segundo as últimas estimativas, o percentual de mulheres nas polícias militares ainda não chega a 8%, mas as policiais civis já representam 24% do contingente total (SENASP, 2013).[2] Alguns estudos (SOARES, B.; MUSUMECI, 2005, CALAZANS, 2005) sugerem, entretanto, que a volta à democracia e a presença feminina nas corporações não foram acompanhadas, entre nós, por uma reforma estrutural na cultura institucional das polícias. Hoje, passadas três décadas da democratização do país e com uma presença significativa de mulheres nas corporações policiais, que mudanças podem ser observadas, em relação àqueles primeiros anos do período democrático?

LUCIENE ALBUQUERQUE: Eu acredito que a polícia de Minas Gerais se antecipou um pouco nessa busca. Tanto que a Constituição é de 1988, mas muitas polícias só mudaram depois, enquanto em Minas, desde o início da década de 1980 já começaram a ocorrer mudanças na formação, muito focadas em polícia comunitária.

A polícia já percebia que tinha que ter essa abertura e os nossos documentos doutrinários também já falavam disso. Antes até de se usar a expressão "polícia comunitária" falava-se de abertura, de participação da sociedade. Desde 1979, o comandante geral [da PMMG] começou a estudar a questão do ingresso da mulher na polícia; e quando foi feito o edital para o concurso, em 1980, ele dizia que um dos objetivos era a humanização da instituição. Eu vi assim, passo a passo, ano a ano, as mudanças acontecendo, porque fomos praticamente cobaias, por termos sido as primeiras. Ocorreram muitas mudanças desde o início, não só na comunicação, mas no respeito, na valorização das mulheres por parte dos colegas. A instituição sempre valorizou. É lógico que existiam comandantes que tinham preconceito em relação à mulher e alguns que, pelo contrário, supervalorizavam nosso trabalho. Mas os documentos doutrinários da polícia de Minas, em relação à mulher, desde o início já eram muito

---

2 Segundo Soares e Musumeci (2005), havia, em 2003, cerca de 7% de policiais militares femininas.

democráticos. Falavam da importância das mulheres no papel de comando, no qual elas deveriam ser empregadas no futuro.

Nós tínhamos contato com [as policiais de] São Paulo e Paraná. Elas sofreram, com muitas dificuldades, muita luta. A luta delas por espaço, no Paraná, foi uma "luta armada" e a nossa foi uma "luta intelectual". Elas tinham que lutar na marra, entrar na justiça etc. Nós apresentávamos projetos, fazíamos pesquisas científicas e o comando ia fazendo as mudanças que solicitávamos. Nós não íamos para a briga, nós provávamos. Assim que nos formamos no curso de oficial, apresentamos um estudo para unificar o quadro de praças. E sem resistência, sem briga nenhuma, em 1990 nós unificamos o quadro de praças. Todas as nossas conquistas foram a partir do convencimento. Vivíamos fazendo pesquisa, levantando [informações]. Eu sinto que fomos sempre muito respeitadas em função dessa estratégia que nós usamos, a partir do aprendizado com as outras polícias. Éramos cobaias. Experimentavam, dava errado, apresentávamos um estudo e dizíamos: "Isso não dá certo, vamos ter que mudar por causa disso, disso e disso". E mudavam.

TÂNIA PINC: Quando eu entrei na polícia, em [19]87, no período de transição democrática, o governador Orestes Quércia criou milhares de vagas de policiais, sendo 3.000 para mulheres. Isso causou muita surpresa em São Paulo, porque a formação de policiais era feita na capital, e São Paulo não deu conta. Começou, então, a haver escolas de formação de soldado feminino (eu entrei na polícia como soldado) no interior do Estado. Foi muito inovador, porque os batalhões do interior, até então, nunca tinham visto uma mulher. Como nós prestamos o concurso no interior, a cidade inteira se mobilizou. Eram milhares de candidatas que queriam entrar na polícia, o que era muito novo e causou uma mudança não apenas no contexto da polícia, mas também na cidade.

Quando chegamos ao quartel já percebemos uma mudança, porque, sendo um espaço de predominância masculina, tinham que adaptar toda aquela estrutura, de alojamento, sala de aula etc. Nós fomos, então, desalojando algumas pessoas e isso causou alguma resistência, enquanto outros nos olhavam com bons olhos. O que eu percebo é que, naquela época, nós éramos uns ETs, tanto para a instituição, quanto para a cidade. A primeira vez em que eu entrei num ônibus, fardada, o ônibus inteiro olhou para mim.

O que eu percebi é que a polícia não estava preparada para receber aquele grupo de mulheres. Como eu entrei como soldado, eu não tinha poder, em relação ao grupo, já que todo mundo era mais antigo e eu era subordinada. Desse ponto de vista, eu não representava ameaça, porque eu e as minhas colegas estávamos abaixo de todos os demais – a ameaça aparece quando você tem mais poder. Mas os homens se sentiam intimidados com a gente, porque podíamos concorrer com eles, fazendo o mesmo trabalho. Demorou, então, muito tempo para que grande parte deles nos recebesse como profissionais.

Quando eu olho para aquele momento e para hoje, eu vejo que estruturalmente mudaram muitas coisas. Naquela época, os quadros eram separados e, aos poucos, foi se tentando introduzir a mulher num contexto mais profissional. Você tinha batalhões femininos na capital, onde só trabalhavam mulheres e com um foco assistencialista. Elas estavam voltadas para tratar de crianças, idosos e mulheres. Isso era muito claro na cidade de São Paulo. No interior foi uma mudança, porque nós fomos trabalhar no trânsito. Com o tempo, as coisas foram se alterando. As mulheres foram conseguindo conquistar um pouco mais de espaço à medida que os batalhões femininos deixaram de existir. São Paulo foi a primeira polícia que introduziu mulher, mas a última a unificar os quadros de oficiais. Até cinco, seis anos atrás, as mulheres saíam em quadros diferentes de homens. A entrada era a mesma, a formação era a mesma. A única questão era o sexo. Na verdade, para manter uma reserva do comando, porque se a mulher participasse do mesmo quadro que o homem ela poderia ser comandante geral, chefe da Casa Militar, aumentar a proporção de mulheres etc. Uma possibilidade de feminilização da força. Assim, em São Paulo, até não mais poder, os quadros permaneceram separados.

Em resumo, houve algumas mudanças. Elas são estruturais e a polícia hoje pode dizer: "A mulher tem o mesmo salário que o homem, ela tem a mesma ascensão, a mesma carreira". Isso é verdade, se compararmos com o mercado de trabalho, onde a mulher ganha menos e as oportunidades são menores. Então, teoricamente, na polícia, ela alcançou isso. Mas em relação ao espaço como profissional não mudou muita coisa de lá para cá. Essa entrada da mulher coincide com o período de redemocratização e me parece que a polícia se utilizou também disso para ceder a esse processo, para dizer: "Nós também estamos nos redemocratizando, estamos abrindo espaço para mulher". Mas, na prática do dia a dia, dentro dos quartéis, a mulher continua lutando por seu espaço de profissional, e isso está muito no nível micro das relações, não aparece muito. Institucionalmente ainda falta um reconhecimento, uma valorização, a criação de um espaço mais apropriado para a mulher. Falta reconhecer que essas suas características podem causar um impacto positivo para a instituição, em que pese ela não ser igual ao homem. Existe espaço para os dois, mas o espaço dela ainda não está definido, não está bem desenhado. Ela está tentando desenhar sozinha, às suas próprias custas, e muitas vezes sem um suporte da instituição.

JÉSSICA ALMEIDA: Eu acho que o processo de mudança conta com a participação das mulheres, porque, na verdade, ele começa, no meu sentir, com a entrada de novas pessoas na polícia, através dos concursos públicos. Antes, o requisito para que a pessoa assumisse uma função de chefia, de liderança, de decisão era ela participar de uma forma de acesso interno, ligada exclusivamente a uma titulação acadêmica. Mas aquelas pessoas tinham sido formadas no antigo modelo e tinham internalizado os valores daquele modelo. Eram pessoas acostumadas com as coisas que aconteciam, como os métodos não científicos de obtenção de verdade, prática de tortura em delegacia e a própria questão do preso nas delegacias, sem condições mínimas, garantidas por lei, para ficarem custodiados. E as pessoas naturalizavam um pouco isso porque elas tinham se formado naquele ambiente. Quando o concurso público começa a ser a forma de acesso para todos, começamos a ter pessoas com formações diferentes, vindas de culturas diferentes, de lugares diferentes, e que vão impactar e ser impactadas por essa cultura policial. Junto desse grupo de pessoas, vêm as mulheres, que trazem um olhar ainda mais diferenciado, porque mais sensível, um pouco mais agregador. A mulher, que sempre teve uma postura um pouco mais mediadora, começa a criar alguns espaços que antes não existiam dentro da polícia. A polícia começa a se adaptar a essa mulher, que até pouco tempo cumpria outros papéis sociais e que começa a assumir funções que, antes, não lhe cabiam. Ela começa a ter que aprender a estar nesses espaços. O que se percebe é que com a entrada de mulheres as delegacias ficaram mais organizadas, os processos de trabalho mais definidos, porque a mulher tem essa característica de querer organizar, querer melhor definir as coisas, agregar, manter a equipe junta, criar algumas alternativas dentro do ambiente de trabalho para quebrar um pouco aquela rudeza do ambiente policial. Então, acho que a mulher trouxe essa ideia de planejamento, de organização, de racionalização dos processos de trabalho. O homem trabalha muito no improviso, e a polícia já é uma atividade de muita imprevisibilidade. Cenário de imprevisibilidade não significa, necessariamente, que eu tenha que trabalhar com o improviso. Eu posso fazer um prognóstico de tudo o que normalmente acontece na área de segurança pública e ter um mínimo de planejamento.

BARBARA MOURÃO: Parece que, tanto no papel de humanizar (o que remete ao plano da sensibilidade e da delicadeza, associadas usualmente ao feminino) quanto por imprimir maior racionalidade e visão estratégica aos processos de trabalho (o que normalmente é visto como atributo masculino), a mulher se inseriu nas polícias sob o signo da diferença. Em um caso, provocando reações defensivas em relação a uma suposta perda de espaço ou risco de feminilização e gerando um sutil cerceamento à ampliação de seu espaço profissional. Em outro, encontrando ambiente favorável a mudanças pela via do convencimento ou, ainda, criando espaços e promovendo estranhamento de práticas antidemocráticas, até então naturalizadas, através da renovação dos quadros, incrementada por um olhar mais afeito ao diálogo. No início, como foi lembrado, coube às policiais femininas um trabalho associado a mulheres, idosos e crianças. Em diversos países, assim como no Brasil, a entrada das mulheres nas polícias militares se deu, portanto, através de unidades especiais, voltadas para problemas geralmente relacionados ao mundo doméstico (CALAZANS, 2004, MOREIRA, 2010, SOARES, B.; MUSUMECI, 2005). Vocês acreditam que as mulheres ainda teriam algum papel diferencial a desempenhar? Ou essas divisões de papéis já não deveriam mais fazer sentido nas polícias de hoje?

JÉSSICA ALMEIDA: Eu achava que isso tinha perdido totalmente o sentido. Mas, recentemente, eu estava numa reunião de gestão, que o chefe de polícia realiza conosco toda quarta-feira, e ele disse que tinha o sonho de ver um titular masculino em uma delegacia da mulher. Porém, a diretora do Departamento de Políticas de Mulher, que vem aplicando uma pesquisa nas unidades distritais especializadas, mostrou que as mulheres se sentem melhor sendo atendidas por mulheres. Por isso, ainda reservamos algumas funções à mulher, mas para atender a uma demanda social. Institucionalmente, a polícia civil já discute isso e já está preparada para mudar. Hoje nós já temos diversas mulheres na CORE (Coordenadoria de Recursos Especiais), e não só em função administrativa, mas fazendo parte também das equipes de operações especiais. Nas DEAM [Delegacias de Atendimento à Mulher] é que temos uma concentração muito grande de mulheres, tanto no caso dos delegados como dos agentes; e nos NUAM [Núcleos de Atendimento a Mulheres] estamos procurando colocar mulheres, porque eles estão em municípios do interior e essa resistência a conversar com o homem sobre questões de gênero é ainda maior.

LUCIENE ALBUQUERQUE: Eu acho que perdeu o sentido, porque eu penso que, aqui, tanto as policiais quanto os policiais acreditam em um perfil de pessoas. Hoje não existe nenhuma área da polícia em que não haja mulher. Como o quadro é único, não existe lugar em que não possamos estar.

O que foi idealizado, inicialmente, e que foi copiado dos documentos de São Paulo? "As mulheres têm que trabalhar com idosos e com crianças." Só que nós íamos atuar e, na prática, fazíamos muitas outras coisas. Não tinha jeito de separar. Então, nós mesmas fomos mudando os documentos e falando: "Não tem jeito de ser assim, nós temos que ir para qualquer lugar". E antes de 1990 já havia mulheres em todos os batalhões do Estado.

TÂNIA PINC: Há uma tendência para direcionar o trabalho da mulher para o policiamento comunitário, que é algo que não tem o mesmo peso do policiamento tradicional. A mulher acaba gerando uma mudança de paradigma, mas a instituição ainda não percebe ou não aceita isso como uma mudança positiva e favorável. O policiamento comunitário não é valorizado como o policiamento tradicional. Os policiais se recusam muitas vezes a fazer policiamento comunitário, pois ele é visto como uma subcategoria de polícia. E aí a mulher cabe bem. Então, talvez ela possa ser associada, mas não porque tenha uma capacidade maior de realizar essa aproximação com a comunidade ou com as pessoas, mas talvez porque seja percebido como uma subcategoria de policiamento.

BARBARA MOURÃO: Esses cenários contrastantes, remetendo, no caso de Minas, à valorização do policiamento comunitário e à penetração das mulheres em todos os setores da polícia e, no de São Paulo, à identificação do feminino ao modelo comunitário, como uma subcategoria de policiamento, jogam luz sobre a conexão entre clivagens de gênero e *ethos* policial. Eles ajudam a contextualizar uma das conclusões do levantamento nacional sobre mulheres na segurança pública, conduzido pela pesquisadora Wânia Pasinato (SENASP, 2013), de que, ao invés de as instituições policiais se adequarem à presença feminina, as mulheres é que tiveram que se adaptar ao viés bélico e repressivo de uma cultura institucional, centrada no imaginário da virilidade violenta e refratária à igualdade de gênero. Para Marcia Calazans (2005), outra pesquisadora cujos trabalhos se tornaram referência para os estudos sobre gênero nas polícias, as mulheres policiais são percebidas em oposição aos homens, como falta, como polo negativo. Mesmo quando são vistas como iguais, essa percepção se daria a partir dos referenciais masculinos. A policial feminina seria pensada à imagem e semelhança do policial masculino, como "masculinidade subordinada", segundo uma lógica da desigualdade e não por uma ética da diferença. Como vocês percebem a inserção das mulheres em relação à cultura policial nas suas corporações e essa tensão entre ser igual e ser diferente?

TÂNIA PINC: Acho que a mulher tem, sim, que se adaptar a esse contexto; e ela não tem conseguido conquistar o seu espaço nisso. É muito interessante, porque, do meu ponto de vista, o principal papel da mulher na polícia é buscar a humanização do trabalho policial e isso está envolto na natureza dela, na sensibilidade, na sua capacidade de dizer que sente emoções, de ser diferente do homem. Isso não é melhor nem pior; é diferente, e tem espaço para os dois. A presença da mulher acaba trazendo muito fortemente a seguinte ideia: "Podemos fazer o trabalho que fazemos há séculos de maneira diferente, e pode ser tão bom ou até melhor do que da maneira como a gente faz". Isso causa certo receio no grupo que já vem dominando esse meio há muito tempo. Então é muito mais uma reação de defesa. Existem, muitas vezes, situações de discriminação, de preconceito em relação à mulher, mas que são muito mais uma negação da mudança que ela pode trazer, como um fator humanizador da polícia.

Tem, também, a característica do grupo feminino, no sentido de não existir uma coesão entre as mulheres policiais. Aquela cumplicidade que existe no meio masculino não está presente no meio feminino. E há situações em que é cada uma por si e Deus por todas. Cada uma tentando se encontrar à sua maneira. Algumas, por exemplo, vão querendo se tornar iguais aos homens e vão perdendo a capacidade de trazer a inovação, a sensibilidade, a humanização. Vão sucumbindo no meio do caminho, porque não têm suporte, às vezes não têm estrutura para se manter nesse meio. Acabam se brutalizando e se masculinizando.

Existem várias maneiras das mulheres tentarem se manter nesse meio, mas algumas formas muitas vezes as afastam do seu real papel, que, do meu ponto de vista, tem esse fator da humanização. Não só no meio policial, mas no tratamento ao cidadão, com a possibilidade de quebrar o estereótipo que associa a força ao papel da polícia. Algo que seria extremamente positivo para a instituição, mas ela ainda não sabe lidar com isso, porque vê como ameaça. Então, afasta a mulher do centro de poder, coloca-a em posições em que ela não possa tomar decisões que poderiam gerar grandes mudanças.

O que eu percebo é que essa resistência, essa incapacidade dos homens de aceitarem as mulheres nesse meio, é uma defesa de um modelo de policial que eles acreditam que é certo, então, o modelo de policial começa sendo o homem; quando você apresenta um novo modelo, que começa a ser mulher, ele já está errado. Na verdade, não é que ele não aceita a mulher, ele quer defender o espaço dele, porque, no fundo, ele sabe que ela também pode fazer. A partir do momento em que ele admite que a mulher pode ser policial, é como se ele estivesse negando o modelo dele. Muda-se o nome, muda-se o uniforme, mas continuam aquelas características de virilidade, de força, que vão sustentando esse trabalho policial há séculos. A partir do momento em que você admite que um indivíduo sem força, que chora, que menstrua e que precisa sair mais cedo para amamentar também pode fazer esse trabalho, você assume que tudo aquilo que você criou, fundamentou e em que acredita, todas aquelas tradições podem ser questionadas. Então, a mulher tem essa capacidade de questionar as tradições, as crenças, os valores, esse modelo de polícia. A reação não é, portanto, só ao gênero; é uma reação à mudança que a mulher representa, e que tem o potencial para fazer.

LUCIENE ALBUQUERQUE: Tudo é um processo. As mulheres entraram e a gente estava sempre cobrando. Nós assumimos funções, nós começamos a legislar dentro da polícia, nós começamos a mostrar. Na polícia de Minas, com certeza, por sermos respeitadas, as pessoas ouviam e a gente tinha oportunidade de falar e de expor.

Eu acredito que a gente ensina muitas vezes aos homens estratégias de fazer polícia, porque a sociedade nos educou para sermos mais observadoras. Como o perfil do policial hoje é fundamentalmente o de um educador, para convencer, para mudar comportamentos da pessoa, seja de um lado, seja do outro, o policial tem que ser um comunicador nato, ele tem que convencer as pessoas, tem que desenvolver muito essas habilidades. E a gente leva muita vantagem nisso.

Quando entramos havia uma preocupação muito grande em manter a feminilidade. Eles nos diziam a toda hora: "Vocês têm sempre que parecer femininas". Conosco nunca houve essa exigência de ter que ser igual. Por exemplo: existia a dificuldade em relação ao teste físico e me mandaram fazer um curso de educação física, porque queriam alguém que estudasse isso cientificamente. Quando eu voltei do curso nós mudamos o concurso de ingresso, tanto para homens quanto para mulheres. Mudamos e depois mostramos cientificamente que, tendo um curso de formação na PM, o importante era o potencial para desenvolver a habilidade física, não precisava já ser um super-homem para entrar. A mesma coisa para as mulheres.

No começo, até a farda tinha esse viés masculinizado, porque, como nós éramos cobaias o tempo todo, por mais que tivessem contratado estilista, o uniforme do dia a dia era supermasculino. Aquelas coisas largas... Não era maldade deles, era falta de conhecimento mesmo. Mas nós íamos falando, e eles iam mudando. O mesmo com o colete: "Esse colete é incômodo demais! Vamos ver quem está fazendo um colete que seja mais adequado à mulher...". Para cada problema que a gente enfrentava, buscávamos uma solução e encontrávamos. Não tinha essa resistência.

JÉSSICA ALMEIDA: Na polícia civil acho que essa tensão não é tão marcante. A ex-chefe de polícia, a delegada Martha Rocha, diz que quando se tornou escrivã de polícia sua maior reivindicação era por um banheiro feminino. Naquela época, enquanto estrutura, a polícia civil não estava preparada, mas enquanto instituição acho que ela é um pouco mais flexível (a relação do delegado com os seus agentes é muito mais horizontalizada) do que na polícia militar. A polícia civil é uma instituição menos preconceituosa. A militar tende, até hoje, a conferir às mulheres funções de natureza administrativa. Ela [a PM] acha que no comando de algumas atividades de natureza operacional a mulher não vai se sair bem. Então, a própria instituição, não sei se consciente ou inconscientemente, acaba levando a mulher a talhar uma trajetória em funções de natureza administrativa. Na polícia civil, não, porque a gente tem um efetivo menor. Temos um problema crônico e uma grande dificuldade para repor quadros, o que obriga a que todos desenvolvam as mesmas atividades.

Sobre essa ideia de virilidade, de força, do *ethos* masculino estar muito associado à figura do policial, o que eu senti, quando entrei para a polícia, é que os policiais são muito cavalheiros. Eles se sentem no dever de nos proteger, mas não porque nós somos mulheres policiais e sim porque somos mulheres. Acho que é um pouco do que eles fazem com suas mães, com as suas irmãs, nas suas casas, porque na hora de chamar você para um problema, na hora de chamar para fazer um local de crime, de te levar para um local de homicídio, de pedir para que você interfira para tomar uma decisão diante de uma situação de crise na delegacia eles não te poupam, eles te chamam. Eu nunca fui poupada disso, ninguém nunca resolveu problema para mim, porque entra a seguinte questão: "É mulher, mas é delegada. O delegado é que tem que resolver, é o doutor. Eu vou chamar o doutor"; independentemente de você ser homem ou ser mulher.

Aqui, na Academia de Polícia, tivemos que rever o currículo e tomamos algumas medidas um pouco drásticas, como eliminar o uso do fuzil na formação. Para ressignificar o seu papel, a polícia civil hoje não tem mais treinamento de fuzil. Os alunos fizeram vários movimentos, procuraram as entidades de classe, fizeram abaixo-assinado para o chefe de polícia, quase sugerindo a saída da diretora da academia, pedindo que o fuzil fosse retomado. Então, o próprio aluno vem com essa expectativa e estamos querendo sinalizar, com a retirada do fuzil durante o treinamento, que a nossa atividade é de investigação. Isso tem um valor simbólico muito grande. Mas os próprios alunos não gostam de saber que a gente está tentando colocar a força em outro lugar, que, apesar de sermos parte do aparelho repressor do Estado, o maior valor da nossa instituição não é a força. Eles perguntam por que o fuzil foi retirado e a gente explica: porque o fuzil não é arma utilizada no policiamento. Nem no policiamento preventivo deveria ser uma arma utilizada, porque não é indicada para esse fim, menos ainda em uma delegacia de polícia.

Nesse momento, isso tem provocado algumas resistências, narizes torcidos, pessoas se decepcionando com aquilo que imaginaram encontrar, porque a gente está querendo valorizar a atividade de balcão, de atendimento, então, muita gente diz: "Não era nessa polícia em que eu queria trabalhar". Nesse primeiro momento, isso tem mais afastado do que trazido pessoas, mas eu tenho certeza de que, no futuro, vai trazer. Eu não vejo mulheres no curso de formação reivindicando o direito de aprender a portar fuzil. As mulheres não têm esse desejo.

BARBARA MOURÃO: O que é curioso, nessas diferentes experiências, é ver que em um caso o feminino representa, por si só, a possibilidade de mudança, vista, porém, como ameaça. A mulher seria afastada, então, dos focos de poder, para impedir que essas mudanças se concretizem na instituição. Dessa forma, ela aparece como risco, porque, ao contrário da experiência de Minas, descrita pela coronel Luciene, a mudança, aqui, não é vista como oportunidade, mas como negação ou desconstrução do modelo vigente. Já na polícia civil do Rio de Janeiro é a própria instituição que tenta se ressignificar, frustrando, entretanto, as expectativas e projeções de uma parcela do contingente masculino prestes a integrar seus quadros. Isso mostra a complexidade dos processos de inovação conceitual, política e de gestão, até mesmo para uma corporação que vem renovando seus quadros e que já franqueou o acesso das mulheres à sua mais alta esfera de poder. Parece intensa, ainda, num caso e no outro, a relutância em dissociar a ideia de força da natureza da ação policial. É o que indica, também, o trabalho da historiadora Rosemeri Moreira (2010), chamado "Virilidade e o corpo militar", no qual ela sugere que, embora as tecnologias e as técnicas de combate tenham se transformado bastante ao longo dos anos, as percepções sobre o corpo físico, de homens e mulheres, ainda permanecem regidas pela lógica biologicista da oposição "força *versus* fragilidade". Vocês acreditam que essa lógica continua imperando na polícia, ou já haveria brechas para substituí-la por outros valores ou princípios?

TÂNIA PINC: Sim, está muito presente. Talvez não de uma forma, assim, tão evidente. As mulheres talvez percebam isso, mas não falem a respeito ou não identifiquem com tanta clareza. Determinadas situações acabam sendo tão cotidianas que essa contraposição de força e fragilidade acaba não sendo enxergada, mas, do meu ponto de vista, isso está presente.

JÉSSICA ALMEIDA: Eu acho que a questão da força como valor ainda é muito presente. Isso já mudou muito, mas ainda vamos levar algum tempo para substituir força por firmeza, força num sentido diferente, não como sinônimo de violência, mas como sinônimo de firmeza, exercício de autoridade. Volta e meia acontece algum problema no curso de formação, principalmente da polícia militar, na formação de praças, por conta dos excessos na cobrança dessa força, dessa resistência, dessa virilidade, causando, inclusive, danos físicos. Então, existe essa questão: "Eu tenho que provar que eu sou macho, eu sou supermacho". Porque às vezes temos mulheres até com mais resistência física do que certos homens. Isso não está naturalmente associado à questão de gênero. Tem muito da compleição física, do histórico de vida.

LUCIENE ALBUQUERQUE: O que vejo aqui é força física *versus* outras habilidades e não *versus* fragilidade. Lógico que tem comandantes que acham que [se não houver cotas restritivas] vão passar 99% de mulheres e um homem. Eles demonstram, com isso, que tem algum medo das mulheres não darem conta de algum tipo de serviço, mas ninguém fala: "Mulher é frágil". Pode talvez falar, mas como uma outra característica, que seja de qualidade e não de demérito.

BARBARA MOURÃO: Em uma pesquisa que fizemos, no CESeC, sobre as Unidades de Polícia Pacificadora (MOURÃO, 2013), ouvimos de várias mulheres que elas não se sentiam reconhecidas pelos colegas como policiais de fato, tendo que se submeter permanentemente, mesmo naquele ambiente destinado ao policiamento preventivo e de proximidade, a provações que confirmassem sua condição de polícia. Há casos em que chegaram a se violentar fisicamente, para demonstrar sua "capacidade operacional", ficando em pé, "bancando fuzil", segundo a expressão de uma entrevistada, ou deixando de ir ao banheiro por 12 horas, por exemplo. A presença feminina em cargos de comando tem ajudado a romper essa visão de que as mulheres são "menos policiais" e não fazem o "verdadeiro trabalho de polícia"?

TÂNIA PINC: Existe uma cobrança muito grande por parte da maioria dos policiais, no sentido de precisarmos provar que merecemos estar nesse espaço. Para que você seja considerada uma igual, você precisa ser muito boa para estar ali, precisa se superar fisicamente a todo momento. Se você está trabalhando no policiamento, sempre vão olhar para saber como você reage em uma situação de crise ou de risco. Se você está trabalhando na educação, seja na academia, seja nas escolas de formação, vão querer saber como é a sua voz de comando, como você consegue impostar essa voz fina diante de um grupo tão grande. Os olhares estão sempre voltados para a mulher, para ver como ela vai reagir. É uma coisa muito sutil, muito velada, que a gente é que sente, e nem sempre consegue reproduzir em palavras. Se você quiser se manter ali no meio, você precisa aprender a lidar com essas cobranças, com essas expectativas.

JÉSSICA ALMEIDA: A gente ainda precisa dar conta o tempo todo de que é tão competente quanto eles. Mas se esse policial ou essa equipe de policiais que me coloca todo o tempo à prova, que quer que eu preste conta o tempo todo de que eu sou capaz de estar ali, não vencem isso é menos um na equipe e eles vão ter que cobrir a minha falta. Então, tem muito uma questão de necessidade, do quanto você vai fazer falta: "Se nós somos tão poucos para tanta coisa, nós não podemos ter menos um, então, deixa ela vir". Agora, a todo o momento parece que temos que estar prestando conta de que temos competência, de que esse espaço cabe a nós também. Acho até que quando eles chamam a gente para decidir as situações de crise é um pouco para dar provas de que você é capaz de fazê-lo. Porque tinha algumas situações que chegavam no meu gabinete, quando eu era delegada de plantão, recém-chegada na polícia, que hoje, mais madura, eu percebo que eles podiam resolver. Não precisavam ser trazidas ao gabinete do delegado, mas eles traziam para me testar mesmo. Eu penso que tenha mais a ver com coragem do que com competência. É como se dissessem: "Você é muito competente, mas quero ver se tem coragem para algumas coisas"; "A gente está falando de uma atividade que é masculina, polícia é coisa para macho. Então, agora vamos ver se na hora que o bicho pegar, você vai chegar junto".

LUCIENE ALBUQUERQUE: Com certeza, a partir da oportunidade da mulher demonstrar a sua capacidade, liderança e competência em funções de comando, muitos problemas sobre o emprego da mulher na polícia são mais facilmente resolvidos e muitos dos preconceitos são quebrados. Na maioria das vezes ela acaba conquistando, mais do que o respeito, a admiração de superiores e subordinados. Mas com certeza essa não é uma tarefa fácil, pois, até por sermos minoria e mulheres, somos muito mais observadas e nossos erros são mais visíveis. Mas, ainda bem, nossos acertos também!

BARBARA MOURÃO: Esse esforço para que os pares reconheçam a legitimidade da condição de policial, essa vigilância sutil, quase invisível, mas sempre presente, que põe à prova a coragem e a capacidade de comando das mulheres, tal como vocês descreveram, conecta-se a um aspecto captado pelas pesquisas "Missão investigar" e "Missão prevenir e proteger", realizadas pela Dra. Cecília Minayo e seus colaboradores (MINAYO, 2003, 2008): o reconhecimento como valorização profissional, dentro e fora das polícias civil e militar. Essas pesquisas, com policiais de ambos os sexos, mostram que a imagem que os agentes têm de si mesmos expressa sentimentos de desvalorização institucional e de falta de reconhecimento por parte da população. As mulheres também compartilham esses sentimentos ou, paradoxalmente, haveria situações em que elas se perceberiam mais reconhecidas pela corporação e pela população?

TÂNIA PINC: Acho que o mundo externo não vê a polícia por essa lente de homem e mulher. A sociedade vê polícia. Do ponto de vista policial, existe mesmo essa grande insatisfação, esse desejo de ser percebido pelo mundo. Na verdade, o que se conhece do policial é essa imagem brutalizada apenas. Não que ela não exista, mas ela é percebida como um todo. Existe uma tendência a buscar essas percepções generalizadas, de que policial é violento, é corrupto, não tem educação. Não se sabe, na verdade, quem é esse indivíduo, quem é esse profissional, como é o seu dia a dia. O policial, de maneira geral, aqui em São Paulo, se sente incompreendido pela sociedade. Ele acha que está trabalhando, atendendo as ocorrências, fazendo uma autuação, fazendo patrulhamento preventivo para atender alguém, mas esse alguém não está nem aí para ele. Ele é invisível. Como o gari que está varrendo a rua, e muitas vezes você não enxerga. Ou você enxerga a polícia muitas vezes com esses referenciais de medo, de preconceito. O policial não se sente visto, não se sente percebido, não se sente parte da sociedade. Não é nem a questão de entender que o trabalho dele é valoroso; eu acho que é mais uma questão de proximidade. São dois extremos: a polícia e a sociedade são dois atores totalmente estranhos uns para os outros e a interface deles é apenas por essa perspectiva da sociedade olhar para o policial por essa lente negativa; e o policial vai olhar para a sociedade como alguém que não valoriza o seu trabalho. Eu entendo que esse é um processo que acontece de longa data e que a imprensa tem participação, assim como os estudos sobre polícia. Quando vemos, por exemplo, os estudos sobre polícia, no Brasil o foco maior é sobre a violência policial. Há poucos estudos sobre as práticas cotidianas, sobre o que acontece mesmo nesse micronível onde o policial se relaciona com o público.

Por outro lado, a mulher chama a atenção, mesmo não estando fardada. Eu passei por essa experiência várias vezes. Quando eu cheguei na USP para fazer o mestrado, em todas as aulas, a primeira coisa que eu dizia era: "Eu sou tenente da polícia militar". E muitas vezes eu ouvia: "Nossa! Mas você é tão feminina!" Porque a policial, no imaginário, é homossexual. Quando as pessoas veem a mulher policial, é como se fosse um espécime diferente. Eu acho que é algo positivo quando identificam essa possibilidade de olhar para polícia de uma maneira diferente. Uma surpresa que traz proximidade, uma admiração, porque, nesse momento, associam mais à imagem da mulher e menos à de polícia: "Se essa instituição é capaz de acolher uma mulher, essa instituição não pode ser tão ruim assim". E associada à mulher tem a questão da maternidade, da sensibilidade, da natureza. Não quer dizer que todas as policiais sejam sensíveis. Tem muitas mulheres que podem ser mais truculentas do que os homens. Não podemos levar isso como regra, mas eu acho que essa surpresa que as pessoas têm é por uma coisa positiva mesmo, de admiração.

LUCIENE ALBUQUERQUE: Nós sempre nos sentimos muito valorizadas. Sempre fomos muito reconhecidas. Lógico que eu já tive comandante que tinha problemas com mulher, mas isso é pessoal, não é da instituição. A instituição, desde o início, sempre valorizou muito as mulheres, utilizando muito a mídia para nos divulgar. E acho que a sociedade também sempre nos reconheceu muito. Quando saímos a campo, junto com o policial, para comandar policiais masculinos, acabamos levando um pouco de reconhecimento para eles também. Quantas vezes eu, como comandante, percebia que era muito melhor eu buscar o reconhecimento externo para os meus policiais do que dizer a ele simplesmente: "Te dou uma medalha, te dou um certificado de que você é ótimo etc." Eu buscava o reconhecimento da sociedade. Em 2004 teve uma paralisação de policiais aqui em Minas. O governador não deu aumento e eles voltaram cabisbaixos para o trabalho. Como estávamos na fase de implantação da setorização, para o policiamento comunitário fixo em cada região, para eles era muito chato, como se eles tivessem traído a sociedade fazendo aquela paralisação. Então eu busquei a sociedade e pedi que se manifestassem, de alguma forma, sobre a volta deles às ruas. Sugeri que fizessem faixas e a população encheu a porta de todos os quartéis e postos policiais com faixas com os dizeres: "Que bom que vocês voltaram!" Cada frase mais linda que a outra. Os policiais voltaram, levantaram a cabeça e trabalharam com o maior afinco. Não é um padrão, muitas vezes a gente tem que dar uma estimulada na sociedade, mas muitas vezes fomos procurados por organizações para criar prêmios de valorização do policial. Nas solenidades, a gente costuma levar a vítima para entregar o prêmio. Uma pessoa que foi socorrida pelo policial que vai lá fazer a premiação e que vai agradecer. São estratégias de marketing que dão muito certo, em termos de reconhecimento. É uma coisa fundamental para energizar a pessoa para produzir.

JÉSSICA ALMEIDA: Acho que a falta de reconhecimento é um sentimento comum e cada vez mais presente. Eu observo que há uma carência de atenção, de um afago social, de um elogio por uma atuação. Acho que é geral, para os homens e para as mulheres. Claro que, no caso das mulheres, quando você diz que é policial isso desperta uma curiosidade maior em torno de você, que passa a ser o centro das atenções. Todo mundo quer saber como, o que é isso: "Você não tem medo? Como você consegue dar conta da sua casa, do seu filho, e ainda ser policial? Mas policial? Eu não imaginava! Você é tão feminina!". Como se para ser policial você não pudesse ser vaidosa, gostar de moda, ter um cabelo diferente, usar um acessório legal... É como se essas coisas não combinassem.

Esse é, inclusive, um trabalho que a gente vem fazendo pesadamente aqui, na academia, para que os nossos alunos entendam a importância do seu papel e não esperem que outras pessoas compreendam. Que entendam a importância da polícia na manutenção do Estado democrático, pois não existe um Estado democrático, um ordenamento, sem que um grupo tenha o monopólio da força. À medida que eles compreenderem isso, eles vão passar a compreender também que a nossa presença é naturalmente antipática, porque nós aparecemos quando alguma coisa deu errado. E, por isso, o reconhecimento muitas vezes não vem. Acho que quando eles entenderem isso a autoestima deles vai melhorar um pouco e eles vão ficar menos carentes de reconhecimento. A gente vê um pouco essa coisa da celebridade, do culto às grandes obras, a ter a bunda grande, ao grande jogador de futebol, ao grande; e o cara, diariamente, no seu cotidiano, realiza grandes ações e ninguém vê, ninguém dá bola.

BARBARA MOURÃO: Essas descrições chamam a atenção para os laços entre visibilidade e reconhecimento. De um lado, pelo que foi dito, as imagens estereotipadas, geralmente negativas, impedem que o olhar da população e de observadores da polícia alcance a dimensão do trabalho cotidiano, produzindo o sentimento de invisibilidade e um afastamento mútuo, que alimenta um círculo vicioso no dia a dia da atividade policial. De outro, as mulheres experimentam uma hipervisibilidade: externamente, por subverterem o imaginário preconcebido, provocando surpresas capazes de contaminar positivamente a visão sobre a própria polícia; internamente, por se verem o tempo todo sob o escrutínio masculino. De uma forma ou de outra, mesmo onde há limites ao desenvolvimento profissional das mulheres, essa visibilidade parece ter produzido benefícios, nos últimos 30 anos, na direção de um respeito crescente pela sua condição como policial. Na percepção de vocês, quais seriam, hoje, as principais demandas das mulheres?

TÂNIA PINC: Eu não consigo ver uma agenda em São Paulo. Pode ser que haja em outros Estados, mas em São Paulo não existe. Eu lembro que quando surgiu o tema da unificação dos quadros, a Associação dos Oficiais da Polícia Militar reuniu representantes para discutir o assunto, e eu acabei participando. Como única mulher que participava, eu levei esse tema para ser discutido, pois eu tinha uma proposta. Eu defendia a unificação. Nem todo mundo queria e eu acabei indo debater essa ideia. Quis trazer outras colegas comigo, mas não consegui mobilizar e não vejo que as mulheres, em São Paulo, estejam mobilizadas em torno de um tema relacionado ao seu espaço na polícia e ao seu trabalho. Já houve encontros de mulheres policiais, mas para tomar um chá da tarde num hotel, nada de importante a ser discutido. Como se fosse o Clube da Luluzinha, o que vira chacota também entre os homens.

As mulheres até conseguem se organizar para influenciar o debate político, mas tem que ser uma coisa muito discreta, não pode ser uma agenda pública. A instituição não vê com bons olhos essa organização das mulheres em torno de temas que possam trazer benefícios para elas. Para você ascender na carreira tem que ter determinados cuidados, assumir comportamentos que são esperados. Se você lidera ou organiza um grupo de mulheres para discutir determinado tema, isso não é bem visto pelo comando e você coloca em risco a sua ascensão na carreira. Para que você consiga estar no páreo, precisa adotar condutas esperadas. De preferência, ser uma mulher casada, com filhos, feliz, que saiba cozinhar, que represente aquele modelo de família e não fique tendo ideias muito diferentes. Nada de relações extraconjugais, divórcio, então, nem pensar! E se você quer organizar um grupo de mulheres, você está fora do páreo. Essa liberdade de expressão não funciona muito bem na polícia e se você olhar por essa via vai dizer: "Realmente, tem um problema de democracia ali".

No começo, as mulheres não participavam de determinadas áreas porque não havia estrutura física. Hoje, a estrutura física já existe, mas elas continuam enfrentando as mesmas dificuldades. Só que essas dificuldades aparecem de forma diferente. Pelo fato de a mulher ter assumido comandos, de ter participado, de estar em número maior do que no início, ela é mais familiar hoje do que há 20 anos. Então, hoje, lá, em [São José do] Rio Preto, na cidade em que eu comecei a carreira policial, a mulher já não é mais um ser estranho para a sociedade. Já está todo mundo acostumado com ela. Mas isso não quer dizer que ela já tenha conquistado o seu espaço. Você consegue um respeito maior dos colegas e dos subordinados e as pessoas já sabem qual é o potencial da mulher. Já se tem um histórico do desempenho da mulher e isso faz com que você tenha colegas homens que te aceitem melhor, que estimulem e valorizem o seu trabalho. Há um espaço maior de aceitação e o estranhamento já não é mais tão grande, mas ainda tem lugares em que a mulher não trabalha aqui em São Paulo, como a Rota, por exemplo. Ainda tem muitos lugares que não foram conquistados, e nos que já foram conquistados as relações se constroem no dia a dia e, muitas vezes, a mulher vai se deparar com dificuldades, com discriminação, com preconceito. Se muda o comandante, o que é mais aberto pode ser substituído pelo outro mais linha dura e você perde muita coisa que já construiu. É como se você tivesse que reconstruir alguns espaços sempre, porque nem sempre é um processo institucional. Institucionalmente ainda não existe esse suporte, e é por isso que as coisas acontecem sempre nesse nível das relações microscópicas, porque ainda falta um reconhecimento, uma valorização, a criação de um espaço mais apropriado para a mulher; um reconhecimento de suas características, de que elas podem causar um impacto positivo para a instituição, em que pese ela não ser igual ao homem. Já se caminhou bastante, mas ainda existe muito a fazer e as dificuldades que a mulher enfrenta são invisíveis aos olhos da maioria.

LUCIENE ALBUQUERQUE: Hoje, eu acredito que essa questão do efetivo e das cotas (que determinam limites percentuais à entrada de mulheres nos concursos) tenha que ser estudada para saber o que aconteceria sem a limitação do percentual de mulheres. Em um concurso aberto, passariam 100% de mulheres ou não? No Nordeste [onde não há restrição] não tem acontecido isso [as mulheres ocuparem todas as vagas]. Em outros países também não. Essa é uma demanda delas: a questão do acesso à carreira. Existe uma outra demanda também: a partir de um determinado momento, quando você é praça, você tem um acesso mais rápido ao oficialato. Se você tem um curso superior, você faz um curso de um ano e sai oficial. Acontece que quando abre esse concurso só tem 10% de vagas para mulheres. Não tem sentido isso, pois esse concurso é interno, para quem já é praça e quer o acesso ao oficialato. Nós temos muito mais de 10% de mulheres no quadro de oficiais. Hoje já acontece isso porque, nos quadros especializados, como na área da saúde, engenharia, odontologia, psicologia etc., já há muito mais mulheres do que homens.

Fora isso, acho que as dificuldades se dão mais em relação a pessoas que estão no comando do que à instituição propriamente dita, porque a doutrina da polícia é muito democrática. É muito tranquila e muito justa para as mulheres. A mulher tem muitos benefícios que o homem não tem, como, por exemplo, a aposentadoria com

25 anos, com o salário integral. A gente enfrenta muitas dificuldades, mas também temos muitos benefícios.

JÉSSICA ALMEIDA: O programa Delegacia Legal[3] e a remodelagem de todos os processos de trabalho da polícia civil aconteceram em um momento de redemocratização e foram pensados por um grupo de delegados que já vinha dos concursos trazendo uma visão diferente para dentro da polícia. Nesse grupo de transição tínhamos a presença de mulheres e essa nova polícia já vem, na questão de estrutura, com alojamento, com banheiro feminino, com tudo aquilo que qualquer pessoa precisa para ter um ambiente de trabalho minimamente saudável e confortável.

Sob o ponto de vista da estrutura, algumas coisas que faltavam às mulheres e que eram concedidas aos homens (mas também de forma indigna e insalubre), hoje, já temos para ambos. Sob o ponto de vista da ocupação de cargos e da função de assessoramento superior e de direção, a presença da mulher ainda era um pouco tímida, como se coubesse às mulheres as funções de secretariado e de apoio. Também alcançamos, nesse campo, conquistas significativas, tanto que tivemos uma chefe de polícia mulher. Sob o ponto de vista dos direitos, aqueles que já nos eram concedidos foram ampliados, porque a ampliação da licença-maternidade para seis meses beneficiou todas as mulheres, inclusive a policial. No nosso caso, ainda temos mais três meses por conta do aleitamento. Com relação à aposentadoria, tivemos uma recente conquista de aposentadoria diferenciada.

Nós recebemos uma leva agora de coletes já adaptados, já recortados para o corpo da mulher, com espaço para acomodar o seio, com toda a anatomia feminina. As calças operacionais já estão adaptadas e as camisas já são um pouco mais acertadinhas, um pouco mais acinturadas, para a mulher ter a opção. Eu estou na polícia há 16 anos. São quase duas décadas de conquistas para as mulheres. Entre as mulheres com as quais eu convivo, eu não identifico uma reivindicação específica. Não sei se a gente ainda tem alguma coisa mais na base, porque eu já estou há algum tempo na função de direção, e na função de direção existem algumas prerrogativas e algum conforto. Mas, falando por mim, não consigo identificar nenhuma reivindicação. Existe, na verdade, uma demanda das mulheres, mas eu nunca vi uma reivindicação formal disso, que é a questão da creche. Uma questão ainda muito difícil... Não tem creche, assim como

---

3   Iniciado em 1999.

não tem nenhum tipo de auxílio. Melhor pensando agora, essa é uma conquista que as mulheres ainda não obtiveram.

Observações finais

Como encerramento deste texto, composto pelos valiosos relatos de três mulheres que, além de suas atuações, deixaram a marca de seus pensamentos nas respectivas instituições policiais e fora delas, vale resgatar alguns pontos sensíveis, presentes em suas falas. A despeito das diferenças institucionais no modo de perceber e incorporar os contingentes femininos, assim como na disposição em empreender mudanças estruturais (expressa nas formas de realizar essa incorporação), foram percebidos importantes avanços na situação das mulheres policiais, nas três últimas décadas. Avanços pela unificação dos quadros, feminino e masculino, e em relação à estrutura física para o acolhimento das mulheres; avanços também em relação ao reconhecimento vindo dos pares e ao acesso a benefícios e a postos de comando. Ainda restariam, porém, em maior e menor grau, alguns obstáculos, como a falta de creches e as cotas restritivas, que limitam a progressão das mulheres na carreira, além da falta de suporte institucional para lidar com questões específicas, entre elas, as formas sutis e dissimuladas de discriminação. Um caminho iniciado, mas ainda não universalizado, na direção da plena integração das policiais femininas segundo uma lógica de valorização da diferença, como sugerem os relatos sobre a Polícia Militar de Minas Gerais, e não da inclusão enquanto desigualdade, exemplificada nas narrativas sobre a Polícia Militar de São Paulo.

Pelo que se viu, um dos pontos cegos para alcançar mudanças mais profundas talvez resida na interseção das noções de força e virilidade, como elementos constitutivos do ser e do fazer policial. Um amálgama difícil de desfazer, porque intrínseco a culturas construídas sobre a percepção da alteridade como ameaça. De um lado, a ameaça trazida pelas mulheres, como o "outro" interno que põe em cheque valores do militarismo e da masculinidade violenta. Assim, a validação das policiais estaria condicionada a demonstrações permanentes de força, coragem ou resistência, como se a condição de polícia não pudesse se instalar definitivamente no corpo feminino, sob pena de degradar-se. Nesse caso, o que está em jogo não é apenas a produção de provas da capacidade feminina de pertencer ao universo da polícia, mas também a reiteração de valores androcêntricos como definidores da atividade policial. No limite, as mulheres na polícia representariam a contraface da autoimagem policial. Ao menos enquanto essa autoimagem estiver ancorada na necessidade de garantir o pertencimento ao mundo dos homens (estima e admiração dos "camaradas") pelo expurgo de categorias associadas ao feminino, como "fracos", "fracotes" e "efeminados", tal como, há muito, já nos mostrava Bourdieu (1998), em suas análises da cultura militar.

De outro lado, haveria a ameaça da alteridade externa, proveniente daquele que não vê e não reconhece a polícia senão por estereótipos, normalmente negativos. Um "outro" percebido, também genericamente, como adversário, real ou potencial, numa engrenagem movida pela desconfiança e pelo ressentimento, dos quais se nutre, simbolicamente, a ideologia do confronto. Não surpreende, nesse contexto, que a supressão do fuzil seja sentida como uma mutilação e que o policiamento comunitário, que supõe interlocução e parceria, seja percebido, por muitos, como prática de uma polícia de segunda categoria, vista como mais apropriada ao universo feminino.

Espera-se, portanto, que quando o imaginário da virilidade violenta puder se dissociar plenamente das concepções sobre a essência da ação policial, a alteridade, não mais como ameaça, mas como diferença, possa se converter em oportunidade de reconhecimento, de diálogo e, consequentemente, de transformação.

REFERÊNCIAS BIBLIOGRÁFICAS

BOURDIEU, P. *La domination masculine*. Paris: Seuil, 1998.

CALAZANS, M. "Mulheres no policiamento ostensivo e a perspectiva de uma segurança cidadã". *Revista São Paulo em Perspectiva*, São Paulo, nº 1, vol. 18, jan./mar. 2004, p. 142-150. Disponível em: <http://www.scielo.br/scielo.php?pid=S0102-88392004000100017&script=sci_arttext>.

CALAZANS, M. E. "Polícia e gênero no contexto das reformas policiais". *Revista de Educação, Ciência e Cultura*, Canoas, RS, nº 2, vol. 10, jul./dez. 2005, p. 21-35.

Ministério da Justiça (SENASP). *Perfil das instituições de segurança pública*. Brasília, setembro de 2010. Dados relativos ao ano de 2007. Disponível em: <file:///C:/Users/bmourao/Desktop/2007_relatorio_pc_pm_cbm.pdf>. Último acesso em: 1 out. 2014.

MINAYO, M. C. S; SOUZA, E. R. (Org.). *Missão investigar: entre o ideal e a realidade de ser policial*. Rio de Janeiro: Editora Garamond, 2003.

MINAYO, M. C. S.; SOUZA, E.R. (Org.). *Missão prevenir e proteger: estudos sobre condições de vida, saúde e trabalho dos policiais militares*. Rio de Janeiro: Editora Fiocruz, 2008.

MOREIRA, R. "O discurso maternalista e a construção da 'polícia feminina': dominação simbólica, negociação ou ressignificação?" Fazendo Gênero, 9: Diásporas, Diversidades, Deslocamentos. Florianópolis: Universidade Federal de Santa Catariana, 2010.

MOURÃO, B. M. *UPP, uma polícia de que gênero?* Rio de Janeiro: CESeC, 2013.

_____. "Virilidade e o corpo militar". *História: Debates e Tendências*, Passo Fundo, RS, nº 2, vol. 10, jul./dez. 2010, p. 321-335.

Ministério da Justiça (SENASP). *Mulheres nas instituições de segurança pública: estudo técnico nacional*. Brasília: Ministério da Justiça, 2013.

SOARES, B.; MUSUMECI, L. *Mulheres policiais: presença feminina na Polícia Militar do Rio de Janeiro*. Rio de Janeiro: Civilização Brasileira, 2005.

SOBRE OS/AS AUTORES/AS E/OU ENTREVISTADORES/AS

ALAN FERNANDES

Alan Fernandes é capitão da Polícia Militar do Estado de São Paulo (PMESP), onde trabalha há 25 anos. Pós-graduado em ciências sociais pela Fundação Escola de Sociologia e Política de São Paulo e mestre em ciências sociais pela Universidade Federal de São Paulo. Atualmente, trabalha no Centro de Altos Estudos de Segurança da PMESP, vinculado à Academia de Polícia Militar do Barro Branco.

BARBARA MUSUMECI MOURÃO

Mestre em antropologia social, doutora em sociologia pelo Instituto Universitário de Pesquisas do Rio de Janeiro (IUPERJ), com pós-doutorado no Centro de Análise e de Intervenção Sociológicas em Paris (CADIS/EHESS/CNRS). É autora do livro *Mulheres policiais: presença feminina na polícia militar do Rio de Janeiro* (com Leonarda Musumeci) e de outras obras que abordam as relações de gênero no sistema de justiça criminal, como *Mulheres Invisíveis: violência conjugal e novas políticas de Segurança*; *UPPs: uma polícia de que gênero?* e *Prisioneiras: vida e violência atrás das grades* (com Iara Ilgenfritz). Desde 2001, é pesquisadora do Centro de Estudos de Segurança e Cidadania (CESeC) da Universidade Candido Mendes.

DAVID MARQUES

Pesquisador do Fórum Brasileiro de Segurança Pública. Possui graduação em Ciências Sociais e mestrado em Sociologia pela Universidade Federal de São Carlos (UFSCar). É vinculado ao Grupo de Estudos sobre Violência e Administração de Conflitos (GEVAC/UFSCar) e pesquisador em formação do Instituto de Estudos Comparados em Administração Institucional de Conflitos (INCT/InEAC), tendo atuado nas temáticas relacionadas a nova organização das dinâmicas criminais no estado de São Paulo e seus efeitos nas instituições estatais de controle do crime e da violência.

ELIZABETH LEEDS

É presidente de honra do Fórum Brasileiro de Segurança Pública (FBSP), *senior fellow* do Washington Office on Latin America e pesquisadora filiada ao MIT Center for International Studies. Entre 1997 e 2003 foi assessora de programas da Fundação Ford no Brasil, apoiando uma série de projetos em segurança pública. Tem uma vasta gama de estudos e publicações sobre o país em temas relacionados a políticas de segurança pública, impactos do tráfico de drogas e relações entre Estado e movimentos de moradia.

JÉSUS TRINDADE BARRETO JÚNIOR

Jésus Trindade Barreto Júnior é delegado de polícia no estado de Minas Gerais, bacharel em direto pela Universidade Federal de Minas Gerais (UFMG) e mestre em educação pela mesma universidade. É membro fundador do FBSP, instituição da qual já foi presidente, membro do Conselho de Administração e onde ocupa atualmente assento no Conselho Fiscal.

LUCIANE PATRÍCIO

É antropóloga, professora adjunta do Departamento de Segurança Pública da Faculdade de Direito da Universidade Federal Fluminense (UFF). Atuou como superintendente de Educação na Secretaria de Estado de Segurança do Rio de Janeiro e como coordenadora geral de Pesquisa e Análise da Informação da Secretaria Nacional de Segurança Pública do Ministério da Justiça. Seus estudos e pesquisas concentram-se nas áreas de formação policial, participação social na segurança pública, administração de conflitos e antropologia jurídica. É pesquisadora associada do Instituto de Estudos Comparados em Administração Institucional de Conflitos (INCT-InEAC) e associada ao Fórum Brasileiro de Segurança Pública.

LUDMILA MENDONÇA LOPES RIBEIRO

Professora adjunta de sociologia e pesquisadora do Centro de Estudos de Criminalidade e Segurança Pública (CRISP), ambos na Universidade Federal de Minas Gerais. É doutora em sociologia pelo IUPERJ. Foi pesquisadora visitante da University of Groningen (Holanda), representante regional da Altus – Global Alliance e coordenadora do Centro de Pesquisa e Documentação de História Contemporânea do Brasil em São Paulo (CPDOC/SP) da Fundação Getulio Vargas.

LUIZ ANTÔNIO BRENNER GUIMARÃES

Coronel da reserva remunerada da Brigada Militar do Rio Grande do Sul; coordenador do Núcleo de Prevenção à Violência, Segurança e Direitos Humanos da Organização Guayí; integrante do Conselho de Administração do Fórum Brasileiro de Segurança Pública; especialista em segurança pública pela Pontifícia Universidade Católica do Rio Grande do Sul (PUC/RS). Foi secretário de Direitos Humanos e Segurança Urbana de Porto Alegre (2003-2004) e subcomandante geral da Brigada Militar (2001-2002).

RENATO SÉRGIO DE LIMA

Vice-presidente do Conselho de Administração do Fórum Brasileiro de Segurança Pública, professor da Escola de Administração de Empresas de São Paulo (FGV EAESP) e pesquisador FGV Direito SP – Centro de Pesquisa Jurídica Aplicada (CPJA). É doutor em sociologia pela Universidade de São Paulo (USP) e pós-doutorado pelo Instituto de Economia da Universidade Estadual de Campinas (Unicamp). Também é vinculado à Fundação Seade e pesquisador associado do Núcleo de Estudos sobre Organizações e Pessoas (NEOP) da FGV EAESP.

SAMIRA BUENO NUNES

Graduada em ciências sociais pela USP, mestre e doutoranda em administração pública e governo pela Escola de Administração de Empresas da Fundação Getúlio Vargas (FGV EAESP). É diretora-executiva do Fórum Brasileiro de Segurança Pública e pesquisadora colaboradora do NEOP/EAESP FGV.

SARA PRADO

Graduanda em Ciências Sociais na Universidade Federal de Minas Gerais (UFMG) e assistente de pesquisa no Centro de Estudos de Criminalidade e Segurança Pública (CRISP).

Esta obra foi impressa em São Paulo pela Gráfica Vida e Consciência no inverno de 2015. No texto foi utilizada a fonte Garamond Premier Pro em corpo 11 e entrelinha de 16 pontos.